AF274954

EL MACHINE LEARNING Y LA INTELIGENCIA ARTIFICIAL

30 preguntas y respuestas sobre el aprendizaje automático y la inteligencia artificial

Sebastián Raschka

Acceda a www.marcombo.info
para descargar gratis
el contenido adicional
complemento imprescindible de este libro

Código: MACHINE25

EL MACHINE LEARNING Y LA INTELIGENCIA ARTIFICIAL

30 preguntas y respuestas sobre el aprendizaje automático y la inteligencia artificial

Sebastián Raschka

Marcombo

Primera edición original publicada en inglés por No Starch Press Inc. con el título *Machine Learning Q and AI: 30 Essential Questions and Answers on Machine Learning and AI*, ISBN 9781718503762 © Sebastian Raschka, 2024.

Título de la edición en español:
El Machine Learning y la inteligencia artificial

Primera edición en español, 2025

© 2025 MARCOMBO, S.L.
www.marcombo.com

Ilustración de portada: Gina Redman
Diseño del interior: Octopod Studios
Revisión técnica: Andrea Panizza
Traducción: Miguel Ángel Torres
Corrección: Cristina Pazos
Directora de producción: M.ª Rosa Castillo

ISBN: 978-84-267-3862-2
D.L.: B 19669-2024

Impreso en Service Point

Libro ecológico
Impreso con papel procedente de bosques gestionados
de manera eficiente, libre de cloro

A mi pareja, Liza; a mi familia y a la comunidad mundial
de creadores que han motivado e influido
en mi trayectoria como autor.

Acerca del autor

Sebastián Raschka es doctor e investigador del aprendizaje automático (AA) y la inteligencia artificial (IA) con una pasión fuerte por la educación. Como educador principal de IA en Lightning AI, le entusiasma hacer que la IA y el aprendizaje profundo sean más accesibles y enseñar a la gente a utilizar estas tecnologías a escala. Antes de dedicarse plenamente a Lightning AI, Sebastián ocupó el puesto de profesor de estadística adjunto en la Universidad de Wisconsin-Madison, donde se especializó en la investigación del aprendizaje profundo y el aprendizaje automático (*machine learning*, en inglés). Puede obtener más información sobre sus investigaciones en el sitio web (*https://Sebastiánraschka.com*). A Sebastián también le encanta el software de código abierto y es un colaborador apasionado desde hace más de una década. Aparte de programar, también le encanta escribir y es autor de los libros superventas *Python Machine Learning* y *Machine Learning with PyTorch and Scikit-Learn* (ambos de Packt Publishing).

Acerca del revisor técnico

Andrea Panizza es especialista principal en IA en Baker Hughes, donde aprovecha las técnicas de IA/AA de vanguardia para acelerar el diseño de ingeniería y automatizar la recuperación y extracción de información de paquetes grandes de documentos, y utiliza la visión informática para impulsar la inspección de activos sin supervisión. Tiene un doctorado en dinámica de fluidos computacional. Antes de unirse a Baker Hughes, trabajó como investigador de CFD (*Computational Fluid Dynamics,* en inglés) en el CIRA (Centro Italiano de Investigación Aeroespacial).

RESUMEN DEL CONTENIDO

PARTE V: DESEMPEÑO PREDICTIVO Y EVALUACIÓN DE LOS MODELOS

CONTENIDO DETALLADO

PARTE I
REDES NEURONALES Y APRENDIZAJE PROFUNDO

PARTE II
VISIÓN INFORMÁTICA

PARTE III
PROCESAMIENTO DEL LENGUAJE NATURAL

PARTE IV
PRODUCCIÓN E INSTALACIÓN

PARTE V
DESEMPEÑO PREDICTIVO Y EVALUACIÓN
DE LOS MODELOS

PREÁMBULO

Hay cientos de textos introductorios sobre el aprendizaje automático. Los hay en una gran variedad de estilos y enfoques; desde perspectivas teóricas para estudiantes de posgrado hasta puntos de vista empresariales para directivos. Estos textos son recursos inestimables para las personas que dan sus primeros pasos en este campo y lo seguirán siendo durante décadas.

Sin embargo, el camino hacia la pericia no consiste únicamente en el inicio. También abarca los desvíos intrincados, las subidas empinadas y los matices que no son evidentes inicialmente. Dicho de otro modo, después de estudiar lo básico, los alumnos se preguntan: «¿Y ahora qué?». Es aquí, en el reino más allá de lo básico, que este libro encuentra un propósito.

En estas páginas, Sebastián guía a los lectores a través de un espectro amplio de temas intermedios y avanzados en el aprendizaje automático aplicado que probablemente encontrarán en el camino hacia la especialización. Difícilmente podría pedirse un guía mejor que Sebastián, que es, sin exageración, el mejor profesor de aprendizaje automático actualmente en el campo. En cada página, Sebastián no solo imparte sus conocimientos amplios, sino que también comparte la pasión y la curiosidad que marcan la experiencia verdadera.

Para todos los estudiantes que han cruzado el umbral inicial y están ansiosos por profundizar: este libro es para ustedes. Terminarán este libro siendo unos practicantes del aprendizaje automático más preparados que al comenzar. Dejen que este sea el puente hacia la próxima fase de aventuras gratificantes en el aprendizaje automático.

Buena suerte.

Chris Albon

Director de aprendizaje automático en la Fundación Wikimedia
San Francisco Agosto de 2023

AGRADECIMIENTOS

Escribir un libro es una tarea enorme. Este proyecto no habría sido posible sin la ayuda de las comunidades de código abierto y aprendizaje automático que crearon colectivamente las tecnologías de las que se trata en este libro.

Quiero extender mi agradecimiento a las siguientes personas por los comentarios inmensamente útiles sobre el manuscrito:

- Andrea Panizza, por ser un revisor técnico excepcional, que proporcionó comentarios muy valiosos y perspicaces.

- Anton Reshetnikov, por sugerir un diseño más limpio para el diagrama de flujo de aprendizaje supervisado en el capítulo 30.

- Nikan Doosti, Juan M. Bello-Rivas y Ken Hoffman, por compartir varios errores tipográficos.

- Abigail Schott-Rosenfield y Jill Franklin, por ser unos editores ejemplares. Su habilidad para hacer las preguntas correctas y mejorar el lenguaje ha elevado significativamente la calidad de este libro.

INTRODUCCIÓN

 Gracias a los rápidos avances en el aprendizaje profundo, hemos visto una expansión significativa del aprendizaje automático y la IA en los últimos años.

Este progreso es emocionante si esperamos que estos avances creen industrias nuevas, transformen las existentes y mejoren la calidad de vida de la gente en todo el mundo. Por otro lado, la aparición constante de técnicas nuevas puede hacer que sea desafiante y lento mantenerse al día con los últimos desarrollos. Sin embargo, mantenerse al día es esencial para los profesionales y organizaciones que utilizan estas tecnologías.

Escribí este libro como un recurso para los lectores y profesionales del aprendizaje automático que quieren avanzar en la experiencia en el campo y aprender sobre técnicas que considero útiles y significativas, pero que a menudo se pasan por alto en los libros de texto y clases tradicionales e introductorias. Espero que encuentren en este libro un recurso valioso para obtener una perspectiva nueva y descubrir otras técnicas que puedan poner en práctica en el trabajo.

¿Para quién es este libro?

Navegar por el mundo de la IA y la literatura de aprendizaje automático a menudo puede ser como caminar sobre una cuerda floja, con la mayoría de los libros posicionados en los extremos: introducciones amplias para novatos o tratados profundamente matemáticos. En este libro se ilustran y discuten desarrollos importantes en estos campos sin dejar de ser accesible y sin requerir conocimientos avanzados de matemática o codificación.

Este libro es para personas con cierta experiencia en el aprendizaje automático y que quieren aprender conceptos y técnicas nuevos. Es ideal para quienes han realizado un curso para principiantes en aprendizaje automático o aprendizaje profundo o han leído un libro introductorio equivalente sobre el tema. (A lo largo de este libro, usaré *aprendizaje automático* como un término general para el aprendizaje automático, el aprendizaje profundo y la IA).

¿Qué conseguirá con este libro?

En este libro se adopta un estilo único de preguntas y respuestas, donde cada capítulo breve se estructura en torno a una pregunta central relacionada con conceptos fundamentales en el aprendizaje automático, el aprendizaje profundo y la IA. Cada pregunta se sigue con una explicación, varias ilustraciones y figuras, así como ejercicios para poner a prueba su comprensión. Muchos capítulos también incluyen referencias para una lectura posterior. Estas píldoras de información son un buen punto de partida para pasar de aprendiz a experto en el aprendizaje automático.

En el libro se cubre una gama de temas amplia. Se incluyen conocimientos nuevos sobre las arquitecturas establecidas, como las redes convolucionales, que le permiten utilizar estas tecnologías de manera más efectiva. También se discuten técnicas más avanzadas, como el funcionamiento interno de los modelos de lenguaje grandes (LLM, sigla en inglés) y los transformadores de visión (ViT, sigla en inglés). Incluso los investigadores y profesionales experimentados en el aprendizaje automático encontrarán algo nuevo que añadir al arsenal de técnicas.

Si bien este libro le expondrá a conceptos e ideas nuevos, no es un libro de matemática o codificación. No necesitará resolver pruebas o ejecutar código alguno mientras lee. En otras palabras, este libro es un compañero de viaje perfecto o algo que puede leer en su silla de lectura favorita con el café o té de la mañana.

Cómo leer este libro

Cada capítulo de este libro está diseñado para ser autónomo, ofreciéndole la libertad de saltar entre temas como desee. Cuando el concepto de un capítulo se explica con más detalle en otro, he incluido referencias de capítulos que puede seguir para llenar los vacíos de comprensión.

Sin embargo, hay una secuencia estratégica en los capítulos. Por ejemplo, el primer capítulo sobre las incrustaciones prepara el escenario para discusiones posteriores sobre el aprendizaje autosupervisado y el aprendizaje con pocos golpes. Para hacer una lectura más fácil y una comprensión más completa del contenido, mi recomendación es abordar el libro de principio a fin.

Cada capítulo va acompañado de ejercicios opcionales para los lectores que quieren poner a prueba la comprensión, con una lista de respuestas al final del libro.

Además, para cualquier artículo mencionado en un capítulo o lectura posterior sobre el tema del capítulo, puede encontrar la información completa de la cita en la sección de «Referencias» de ese capítulo.

El libro está estructurado en cinco partes principales centradas en los temas más importantes del aprendizaje automático y la IA de hoy.

En la **parte I: Redes neuronales y aprendizaje profundo,** se cubren preguntas sobre redes neuronales profundas y aprendizaje profundo que no son específicas de un subdominio en particular. Por ejemplo, discutimos alternativas al aprendizaje supervisado y técnicas para reducir el sobreajuste, que es un problema común al utilizar modelos de aprendizaje automático para problemas del mundo real donde los datos son limitados.

En el **capítulo 1: Incrustaciones, espacio latente y representaciones,** se profundiza en las distinciones y similitudes entre los vectores de incrustación, los vectores latentes y las representaciones. Se aclara cómo estos conceptos ayudan a codificar la información en el contexto del aprendizaje automático.

En el **capítulo 2: Aprendizaje autosupervisado,** nos centramos en el aprendizaje autosupervisado, un método que permite a las redes neuronales utilizar conjuntos de datos grandes, sin etiqueta, de una manera supervisada.

En el **capítulo 3: Aprendizaje con pocos golpes,** se introduce el aprendizaje con pocos golpes, una técnica de aprendizaje supervisado especializada y adaptada para conjuntos pequeños de datos de formación.

En el **capítulo 4: La hipótesis del boleto de lotería,** se explora la idea de que las redes neuronales inicializadas aleatoriamente contienen subredes más pequeñas y eficientes.

En el **capítulo 5: Reducción del sobreajuste con datos,** se discuten este reto y estrategias centradas en el aumento de datos y el uso de datos sin etiquetar para reducir el sobreajuste.

En el **capítulo 6: Reducción del sobreajuste con modificaciones del modelo,** se extiende la conversación sobre el sobreajuste, centrándose en soluciones relacionadas con el modelo, como la regularización, la elección de modelos más sencillos y las técnicas de ensamble.

En el **capítulo 7: Paradigmas de la formación multi-GPU,** se explican varios paradigmas de la formación para configuraciones multi-GPU para acelerar la formación de modelos, incluyendo el paralelismo de datos y modelos.

En el **capítulo 8: El éxito de los transformadores,** se explora esta arquitectura popular, destacando atributos como mecanismos de atención, facilidad de paralelización y recuentos de parámetros altos.

En el **capítulo 9: Modelos de IA generativa,** se proporciona una visión general completa de los modelos generativos profundos, que se utilizan para producir medios de comunicación diversos, incluyendo imágenes, texto y audio. Se discuten las fortalezas y debilidades de cada tipo de modelo.

En el **capítulo 10: Fuentes de aleatoriedad,** se abordan varias fuentes de aleatoriedad en la formación de redes neuronales profundas que pueden conducir a resultados inconsistentes e irreproducibles durante la formación y la inferencia. Si bien la aleatoriedad puede ser accidental, también puede ser introducida intencionalmente en el diseño.

La **parte II: Visión informática,** se centra en temas relacionados principalmente con el aprendizaje profundo, pero específicos para la visión informática, muchos de los cuales cubren redes neuronales convolucionales y transformadores de visión.

En el **capítulo 11: Cálculo del número de parámetros,** se explica el procedimiento para determinar los parámetros en una red neuronal convolucional, que es útil para medir los requisitos de almacenamiento y memoria de un modelo.

En el **capítulo 12: Capas convolucionales y totalmente conectadas,** se ilustran las circunstancias en las que las capas convolucionales pueden reemplazar sin problemas las capas completamente conectadas, lo que puede ser útil para la optimización de hardware o simplificar las implementaciones.

En el **capítulo 13: Conjuntos de formación grandes para transformadores de visión,** se prueba la lógica tras los transformadores de visión que requieren conjuntos de formación más extensos en comparación con las redes neuronales convolucionales convencionales.

En la **parte III: Procesamiento del lenguaje natural,** se cubren temas relacionados con el trabajo con texto, muchos de los cuales están relacionados con arquitecturas de transformadores y autoatención.

En el **capítulo 14: La hipótesis distribucional,** se profundiza en esta hipótesis, una teoría lingüística que sugiere que las palabras que aparecen en los mismos contextos tienden a poseer significados similares, lo que tiene implicaciones útiles para la formación de los modelos de aprendizaje automático.

En el **capítulo 15: Aumento de datos para texto,** se destaca la importancia de esta técnica utilizada para aumentar artificialmente el tamaño de los conjuntos de datos, lo que puede ayudar a mejorar el rendimiento del modelo.

En el **capítulo 16: Autoatención**, se presenta la autoatención, un mecanismo que permite que cada segmento de la entrada de una red neuronal se refiera a otras partes. La autoatención es un mecanismo clave en los modelos de lenguaje grandes modernos.

En el **capítulo 17: Transformadores tipo codificador y decodificador,** se describen los matices de las arquitecturas de transformadores codificadores y decodificadores y se explica qué tipo de arquitectura es más útil para cada tarea de procesamiento de lenguaje.

En el **capítulo 18: Uso y afinación de transformadores con formación previa,** se explican los diferentes métodos para afinar los modelos de lenguaje grandes con formación previa y se discuten los puntos fuertes y débiles.

En el **capítulo 19: En la evaluación de modelos de lenguaje grandes generativos,** se enumeran las métricas de evaluación prominentes para modelos de lenguaje como Perplejidad, BLEU, ROUGE y puntuación BERT.

En la **parte IV: Producción e instalación,** se cubren cuestiones relacionadas con escenarios prácticos, como el aumento de las velocidades de inferencia y varios tipos de cambios de distribución.

En el **capítulo 20: Formación sin estado y con estado,** se distingue entre las metodologías de formación sin estado y con estado utilizadas en la implementación de modelos.

En el **capítulo 21: IA centrada en los datos,** se explora la IA centrada en datos, que prioriza el refinamiento de conjuntos de datos para mejorar el rendimiento del modelo. Este método contrasta con el método convencional centrado en el modelo, que enfatiza la mejora de las arquitecturas o métodos de los modelos.

En el **capítulo 22: Aceleración de la inferencia,** se presentan técnicas para mejorar la velocidad de la inferencia del modelo sin ajustar la arquitectura del modelo o comprometer la exactitud.

En el **capítulo 23: Cambios en la distribución de los datos**, tras su despliegue, los modelos de IA pueden enfrentarse a discrepancias entre los datos de formación y las distribuciones de datos en el mundo real, lo que se conoce como cambios en la distribución de datos. Estos cambios pueden deteriorar el rendimiento del modelo. En este capítulo se categorizan y desarrollan cambios comunes como el cambio de covariable, la deriva de concepto, el cambio de etiqueta y el de dominio.

En la **parte V: Desempeño predictivo y evaluación de los modelos,** se profundiza en varios aspectos de extracción de rendimiento predictivo, como cambiar la función de pérdida, configurar la validación cruzada de k iteraciones y tratar con datos etiquetados limitados.

En el **capítulo 24: Regresión de Poisson y ordinal**, se destacan las diferencias entre regresión de Poisson y ordinal. La regresión de Poisson es adecuada para los datos de conteo que siguen una distribución de Poisson, como el número de resfriados contraídos en un avión. En contraste, la regresión ordinal consiste en datos categóricos ordenados sin asumir categorías equidistantes, como la gravedad de la enfermedad.

En el **capítulo 25: Intervalos de confianza,** se profundiza en los métodos para construir intervalos de confianza para clasificadores de aprendizaje automático. Se revisa el propósito de los intervalos de confianza, se discute cómo se estiman los parámetros desconocidos de la población y se presentan técnicas como intervalos de aproximación normal, pruebas de arranque y reformación con varias semillas aleatorias.

En el **capítulo 26: Intervalos de confianza y predicciones conformes**, se discute la distinción entre ellos, siendo esta última una herramienta para crear intervalos de predicción que cubren los resultados reales con probabilidad específica.

En el **capítulo 27: Métricas adecuadas**, el enfoque está en las propiedades esenciales de una métrica adecuada en las ciencias de la matemática y la informática. Se examina si las funciones de pérdida comúnmente utilizadas en el aprendizaje automático, como el error cuadrático medio y la pérdida de entropía cruzada, satisfacen estas propiedades.

En el **capítulo 28: La *k* en la validación cruzada de *k* iteraciones,** se explora el papel de la *k* y se proporciona información sobre las ventajas y desventajas de escoger una *k* grande.

En el **capítulo 29: Discordancia entre los conjuntos de formación y los de prueba**, se trata la situación en la que un modelo obtiene resultados mejores en un conjunto de datos de prueba que en el de formación. Se ofrecen estrategias para descubrir y abordar discrepancias entre los conjuntos de datos de formación y los de prueba, presentando el concepto de validación contradictoria.

En el **capítulo 30: Datos etiquetados limitados,** se presentan varias técnicas para mejorar el rendimiento del modelo en situaciones en las que los datos son limitados. Se cubren el etiquetado de datos, las pruebas de arranque y paradigmas como el aprendizaje por transferencia, el aprendizaje activo y el aprendizaje multimodal.

Recursos en línea

He proporcionado materiales complementarios opcionales con ejemplos de código para ciertos capítulos para mejorar su experiencia al aprender (consulte www.marcombo.info con el código **MACHINE25**). Estos materiales están diseñados como extensiones prácticas e inmersiones profundas en temas cubiertos en el libro. Puede utilizarlos junto a cada capítulo o explorarlos después de la lectura para solidificar y ampliar su conocimiento.

Sin más preámbulos, entremos en materia.

PARTE I

REDES NEURONALES
Y APRENDIZAJE PROFUNDO

1

INCRUSTACIONES, ESPACIO LATENTE Y REPRESENTACIONES

 En el aprendizaje profundo, a menudo usamos los términos *vectores de incrustación*, *representaciones* y *espacio latente*. ¿Qué tienen en común estos conceptos y cómo difieren?

Si bien estos tres términos a menudo se usan indistintamente, podemos hacer distinciones sutiles entre ellos:

- Los vectores de incrustación son representaciones de datos de entrada donde elementos similares están cerca unos de otros.

- Los vectores latentes son representaciones intermedias de los datos de entrada.

- Las representaciones son versiones codificadas de la entrada original.

En las secciones siguientes se explora la relación entre incrustaciones, vectores latentes y representaciones, y cómo cada una funciona para codificar información en contextos de aprendizaje automático.

Incrustaciones

Los vectores de incrustación, o *incrustaciones* para abreviar, codifican datos de dimensiones relativamente altas en vectores de dimensiones relativamente bajas.

Podemos utilizar métodos de incrustación para crear un vector denso continuo (no disperso) a partir de una codificación (dispersa) de un bit alto. *La codificación de un bit alto* es un método utilizado para representar los datos categóricos como vectores binarios, donde cada categoría se asigna a un vector que tiene un 1 en la posición del índice de la categoría, y un 0 en todas las demás. Esto asegura que los valores categóricos se representen de un modo que ciertos algoritmos de aprendizaje automático pueden procesar. Por ejemplo, si tenemos una variable categórica *color* con tres categorías, *rojo*, *verde* y *azul*, la codificación de un bit alto representaría *rojo* con [1, 0, 0], *verde* con [0, 1, 0] y *azul* con [0, 0, 1]. Estas variables categóricas codificadas de un bit alto se pueden asignar a vectores de incrustación continuos utilizando la matriz de peso aprendido de una capa o módulo de incrustación.

También podemos utilizar métodos de incrustación para datos densos como imágenes. Por ejemplo, las últimas capas de una red neuronal convolucional pueden producir vectores de incrustación, como se ilustra en la figura 1-1.

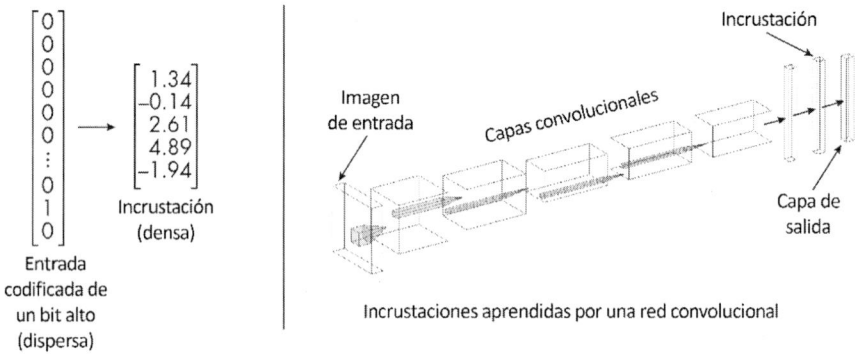

Figura 1-1: *Una incrustación de entrada (izquierda) y una incrustación desde una red neuronal (derecha).*

Técnicamente, todas las salidas de capa intermedia de una red neuronal podrían producir vectores de incrustación. Dependiendo del objetivo de formación, la capa de salida también puede producir vectores de incrustación útiles. Para simplificar, la red neuronal convolucional en la figura 1-1 asocia la segunda a la última capa con incrustaciones.

Las incrustaciones pueden tener un número mayor o menor de dimensiones que la entrada original. Por ejemplo, usando métodos de incrustaciones para expresión extrema, podemos codificar datos en representaciones densas y continuas bidimensionales para fines de visualización y análisis de agrupación, como se ilustra en la figura 1-2.

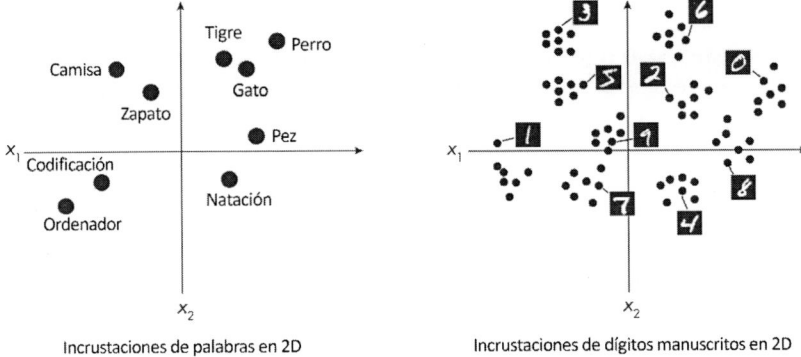

Incrustaciones de palabras en 2D · Incrustaciones de dígitos manuscritos en 2D

Figura 1-2: *Asignación de palabras (izquierda) e imágenes (derecha) a un espacio de atributos bidimensional.*

Una propiedad fundamental de las incrustaciones es que codifican *distancia* o *similitud*. Es decir, que las incrustaciones capturan la semántica de los datos de modo que las entradas similares están cerca en el espacio de incrustaciones.

Para los lectores interesados en una explicación más formal utilizando terminología matemática, una incrustación es un mapa inyectivo y de preservación de la estructura entre un espacio de entrada X y el espacio de incrustación Y. Esto implica que las entradas similares se ubicarán en puntos cercanos dentro del espacio de incrustación, lo que puede verse como la característica de «preservación de la estructura» de la incrustación.

Espacio latente

El *espacio latente* se utiliza típicamente como sinónimo del *espacio de incrustación*, el espacio en el que se asignan los vectores de incrustación.

Elementos similares pueden aparecer cerca en el espacio latente; sin embargo, esto no es un requisito estricto. Más libremente, podemos pensar en el espacio latente como cualquier espacio de atributos que contiene atributos, a menudo versiones comprimidas de los atributos de entrada originales. Estos atributos de espacio latente pueden ser aprendidos por una red neuronal, como un autocodificador que reconstruye las imágenes de entrada, como se muestra en la figura 1-3.

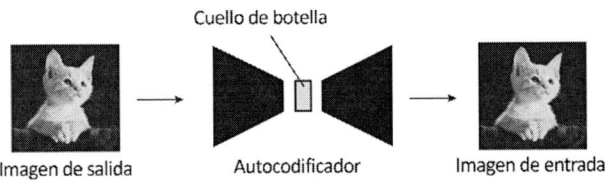

Imagen de salida · Autocodificador · Imagen de entrada

Figura 1-3: *Un autocodificador que reconstruye la imagen de entrada.*

El cuello de botella de la figura 1-3 representa una capa intermedia pequeña de la red neuronal que codifica o asigna la imagen de entrada a una representación de dimensión inferior. Podemos pensar en el espacio objetivo de esta asignación como un espacio latente. El objetivo de formación del autocodificador es reconstruir la imagen de entrada; es decir, minimizar la distancia entre las imágenes de entrada y salida. Con el fin de optimizar el objetivo de formación, el autocodificador puede aprender a poner los atributos codificados de entradas similares (por ejemplo, imágenes de gatos) cerca entre sí en el espacio latente y crear así vectores de incrustación útiles donde entradas similares están cerca en el espacio de incrustación (latente).

Representación

Una *representación* es una forma codificada, típicamente intermedia de una entrada. Por ejemplo, un vector de incrustación o vector en el espacio latente es una representación de la entrada, como se discutió anteriormente. Sin embargo, las representaciones también pueden ser producidas por procedimientos más simples. Por ejemplo, los vectores codificados de un bit alto se consideran representaciones de una entrada.

La idea clave es que la representación capte algunos atributos o características esenciales de los datos originales para que sean útiles en el análisis posterior o el procesamiento.

Ejercicios

1-1. Supongamos que estamos formando una red convolucional con cinco capas convolucionales seguidas de tres capas totalmente conectadas (FC), similar a AlexNet (*https://en.wikipedia.org/wiki/AlexNet*), como se ilustra en la figura 1-4.

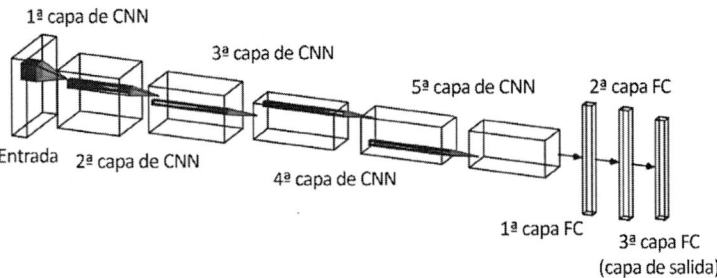

Figura 1-4: *Una ilustración de AlexNet.*

Podemos pensar en estas capas totalmente conectadas como dos capas ocultas y una capa de salida en un perceptrón multicapa. ¿Cuál de las capas de la red neuronal se puede utilizar para producir incrustaciones útiles? Los lectores interesados encontrarán más detalles sobre la arquitectura e implementación de AlexNet en la publicación original de Alex Krizhevsky, Ilya Sutskever y Geoffrey Hinton.

1-2. Nombre algunos tipos de representaciones de entrada que no sean incrustaciones.

Referencias

- El artículo original en que se describe la arquitectura e implementación de AlexNet: Alex Krizhevsky, Ilya Sutskever y Geoffrey Hinton, «ImageNet Classification with Deep Convolutional Neural Networks» (2012), *https://papers.nips.cc/paper/4824-imagenet-classification-with-deep-convolutional-neural-networks.*

2

APRENDIZAJE
AUTOSUPERVISADO

 ¿Qué es el aprendizaje autosupervisado, cuándo es útil y cuáles son los principales métodos para implementarlo?

El aprendizaje autosupervisado es un procedimiento de preformación que permite a las redes neuronales aprovechar conjuntos grandes de datos sin etiqueta de una manera supervisada. En este capítulo se compara el aprendizaje autosupervisado con el aprendizaje por transferencia, un método relacionado para la preformación de redes neuronales, y se discuten los usos prácticos del aprendizaje autosupervisado. Por último, se describen las principales categorías de aprendizaje autosupervisado.

El aprendizaje autosupervisado frente al aprendizaje por transferencia

El aprendizaje autosupervisado está relacionado con el aprendizaje por transferencia, una técnica en la que un modelo preformado con una tarea se reutiliza como punto de partida para un modelo en una segunda tarea. Por ejemplo, supongamos que estamos interesados en formar un clasificador de imágenes para clasificar especies de aves. En el aprendizaje por transferencia, preformaríamos una red neuronal convolucional con el conjunto de datos ImageNet, un gran conjunto de datos de imágenes etiquetadas con muchas categorías diferentes, incluidos varios objetos y animales. Después de la formación previa con el conjunto de datos general ImageNET, tomaríamos ese modelo preformado y lo formaríamos con el conjunto de datos de destino más pequeño y específico que contiene las especies de aves de interés. (A menudo, solo tenemos que cambiar la capa de salida específica de la clase, pero, de lo contrario, podemos adoptar la red formada previamente tal cual).

En la figura 2-1 se ilustra el proceso de aprendizaje por transferencia.

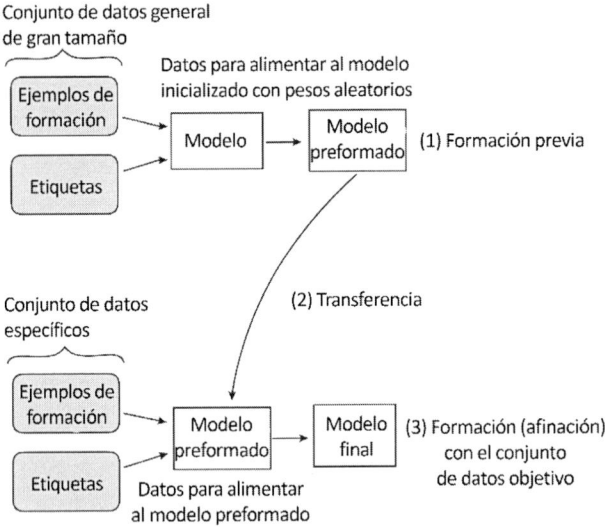

Figura 2-1: *Formación previa con aprendizaje por transferencia convencional.*

El aprendizaje autosupervisado es un método alternativo al aprendizaje por transferencia en el que el modelo es formado previamente no con datos etiquetados sino *no etiquetados*. Consideramos un conjunto de datos sin etiqueta para el cual no tenemos información de etiqueta y luego tenemos una manera de obtener etiquetas de la estructura del conjunto de datos para formular una tarea de predicción para la red neuronal, como se ilustra en la figura 2-2. Estas tareas de formación autosupervisadas también se llaman *tareas de pretexto*.

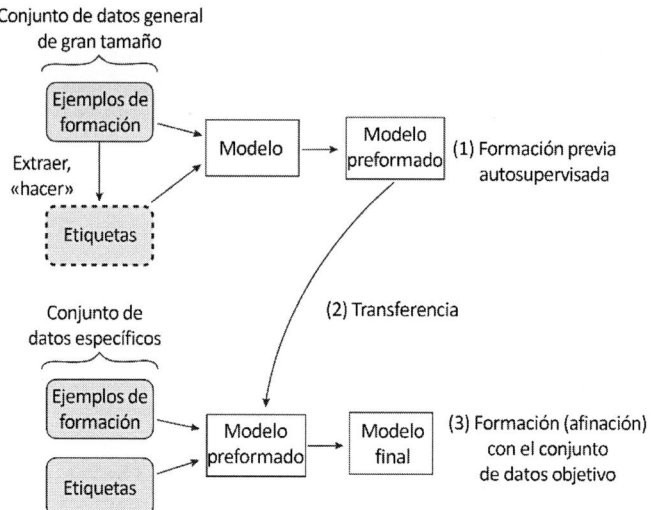

Figura 2-2: *Formación previa con aprendizaje autosupervisado.*

La principal diferencia entre el aprendizaje por transferencia y el autosupervisado radica en cómo obtener las etiquetas durante el paso 1 en las figuras 2-1 y 2-2. En el aprendizaje por transferencia, asumimos que las etiquetas se proporcionan junto con el conjunto de datos; típicamente son creadas por etiquetadores humanos. En el aprendizaje autosupervisado, las etiquetas pueden derivarse directamente de los ejemplos de formación.

Una tarea de aprendizaje autosupervisado podría ser la predicción de palabras omitidas en un contexto de procesamiento del lenguaje natural. Por ejemplo, dada la oración «hace un día precioso y soleado», podemos enmascarar la palabra soleado, introducir en la red la entrada «hace un día precioso y [MÁSCARA]» y hacer que la red prediga la palabra que falta en lugar de «[MÁSCARA]». Del mismo modo, podríamos eliminar parches de imagen en un contexto de visión informática y hacer que la red neuronal rellene los espacios en blanco. Estos son solo dos ejemplos de tareas de aprendizaje autosupervisado; existen muchos más métodos y paradigmas para este tipo de aprendizaje.

En resumen, podemos pensar en el aprendizaje autosupervisado en la tarea de pretexto como *aprendizaje de representación*. Podemos tomar el modelo preformado para afinarlo en la tarea objetivo (también conocida como la *tarea descendente*).

Aprovechamiento de datos sin etiqueta

Las arquitecturas de redes neuronales grandes requieren cantidades grandes de datos etiquetados para funcionar y generalizar bien. Sin embargo, para muchas áreas problemáticas, no tenemos acceso a conjuntos grandes de datos etiquetados. Con el aprendizaje autosupervisado, podemos aprovechar los datos no etiquetados. Por lo tanto, es probable que el aprendizaje autosupervisado sea útil cuando se trabaja con redes neuronales grandes y con una cantidad limitada de datos de formación etiquetados.

Se sabe que las arquitecturas basadas en transformadores que forman la base de los LLM y los transformadores de visión requieren un aprendizaje autosupervisado para que la formación previa tenga un buen desempeño.

Para modelos de redes neuronales pequeñas, como los *perceptrones* multicapa con dos o tres capas, el aprendizaje autosupervisado normalmente no se considera ni útil ni necesario.

El aprendizaje autosupervisado tampoco es útil en el aprendizaje automático tradicional con modelos no paramétricos, como bosques aleatorios basados en árboles o aumento de gradientes. Los métodos convencionales basados en árboles no tienen una estructura de parámetros fijos (a diferencia de las matrices de peso, por ejemplo). Así, los métodos convencionales basados en árboles no pueden realizar el aprendizaje por transferencia y son incompatibles con el aprendizaje autosupervisado.

Autopredicción y aprendizaje autosupervisado contrastivo

Hay dos categorías principales de aprendizaje autosupervisado: autopredicción y autosupervisado contrastivo. En la *autopredicción*, ilustrada en la figura 2-3, típicamente se cambian u ocultan partes de la entrada y se forma al modelo para reconstruir las entradas originales, por ejemplo, con una máscara de perturbación que ofusca ciertos píxeles en una imagen.

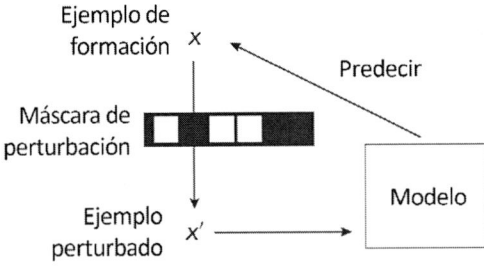

Figura 2-3: *Autopredicción después de utilizar una máscara de perturbación.*

Un ejemplo clásico es un autocodificador de eliminación de ruido que aprende a eliminar el ruido de una imagen de entrada. Alternativamente, considere un autocodificador enmascarado que reconstruye las partes faltantes de una imagen, como se muestra en la figura 2-4.

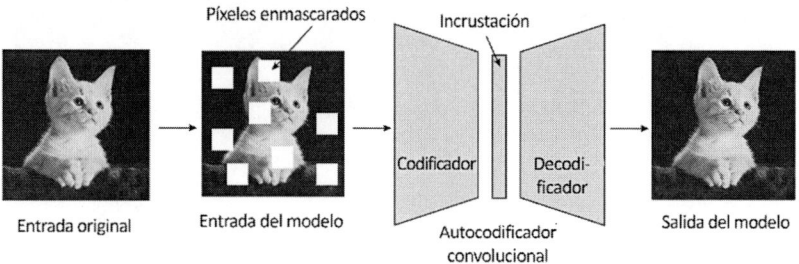

Figura 2-4: *Un autocodificador enmascarado que reconstruye una imagen enmascarada.*

Los métodos de autopredicción de entradas ausentes (enmascaradas) también se utilizan habitualmente en contextos de procesamiento del lenguaje natural. Muchos LLM generativos, como GPT, se forman con una tarea de pretexto de predicción de la próxima palabra (GPT se discutirá con mayor detalle en los capítulos 14 y 17). Aquí, alimentamos los fragmentos de texto de red, donde se tiene que predecir la palabra siguiente en la secuencia (como discutiremos más adelante en el capítulo 17).

En *el aprendizaje autosupervisado contrastivo* formamos a la red neuronal para aprender un espacio de incrustación donde las entradas similares están cerca unas de otras y las diferentes están muy separadas. En otras palabras, formamos a la red para producir incrustaciones que minimicen la distancia entre entradas de formación similares y maximicen la distancia entre ejemplos de formación diferentes.

Discutamos el aprendizaje contrastivo usando ejemplos concretos. Supongamos que tenemos un conjunto de datos que consiste en imágenes aleatorias de animales. Primero, dibujamos una imagen aleatoria de un gato (la red no conoce la etiqueta, porque asumimos que el conjunto de datos no está etiquetado). A continuación, aumentamos, corrompemos o perturbamos esta imagen de gato, por ejemplo, agregando una capa de ruido aleatoria y recortándola de manera diferente, como se muestra en la figura 2-5.

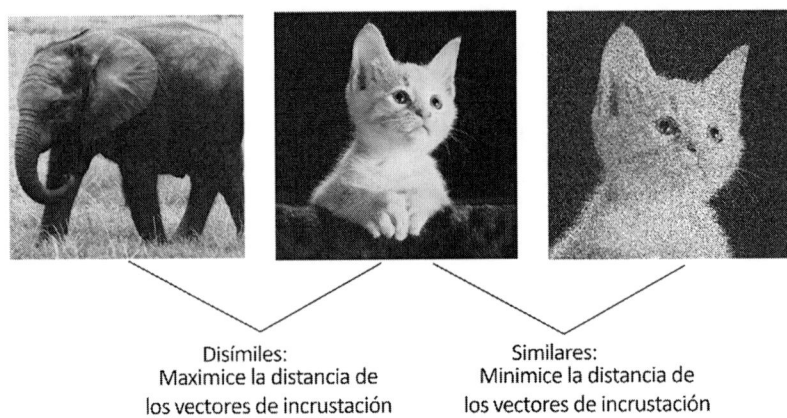

Disímiles:
Maximice la distancia de
los vectores de incrustación

Similares:
Minimice la distancia de
los vectores de incrustación

Figura 2-5: *Pares de imágenes encontrados en el aprendizaje contrastivo.*

La imagen perturbada de un gato en esta figura aún muestra el mismo gato, por lo que queremos que la red produzca un vector de incrustación similar. También consideramos una imagen aleatoria extraída del conjunto de formación (por ejemplo, un elefante, pero, de nuevo, la red no conoce la etiqueta).

Para el par gato-elefante, queremos que la red produzca incrustaciones disímiles. De este modo, forzamos a la red de modo implícito a capturar el contenido principal de la imagen mientras somos algo agnósticos a pequeñas diferencias y ruido. Por ejemplo, la forma más simple de una pérdida contrastiva es la L_2-*norm* (distancia euclidiana) entre las incrustaciones producidas por el modelo $M(\cdot)$. Digamos que actualizamos los pesos del modelo para disminuir la distancia $||M(\text{gato}) - M(\text{gato}')||_2$ y aumentar la distancia $||M(gato) - M(elefante)||_2$.

En la figura 2-6 se resume el concepto central tras del aprendizaje contrastivo para el escenario de una imagen perturbada. El modelo se muestra dos veces, lo que se conoce como una *configuración de red siamesa*. Esencialmente, el mismo modelo se utiliza en dos instancias: primero, para generar la incrustación para el ejemplo de formación original y, segundo, para producir la incrustación para la versión perturbada de la muestra.

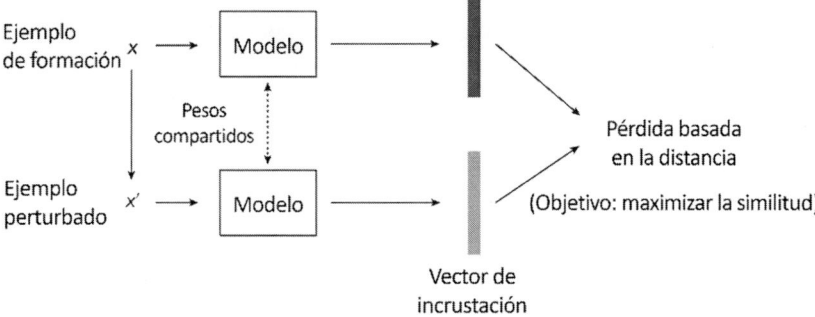

Figura 2-6: *Aprendizaje contrastivo.*

En este ejemplo se describe la idea principal detrás del aprendizaje contrastivo, pero existen muchas subvariantes. En términos generales, podemos categorizarlos en *métodos de muestreo* contrastivo y *de dimensión* contrastiva. En el ejemplo del elefante y el gato en la figura 2-6 se ilustra un método de ejemplo contrastivo, donde nos centramos en el aprendizaje de incrustaciones para minimizar y maximizar las distancias entre pares de formación. En métodos de *dimensión* contrastivos, por otro lado, nos centramos en hacer que solo ciertas variables en las representaciones de incrustación de pares de formación similares aparezcan cerca unas de otras mientras maximizan la distancia respecto a las demás.

Ejercicios

2-1. ¿Cómo podríamos utilizar el aprendizaje autosupervisado con los datos de vídeo?

2-2. ¿Se puede utilizar el aprendizaje autosupervisado para los datos tabulares representados como filas y columnas? Si es así, ¿cómo podríamos hacerlo?

Referencias

- Para más información sobre el conjunto de datos ImageNET: *https://en.wikipedia.org/wiki/ ImageNET*.

- Un ejemplo de un método de aprendizaje autosupervisado contrastivo: Ting Chen *et al.*, «A Simple Framework for Contrastive Learning of Visual Representations» (2020), *https://arxiv.org/abs/2002.05709*.

- Un ejemplo de un método de dimensión contrastivo: Adrien Bardes, Jean Ponce y Yann LeCun, «VICRegL: Self-Supervised Learning of Local Visual Features» (2022), *https://arxiv.org/abs/2210.01571*.

- Si planea emplear el aprendizaje autosupervisado en la práctica: Randall Balestriero *et al.*, «A Cookbook of Self-Supervised Learning» (2023), *https://arxiv.org/abs/2304.12210*.

- Un documento que propone un método de aprendizaje por transferencia y aprendizaje autosupervisado para *perceptrones* multicapa relativamente pequeños en conjuntos de datos tabulares: DARA Bahri *et al.*, «SCARF: Self-Supervised Contrastive Learning Using Random Feature Corruption» (2021), *https://arxiv.org/abs/2106.15147*.

- Un segundo documento proponiendo tal método: Roman Levin *et al.*, «Transfer Learning with Deep Tabular Models» (2022), *https://arxiv.org/abs/ 2206,15306*.

3

APRENDIZAJE CON POCOS GOLPES

 ¿Qué es el aprendizaje con pocos golpes? ¿En qué se diferencia del procedimiento de formación convencional para el aprendizaje supervisado?

El *aprendizaje con pocos golpes* es un tipo de aprendizaje supervisado para conjuntos de formación pequeños con una relación de ejemplo a clase muy pequeña. En el aprendizaje supervisado regular, formamos modelos iterando sobre un conjunto de formación donde el modelo siempre ve un conjunto de clases fijo. En el aprendizaje con pocos golpes, trabajamos con un conjunto de soporte a partir del cual creamos muchas tareas de formación para armar episodios de formación, donde cada tarea de formación consta de clases diferentes.

Conjuntos de datos y terminología

En el aprendizaje supervisado, ajustamos un modelo en un conjunto de datos de formación y lo evaluamos con un conjunto de datos de prueba. El conjunto de formación normalmente contiene un número relativamente grande de ejemplos por clase. Por ejemplo, en un contexto de aprendizaje supervisado, el conjunto de datos Iris, que tiene 50 ejemplos por clase, se considera un conjunto de datos pequeño. Para los modelos de aprendizaje profundo, por otro lado, incluso un conjunto de datos como MNIST, que tiene 5000 ejemplos de formación por clase, se considera muy pequeño.

En el aprendizaje con pocos golpes, el número de ejemplos por clase es mucho menor. Al especificar la tarea de aprendizaje con pocos golpes, normalmente usamos el término *N-way K-shot*; *N* es el número de clases y *K* el de ejemplos por clase. Los valores más comunes son $K = 1$ o $K = 5$.

Por ejemplo, en un problema de 5 vías de 1 golpe, hay cinco clases con un solo ejemplo en cada una. En la figura 3-1 se muestra un ajuste de tres vías de un golpe para ilustrar el concepto con un ejemplo más pequeño.

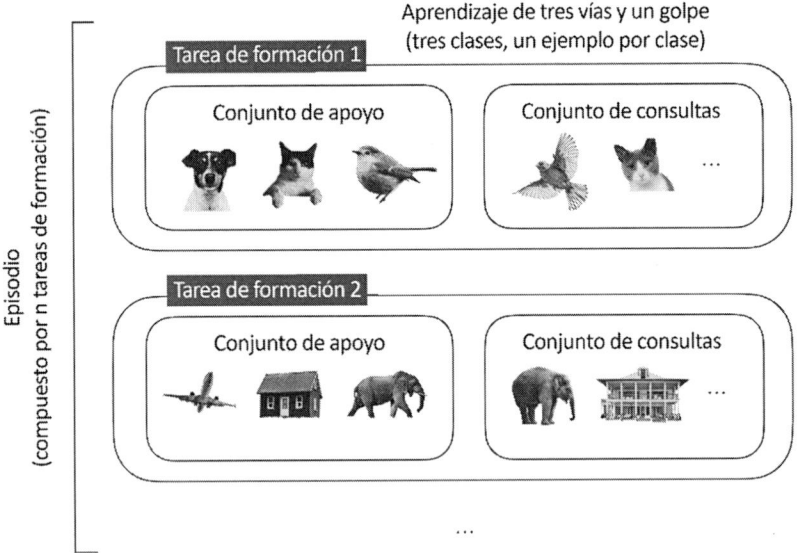

Figura 3-1: *Tareas de formación en el aprendizaje con pocos golpes.*

En lugar de ajustar el modelo al conjunto de datos de formación, podemos pensar en el aprendizaje con pocos golpes como «aprender a aprender». A diferencia del aprendizaje supervisado, en el aprendizaje con pocos golpes no se utiliza un conjunto de datos de formación, sino un *conjunto de soporte*, del que extraemos una muestra de tareas de formación que imitan el escenario de uso durante la predicción. Cada tarea de formación va acompañada de una imagen de consulta que hay que clasificar. El modelo se forma con varias tareas del conjunto de soporte; esto se llama un *episodio*.

A continuación, durante las pruebas, el modelo recibe una tarea nueva con clases diferentes de las vistas durante la formación. Las clases que se encuentran en la formación también se llaman *clases básicas* y el conjunto de apoyo durante la formación, a menudo se llama el *conjunto básico*. Una vez más, la tarea es clasificar las imágenes de consulta. Las tareas de prueba son similares a las tareas de formación, excepto que ninguna de las clases durante la prueba se superpone con las encontradas durante la formación, como se ilustra en la figura 3-2.

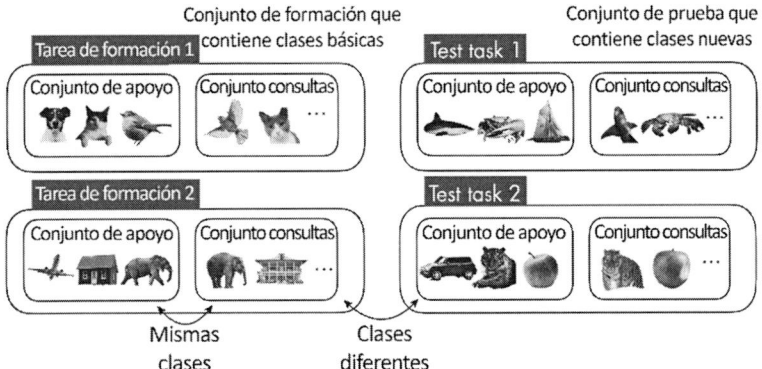

Figura 3-2: *Clases vistas durante la formación y las pruebas.*

Como se muestra en la figura 3-2 , los conjuntos de apoyo y consulta contienen imágenes diferentes de la misma clase durante la formación. Lo mismo sucede durante las pruebas. Sin embargo, tenga en cuenta que las clases en los conjuntos de ayuda y consulta difieren de los conjuntos de ayuda y consulta encontrados durante la formación.

Hay muchos tipos diferentes de aprendizaje con pocos golpes. En el más común, el metaprendizaje, la formación consiste esencialmente en actualizar los parámetros del modelo para que pueda adaptarse bien a una tarea nueva. En términos generales, una estrategia de aprendizaje con pocos golpes consiste en aprender un modelo que produzca incrustaciones en las que podamos encontrar la clase objetivo mediante una búsqueda del vecino más próximo entre las imágenes del conjunto de soporte. En el gráfico 3-3 se ilustra este método.

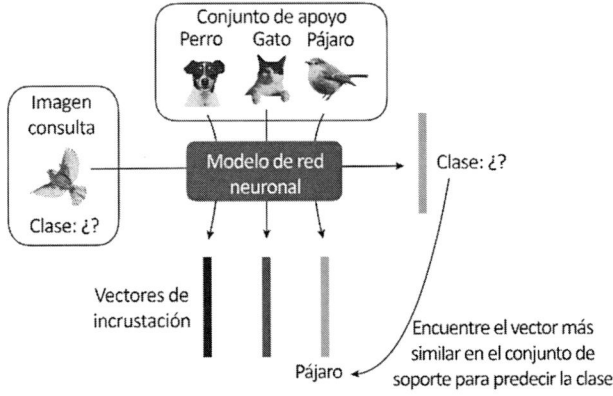

Figura 3-3: *Incrustaciones de aprendizaje que son adecuadas para la clasificación.*

El modelo aprende a producir incrustaciones buenas a partir del conjunto de soporte para clasificar la imagen de consulta basándose en la búsqueda del vector de incrustación más similar.

Ejercicios

3-1. MNIST (*https://en.wikipedia.org/wiki/MNIST_database*) es un conjunto de datos de aprendizaje automático clásico y popular que consta de 50 000 dígitos escritos a mano de 10 clases correspondientes a los dígitos 0 a 9. ¿Cómo podemos segmentar el conjunto de datos MNIST para un contexto de clasificación con un solo golpe?

3-2. ¿Qué usos o aplicaciones reales tiene el aprendizaje con pocos golpes?

4

LA HIPÓTESIS DEL BOLETO DE LOTERÍA

¿Qué es la hipótesis del boleto de lotería y, si es cierto, qué tan útil es en la práctica?

La hipótesis del boleto de lotería es un concepto en la formación de redes neuronales que postula que, dentro de una red neuronal inicializada de modo aleatorio, existe una subred (o «boleto ganador») que puede, cuando se forma por separado, lograr la misma exactitud en un conjunto de pruebas que la red completa después de ser formada para el mismo número de pasos. Esta idea fue propuesta por primera vez por Jonathan Frankle y Michael Carbin en 2018.

En este capítulo se ilustra la hipótesis de la lotería paso a paso, luego se pasa por la *poda de peso*, una de las técnicas clave para crear subredes más pequeñas como parte de la metodología de la hipótesis de la lotería. Por último, se discuten las implicaciones y limitaciones prácticas de la hipótesis.

El procedimiento de formación con boleto de lotería

En la figura 4-1 se ilustra el procedimiento de formación para la hipótesis del boleto de lotería en cuatro pasos, que discutiremos uno por uno, para ayudar a aclarar el concepto.

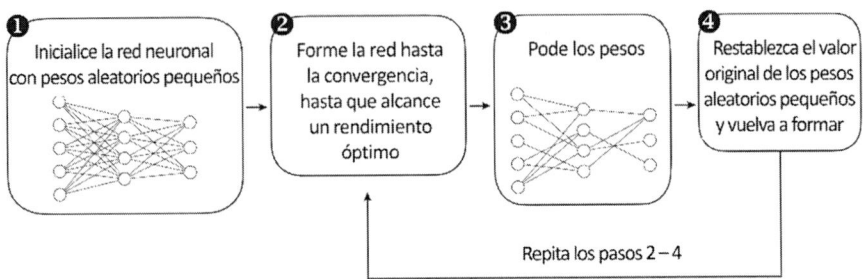

Figura 4-1: *El procedimiento de formación de hipótesis de lotería.*

En la figura 4-1, comenzamos con una red neuronal grande (1), que formamos hasta la convergencia (2), lo que significa que hacemos el mejor esfuerzo para que funcione lo mejor posible con un conjunto de datos objetivo (por ejemplo, minimizando la pérdida por formación y maximizando la exactitud de la clasificación). Esta red neuronal grande se inicializa como de costumbre utilizando pesos aleatorios pequeños.

A continuación, como se muestra en la figura 4-1, podamos los parámetros de peso de la red neuronal (3), eliminándolos de ella. Podemos hacer esto dando valor cero a los pesos para crear matrices de peso escaso. Aquí, podemos podar pesos individuales, lo que se conoce como *poda no estructurada* o podar «segmentos» más grandes de la red, como canales de filtro convolucionales enteros. Esto se conoce como *poda estructurada*.

El método de hipótesis de lotería original sigue un concepto conocido como *poda de magnitud iterativa*, donde los pesos con las magnitudes más bajas se eliminan de manera iterativa (reexaminaremos este concepto en el capítulo 6, cuando discutamos técnicas para reducir el sobreajuste).

Después del paso de poda, reajustamos los pesos a los valores aleatorios pequeños originales utilizados en el paso 1 de la figura 4-1 y formamos la red podada (4). Vale la pena enfatizar que no reinicializamos la red podada con pesos aleatorios pequeños (como es típico para la poda de magnitud iterativa) y en su lugar reutilizamos los pesos del paso 1.

Luego repetimos los pasos 2 al 4 de la poda hasta alcanzar el tamaño de red deseado. Por ejemplo, en el documento original de hipótesis de boletos de lotería, los autores redujeron con éxito la red al 10 por ciento del tamaño original sin sacrificar la exactitud de la clasificación. Como beneficio adicional, la red podada (dispersa), conocida como *boleto ganador*, mostró incluso un rendimiento de generalización mejor que con la red original (grande y densa).

Implicaciones prácticas y limitaciones

Si es posible identificar subredes más pequeñas que tengan el mismo rendimiento predictivo que sus contrapartes hasta diez veces más grandes, esto puede tener implicaciones significativas tanto para la formación neuronal como para la inferencia. Dado el tamaño cada vez mayor de las arquitecturas de redes neuronales modernas, esto puede ayudar a reducir los costes de formación e infraestructura.

¿Suena demasiado bueno para ser verdad? Tal vez. Si los boletos ganadores se pudieran identificar de manera eficiente, esto sería muy útil en la práctica. Sin embargo, en el momento de escribir estas líneas, no hay manera de encontrar los boletos ganadores sin formar a la red original. Incluir los pasos de la poda haría esto aún más costoso que un procedimiento de formación regular. Además, después de publicar el artículo original, los investigadores encontraron que la inicialización del peso original puede no funcionar para encontrar boletos ganadores para redes de escala mayor, y se requiere experimentación adicional con los pesos iniciales de las redes podadas.

La buena noticia es que los boletos ganadores existen. Incluso si actualmente no es posible identificarlos sin formar a sus contrapartes de redes neuronales más grandes, se pueden utilizar para una inferencia más eficiente después de la formación.

Ejercicios

4-1. Supongamos que probamos el método de hipótesis del boleto de lotería y vemos que el rendimiento de la subred no es muy bueno (comparado con la red original). ¿Qué pasos podríamos dar a continuación?

4-2. La simplicidad y eficiencia de la función de activación de la unidad lineal rectificada (ReLU, sigla en inglés) la han convertido en una de las funciones de activación más populares en la formación de redes neuronales, particularmente en el aprendizaje profundo, donde ayuda a mitigar problemas como el gradiente de fuga. La función de activación ReLU se define por la expresión matemática $\max(0, x)$. Esto significa que, si la entrada x es positiva, la función devuelve x, pero si es negativa o 0, la función devuelve 0. ¿Cuál es la relación de la hipótesis del boleto de lotería y la formación de una red neuronal con activación de ReLU?

Referencias

- El documento en que se propone la hipótesis del boleto de lotería: Jonathan Frankle y Michael Carbin, «The Lottery Ticket Hypothesis: Finding Sparse, Trainable Neural Networks» (2018), *https://arxiv.org/abs/ 1803,03635*.

- En el documento se propone una poda estructurada para eliminar partes más grandes, como filtros convolucionales enteros, de una red: Hao Li *et al.*, «Pruning Filters for Efficient ConvNets» (2016), *https://arxiv.org/ abs/1608,08710*.

- Trabajo sobre la hipótesis de la lotería, que muestra que puede que la inicialización de pesos original no sirva para encontrar boletos ganadores para redes de mayor escala y se requiere experimentación adicional con los pesos iniciales de las redes podadas: Jonathan Frankle *et al.*, «Linear Mode Connectivity and the Lottery Ticket Hypothesis» (2019), *https://arxiv.org/abs/1912.05671*.

- Un algoritmo mejorado de hipótesis de boletos de lotería que encuentra redes más pequeñas que coinciden exactamente con el rendimiento de una red más grande: Vivek Ramanujan *et al.,* «What's Hidden in a Randomly Weighted Neural Network?» (2020), *https://arxiv.org/abs/1911.13299*.

5

REDUCCIÓN DEL SOBREAJUSTE CON DATOS

Supongamos que formamos un clasificador de red neuronal de una manera supervisada y notamos que sufre de sobreajuste. ¿Cuáles son algunas de las formas comunes para reducir el sobreajuste en las redes neuronales mediante el uso de datos alterados o adicionales?

El sobreajuste, un problema común en el aprendizaje automático, se produce cuando un modelo se ajusta demasiado a los datos de formación, aprendiendo su ruido y valores atípicos en lugar del patrón subyacente. Como resultado, el modelo funciona bien con los datos de formación, pero mal con los datos no vistos o de prueba. Si bien lo ideal sería evitar el sobreajuste, a menudo no es posible eliminarlo por completo. Por ello, nuestro objetivo es reducir o minimizar el sobreajuste tanto como sea posible.

Las técnicas más exitosas para reducirlo giran en torno a la recopilación de más datos etiquetados de alta calidad. Sin embargo, si la recopilación de más datos etiquetados no es factible, podemos aumentar los datos existentes o aprovechar los datos no etiquetados para la formación previa.

Métodos comunes

En este capítulo se resumen los ejemplos más destacados de las técnicas relacionadas con conjuntos de datos que han resistido el paso del tiempo, agrupándolos en las categorías siguientes: recopilación de más datos, aumento de datos y formación previa.

Recopilación de más datos

Una de las mejores maneras de reducir el sobreajuste es recopilar más datos (de buena calidad). Podemos trazar curvas de aprendizaje para averiguar si un modelo dado se beneficiaría de más datos. Para construir una curva de aprendizaje, formamos al modelo con tamaños diferentes de conjuntos de formación (10 %, 20 %, etc.) y evaluamos el modelo formado con el mismo conjunto de validación de tamaño fijo o prueba. Como se muestra en la figura 5-1, la exactitud de la validación aumenta a medida que aumenta el tamaño de los conjuntos de formación. Esto indica que podemos mejorar el rendimiento del modelo si recopilamos más datos.

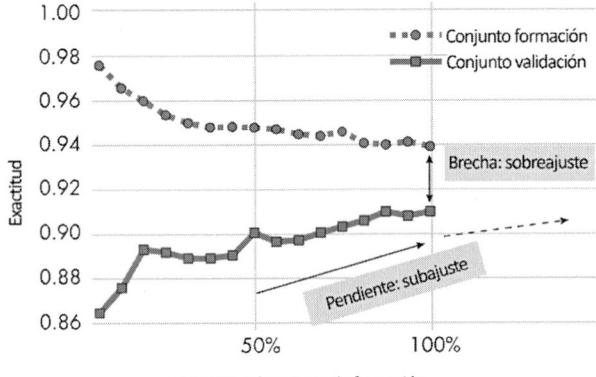

Figura 5-1: *El gráfico de curva de aprendizaje de un modelo se ajusta a tamaños diferentes de conjuntos de formación.*

La brecha entre la formación y el rendimiento de validación indica el grado de sobreajuste: cuanto más extensa sea la brecha, más sobreajuste se produce. Por el contrario, la pendiente que indica una mejora en el rendimiento de la validación sugiere que el modelo tiene subajuste y puede beneficiarse de más datos. Por lo general, los datos adicionales pueden disminuir tanto el subajuste como el sobreajuste.

Aumento de datos

El aumento de datos se refiere a la generación de registros o atributos de datos nuevos o basados en datos existentes. Permite la expansión de un conjunto de datos sin recopilación de datos adicional.

El aumento de datos nos permite crear versiones diferentes de los datos de entrada originales, lo que puede mejorar el rendimiento de la generalización del modelo. ¿Por qué? Los datos aumentados pueden ayudar al modelo a mejorar la capacidad de generalizar, ya que hacen más difícil memorizar información engañosa con ejemplos de formación o atributos, o, en el caso de los datos de imagen, valores exactos de píxeles para ubicaciones de píxeles específicas. En la figura 5-2 se destacan las técnicas comunes de aumento de datos de imagen, incluyendo el aumento de brillo, la inversión y el recorte.

| Original | Aumento de brillo | Inclinación |
| Inversión horizontal | Recorte | Eliminación de fondo |

Figura 5-2: *Una selección de técnicas diferentes de aumento de datos de imagen.*

El aumento de datos suele ser estándar para los datos de imagen (ver figura 5-2) y los datos de texto (discutidos más adelante en el capítulo 15), pero también existen métodos de aumento de datos para los datos tabulares.

En lugar de recopilar más datos o mejorar los datos existentes, también es posible generar datos nuevos sintéticos. Si bien es más común para los datos de imagen y texto, la generación de datos sintéticos también es posible para los conjuntos de datos tabulares.

Formación previa

Como se discutió en el capítulo 2, el aprendizaje autosupervisado nos permite aprovechar conjuntos de datos grandes sin etiquetas para preformar las redes neuronales. Esto también puede ayudar a reducir el sobreajuste en los conjuntos de datos de destino más pequeños.

Como alternativa al aprendizaje autosupervisado, el aprendizaje por transferencia tradicional con conjuntos de datos grandes y etiquetados también es una opción. El aprendizaje por transferencia es más efectivo si el conjunto de datos etiquetado está estrechamente relacionado con el dominio de destino. Por ejemplo, si formamos un modelo para clasificar especies de aves, podemos formar previamente una red con un conjunto de datos de clasificación general de animales. Sin embargo, si un conjunto de datos tan grande no está disponible, también podemos preparar el modelo con el conjunto de datos ImageNET relativamente amplio.

Un conjunto de datos puede ser extremadamente pequeño e inadecuado para el aprendizaje supervisado; por ejemplo, si contiene solo un puñado de ejemplos etiquetados por clase. Si nuestro clasificador necesita operar en un contexto en el que la recopilación de datos etiquetados adicionales no es factible, también podemos considerar el aprendizaje con pocos golpes.

Otros métodos

Las secciones anteriores abarcaron los métodos principales para utilizar y modificar conjuntos de datos para reducir el sobreajuste. Sin embargo, esta no es una lista exhaustiva. Otras técnicas comunes son las siguientes:

- Creación de atributos y normalización
- La inclusión de ejemplos contradictorios y ruido en las etiquetas o atributos
- Suavizado de etiquetas
- Lotes más pequeños
- Técnicas de aumento de datos como Mixup, Cutout y CUTMIX

En el siguiente capítulo se cubren técnicas adicionales para reducir el sobreajuste desde la perspectiva del modelo y se concluye discutiendo qué técnicas de regularización deberíamos considerar en la práctica.

Ejercicios

5-1. Supongamos que formamos a un modelo XGBoost para clasificar imágenes con base en atributos extraídos manualmente, obtenidos de los colaboradores. El conjunto de datos de ejemplos de formación etiquetados es relativamente pequeño; pero, afortunadamente, nuestros colaboradores también disponen de un conjunto de formación etiquetado de un proyecto anterior sobre un dominio relacionado. Estamos considerando implementar un método de aprendizaje por transferencia para formar al modelo XGBoost. ¿Es esta una opción factible? Si es así, ¿cómo podríamos hacerlo? (Supongamos que se nos permite usar solo XGBoost y no otro algoritmo o modelo de clasificación).

5-2. Supongamos que estamos trabajando en el problema de clasificación de imágenes para implementar el reconocimiento de dígitos manuscritos basado en MNIST. Hemos añadido una buena cantidad de aumento de datos para tratar de reducir el sobreajuste. Desafortunadamente, encontramos que la exactitud de la clasificación es mucho peor de lo que era antes del aumento. ¿Cuáles son algunas razones potenciales para esto?

Referencias

- Un documento sobre el aumento de datos para los datos tabulares: Derek Snow, «DeltaPy: A Framework for Tabular Data Augmentation in Python» (2020), *https://github.com/firmai/deltapy*.

- El artículo en que se propone el método GReaT para generar datos tabulares sintéticos utilizando un modelo generativo de lenguaje grande autorregresivo: Vadim Borisov *et al.*, «Language Models Are Realistic Tabular Data Generators» (2022), *https://arxiv.org/abs/2210.06280*.

- El artículo en que se propone el método TabDDPM para generar datos tabulares sintéticos utilizando un modelo de difusión: Akim Kotelnikov *et al.*, «TabDDPM: Modelling Tabular Data with Diffusion Models» 2022), *https://arxiv.org/abs/2209.15421.*

- En la guía del usuario de Scikit-learn se ofrece una sección sobre datos para preprocesar, que incluye técnicas como el escalado de atributos y la normalización que pueden mejorar el rendimiento del modelo: *https://scikit-learn.org/stable/modules/preprocessing.html.*

- Una encuesta sobre métodos para formar modelos profundos con etiquetas ruidosas, de modo robusto, que explora cómo mitigar el impacto de valores objetivo incorrectos o engañosos: Bo Han *et al.*, «A Survey of Label-noise Representation Learning: Past, Present and Future» (2020), *https:// arxiv.org/abs/2011.04406*.

- Evidencia teórica y empírica para apoyar la idea de que controlar la relación entre el tamaño de los lotes y la tasa de aprendizaje en el descenso de gradientes estocásticos es crucial para un buen rendimiento de modelado en redes neuronales profundas: Fengxiang He, Tongliang Liu y Dacheng Tao, «Control Batch Size and Learning Rate to Generalize Well: Theoretical and Empirical Evidence» (2019), *https://dl.acm.org/doi/abs/10.5555/3454287, 3454390.*

- Incluir ejemplos contradictorios, que son muestras de entrada diseñadas para engañar al modelo, puede mejorar el rendimiento de la predicción al hacer que el modelo sea más robusto: Cihang Xie *et al.*, «Adversarial Examples Improve Image Recognition» (2019), *https://arxiv.org/abs/1911.09665*.

- El suavizado de etiquetas es una técnica de regularización que mitiga el impacto de las etiquetas potencialmente incorrectas en el conjunto de datos mediante la sustitución de los objetivos de clasificación 0 y 1 duros con valores suavizados: Rafael Müller, Simon Kornblith y Geoffrey Hinton, «When Does Label Smoothing Help?» (2019), *https://arxiv.org/abs/1906.02629*.

- Mixup, un método popular que forma redes neuronales en pares de datos mezclados para mejorar la generalización y la robustez: Hongyi Zhang y otros, «Mixup: Beyond Empirical Risk Minimization» (2018), *https:// arxiv.org/abs/1710.09412*.

6

REDUCCIÓN DEL SOBREAJUSTE CON MODIFICACIONES DEL MODELO

Supongamos que formamos a un clasificador de red neuronal de forma supervisada y ya empleamos varias técnicas relacionadas con conjuntos de datos para mitigar el sobreajuste. ¿Cómo podemos cambiar el modelo o hacer modificaciones en el ciclo de formación para reducir aún más el efecto del sobreajuste?

Los métodos más eficaces contra el sobreajuste incluyen técnicas de regularización como el abandono y el descenso del peso. Como regla general, los modelos con un número mayor de parámetros requieren más datos de formación para generalizar bien. Por lo tanto, disminuir el tamaño y la capacidad del modelo a veces también puede ayudar a reducir el sobreajuste. Por último, la creación de ensambles de conjuntos es una de las formas más efectivas de combatir el sobreajuste, pero conlleva un gasto mayor de recursos informáticos.

En este capítulo se describen las ideas y técnicas clave para varias categorías de reducción del sobreajuste con modificaciones del modelo y luego se las compara entre sí. Se concluye discutiendo cómo elegir entre todos los tipos de métodos de reducción de sobreajuste, incluidos los discutidos en el capítulo anterior.

Métodos comunes

Los diversos modelos y técnicas relacionadas con la formación para reducir el sobreajuste pueden agruparse en tres categorías grandes: (1) añadir regularización, (2) elegir modelos más pequeños y (3) construir modelos de ensambles.

Regularización

Podemos interpretar la regularización como una penalización contra la complejidad. Las técnicas clásicas de regularización para redes neuronales incluyen la *regularización L_2* y el método de descenso del peso relacionado. Implementamos *la regularización L_2* añadiendo un término de penalización a la función de pérdida que se minimiza durante la formación.

Este término añadido representa el tamaño de los pesos, como la suma al cuadrado de los pesos. En la siguiente fórmula se muestra una *pérdida L_2* regularizada:

$$\textit{Pérdida regularizada} = \textit{pérdida} + \frac{\lambda}{n}\sum_{j} w_j^{\,2}$$

donde λ es un hiperparámetro que controla la fuerza de regularización.

Durante la retropropagación, el optimizador minimiza la pérdida modificada, incluyendo entonces el plazo de penalización adicional, lo que conduce a pesos más pequeños del modelo y puede mejorar la generalización a datos ocultos.

El descenso del peso es similar a la *regularización L_2,* pero se utiliza directamente con el optimizador en lugar de modificar la función de pérdida. Dado que el descenso del peso tiene el mismo efecto que *la regularización L_2* , los dos métodos se utilizan a menudo como sinónimos, pero puede haber diferencias sutiles dependiendo de los detalles de implementación y del optimizador.

Muchas otras técnicas tienen efectos regularizadores. En aras de la brevedad, hablaremos solo de dos de los métodos más utilizados: el abandono y la parada temprana.

El abandono reduce el sobreajuste al dar el valor de cero aleatoriamente, durante la formación, a algunas de las activaciones de las unidades ocultas. En consecuencia, la red neuronal no puede depender de neuronas particulares para ser activadas. En cambio, aprende a usar un número mayor de neuronas y muchas representaciones independientes de los mismos datos, lo que ayuda a reducir el sobreajuste.

En la parada temprana, monitoreamos el rendimiento del modelo en un conjunto de validación durante la formación y paramos el proceso de esta cuando el rendimiento del conjunto de validación comienza a disminuir, como se ilustra en la figura 6-1.

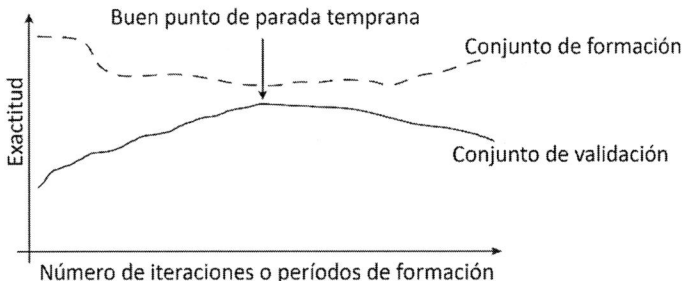

Figura 6-1: *Parada temprana.*

En la figura 6-1, podemos ver que la exactitud de validación aumenta a medida que se cierra la brecha de exactitud en la formación y la validación. El punto en el que la exactitud de la formación y la validación es más cercana es el punto con la menor cantidad de sobreajuste, que suele ser un buen punto para una parada temprana.

Modelos más pequeños

La teoría clásica de sesgo y varianza sugiere que reducir el tamaño del modelo puede reducir el sobreajuste. La intuición tras de esta teoría es que, como regla general, cuanto menor es el número de parámetros del modelo, menor es su capacidad de memorizar o sobreajustar el ruido en los datos. En los párrafos siguientes se discuten los métodos para reducir el tamaño del modelo, incluida la poda, que elimina parámetros, y la destilación de conocimientos, que transfiere conocimiento a un modelo más pequeño.

Además de reducir el número de capas y el ancho de ellas como un procedimiento de ajuste de hiperparámetros, otro método para obtener modelos más pequeños es la *poda iterativa*, en la que formamos un modelo grande para lograr un buen rendimiento del conjunto de datos original. Luego eliminamos iterativamente los parámetros del modelo, volviendo a formarlo con el conjunto de datos de modo que mantenga el mismo rendimiento predictivo del modelo original (en la hipótesis del boleto de lotería, discutida en el capítulo 4, se utiliza poda iterativa).

Otro método común para obtener modelos más pequeños es la *destilación de conocimientos*. La idea general tras de este método es transferir el conocimiento de un modelo grande y más complejo (el *profesor*) a un modelo más pequeño (el *estudiante*). Idealmente, el estudiante logra la misma exactitud predictiva que el profesor, pero lo hace de manera más eficiente debido al tamaño menor. Como un efecto secundario agradable, puede que el estudiante más pequeño se sobreajuste menos que el modelo profesor más grande.

En la figura 6-2 se esquematiza el proceso original de destilación del conocimiento. Aquí, el profesor se forma primero de un modo supervisado normalizado para clasificar bien los ejemplos del conjunto de datos, utilizando una pérdida de entropía cruzada convencional entre las puntuaciones predichas y las etiquetas de clase verdaderas. Mientras que la red de estudiantes más pequeña se forma con el mismo conjunto de datos, el objetivo de la formación es minimizar tanto (a) la entropía cruzada entre los resultados y las etiquetas de clase y (b) la diferencia entre sus resultados y los del profesor (medidos usando la *divergencia Kullback-Leibler*, que cuantifica la diferencia entre dos distribuciones de probabilidad calculando cuánto difiere una distribución de la otra en términos del contenido de la información).

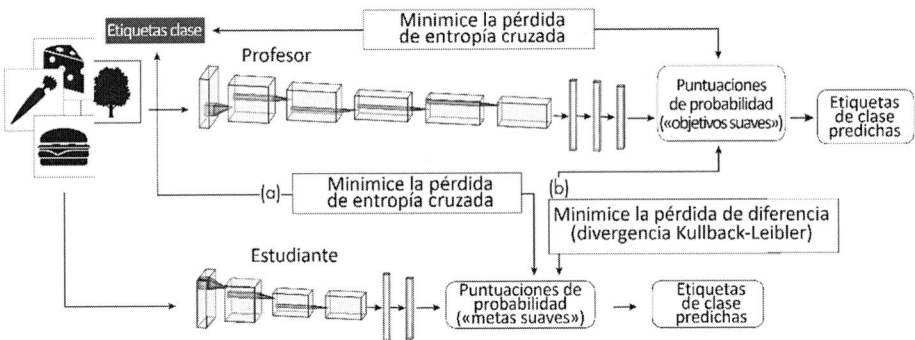

Figura 6-2: *El proceso original de destilación de conocimientos.*

Al minimizar la divergencia Kullback y Leibler —la diferencia entre la distribución de puntajes entre el profesor y el estudiante—, el estudiante aprende a imitar al profesor al tiempo que es más pequeño y eficiente.

Precauciones con los modelos más pequeños

Si bien la poda y la destilación de conocimientos también pueden mejorar el rendimiento de la generalización de un modelo, estas técnicas no son formas primarias o efectivas de reducir el sobreajuste.

Los primeros resultados de la investigación indican que la poda y la destilación de conocimientos pueden mejorar el rendimiento de la generalización; se presume que es por el menor tamaño de los modelos. Sin embargo, contrario a la intuición, investigaciones recientes que estudian fenómenos como el descenso doble y el conocimiento profundo (*grokking* en inglés) también han demostrado que los modelos más grandes y sobreparametrizados tienen un rendimiento de generalización mejorado si se forman más allá del punto de sobreajuste. El *descenso doble* se refiere al fenómeno en el que los modelos con un número pequeño o supergrande de parámetros tienen un buen rendimiento de generalización, mientras que los modelos con un número de parámetros igual al número de puntos de datos de formación tienen un rendimiento de generalización pobre. El *conocimiento profundo* revela que, a medida que disminuye el tamaño de un conjunto de datos, aumenta la necesidad de optimización y el rendimiento de la generalización puede mejorar mucho más allá del punto de sobreajuste.

¿Cómo conciliar la observación de que los modelos podados pueden mostrar un mejor rendimiento de generalización con las observaciones contradictorias de los estudios sobre el doble descenso y el conocimiento profundo? Algunos investigadores han mostrado recientemente que la mejora del proceso de formación explica en parte la reducción del sobreajuste debido a la poda. La poda implica periodos de formación más prolongados y una repetición de los horarios de la tasa de aprendizaje que pueden ser en parte responsables de la mejora del rendimiento de la generalización.

La poda y la destilación de conocimientos siguen siendo maneras excelentes de mejorar la eficiencia informática de un modelo. Sin embargo, aunque también pueden mejorar el rendimiento de generalización de un modelo, estas técnicas no son formas primarias o eficaces de reducir el sobreajuste.

Métodos de ensamble

Los métodos de ensamble combinan predicciones de muchos modelos para mejorar el rendimiento general de la predicción. Sin embargo, la desventaja de usar muchos modelos es el aumento del coste informático.

Podemos pensar en los métodos de ensamble como pedir a un comité de expertos que opine sobre una decisión y luego combinar de alguna manera su criterio para tomar una decisión final. Los miembros de un comité a menudo tienen antecedentes y experiencia diferentes. Si bien tienden a ponerse de acuerdo sobre decisiones básicas, pueden anular las decisiones erróneas por mayoría. Esto no significa que la mayoría de los expertos siempre tenga razón, pero hay una buena posibilidad de que la mayoría del comité tenga más razón, en promedio, que cada miembro.

El ejemplo más básico de un método de ensamble es la votación por mayoría. Aquí, formamos k clasificadores diferentes y recopilamos la etiqueta de clase predicha de cada uno de estos k modelos para una entrada dada. Luego devolvemos la etiqueta de clase más frecuente como predicción final. (Los empates generalmente se resuelven con una puntuación de confianza, eligiendo una etiqueta al azar o la etiqueta de clase con el índice más bajo).

Los métodos de ensamble son más frecuentes en el aprendizaje automático clásico que en el aprendizaje profundo porque es más costoso en informática utilizar muchos modelos que depender de uno solo. En otras palabras, las redes neuronales profundas requieren recursos informáticos significativos, lo que las hace menos adecuadas para los métodos de ensamble.

Los bosques aleatorios y la potenciación de gradientes son ejemplos populares de métodos de ensamble. Sin embargo, mediante la votación por mayoría o el apilamiento, por ejemplo, podemos combinar cualquier grupo de modelos: un ensamble puede consistir en una máquina de vector de soporte, un perceptrón multicapa y un clasificador vecino más cercano (en inglés, *nearest neighbor*). Aquí, el apilamiento (también conocido como *generalización apilada*) es una variante más avanzada de la votación por mayoría que implica formar a un modelo nuevo para combinar las predicciones de otros varios modelos en lugar de obtener la etiqueta por voto mayoritario.

Una técnica muy utilizada en la industria consiste en construir modelos a partir de la validación cruzada de k iteraciones, una técnica de evaluación de modelos en la que formamos y evaluamos un modelo en k iteraciones de formación. Luego calculamos la métrica de rendimiento promedio en todas las k iteraciones para estimar la medida de rendimiento general del modelo. Después de la evaluación, podemos formar al modelo con todo el conjunto de datos de formación o combinar los modelos individuales como un ensamble, como se muestra en la figura 6-3.

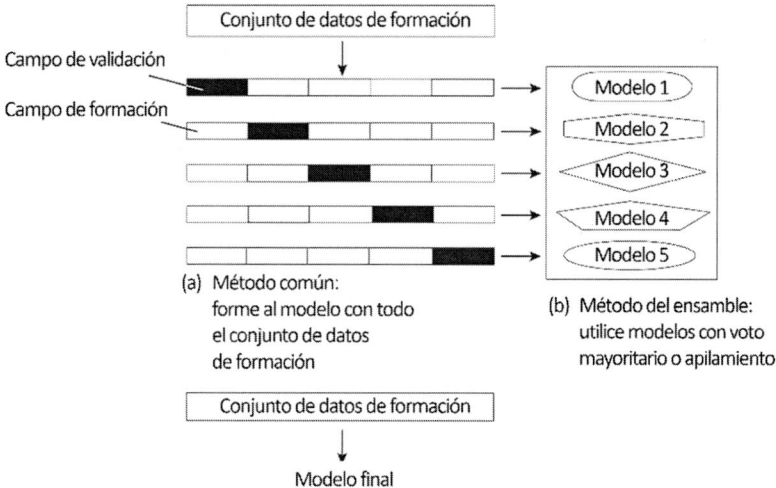

Figura 6-3: *Validación cruzada de k iteraciones para crear ensambles de modelos.*

Como se muestra en la figura 6-3, el método de ensamble de *k* iteraciones forma a cada uno de los *k* modelos con las *k* -1 iteraciones de formación respectivas en cada ronda. Tras evaluar los modelos en las iteraciones de validación, podemos combinarlos en un clasificador de voto mayoritario o construir un ensamble utilizando el apilamiento, una técnica que combina muchos modelos de clasificación o regresión a través de un metamodelo.

Si bien el método de ensamble puede reducir potencialmente el sobreajuste y mejorar la robustez, este método no siempre es adecuado. Por ejemplo, las desventajas posibles incluyen la gestión e instalación de un ensamble de modelos, que pueden ser más complejos y costosos desde el punto de vista informático que utilizar un solo modelo.

Otros métodos

Hasta ahora, en este libro se han cubierto algunas de las técnicas más prominentes para reducir el sobreajuste. En el capítulo 5 se abarcan técnicas que tienen por objeto reducir el sobreajuste desde la perspectiva de los datos. Las técnicas adicionales para reducir el sobreajuste con modificaciones del modelo incluyen conexiones de salto (que se encuentran en redes residuales, por ejemplo), optimizadores de visión anticipada, promediado estocástico del peso, aprendizaje multitarea y ensambles de instantáneas.

Si bien no están diseñadas originalmente para reducir el sobreajuste, las técnicas de normalización de entrada de capas, como la normalización por lotes (BatchNorm) y la de capa (LayerNorm), pueden estabilizar la formación y, a menudo, tienen un efecto regularizador que reduce el sobreajuste. La normalización del peso, que normaliza los pesos del modelo en lugar de las entradas de capa, también podría conducir a un rendimiento mejor de la generalización. Sin embargo, este efecto es menos directo ya que la normalización del peso (WeightNorm) no actúa explícitamente como un regularizador como lo hace el descenso del peso.

Elección de una técnica de regularización

Mejorar la calidad de los datos es un primer paso esencial para reducir el sobreajuste. Sin embargo, para las redes neuronales profundas recientes con un número de parámetros grande, tenemos que hacer más para lograr un nivel aceptable de sobreajuste. Así, el aumento de datos y la preformación, junto con las técnicas establecidas como el abandono y el descenso del peso, siguen siendo métodos cruciales de reducción del sobreajuste.

En la práctica, podemos y debemos utilizar varios métodos a la vez para reducir el sobreajuste con un efecto aditivo. Para lograr los mejores resultados, trate la selección de estas técnicas como un problema de optimización de hiperparámetros.

Ejercicios

6-1. Supongamos que estamos utilizando la parada temprana como un mecanismo para reducir el sobreajuste; en particular, una variante moderna de parada temprana que crea puntos de control del mejor modelo (por ejemplo, el modelo con la mayor exactitud de validación) durante la formación para que podamos cargarlo después de que la formación haya finalizado. Este mecanismo se puede habilitar en la mayoría de los entornos modernos de aprendizaje profundo. Sin embargo, un colega recomienda ajustar el número de periodos de formación en su lugar. ¿Cuáles son algunas de las ventajas y desventajas de cada método?

6-2. Los modelos de ensamble se han establecido como un método fiable y exitoso para disminuir el sobreajuste y mejorar la fiabilidad de los modelos de predicción. Sin embargo, siempre hay una compensación. ¿Cuáles son algunos de los inconvenientes asociados con las técnicas de ensamble?

Referencias

- Para más información sobre la distinción entre la *regularización L_2* y el descenso del peso: Guodong Zhang *et al.*, «Three Mechanisms of Weight Decay Regularization» (2018), *https://arxiv.org/abs/1810.12281*.

- Los resultados de la investigación indican que la poda y la destilación de conocimientos pueden mejorar el rendimiento de la generalización; se presume que debido a que los modelos son más pequeños: Geoffrey Hinton, Oriol Vinyals, and Jeff Dean, «Distilling the Knowledge in a Neural Network» (2015), *https://arxiv.org/ abs/1503.02531.*

- La teoría clásica de sesgo y varianza sugiere que reducir el tamaño del modelo puede reducir el sobreajuste: Jerome H. Friedman, Robert Tibshirani, y Trevor Hastie, «Model Selection and Bias-Variance Tradeoff», capítulo 2.9, en *The Elements of Statistical Learning* (Springer, 2009).

- En la hipótesis del boleto de lotería se utiliza la destilación de conocimiento para encontrar redes más pequeñas con el mismo rendimiento predictivo que la original: Jonathan Frankle y Michael Carbin, «The Lottery Ticket Hypothesis: Finding Sparse, Trainable Neural Networks»(2018), *https://arxiv.org/abs/1803.03635.*

- Para más información sobre el descenso doble: *https://en.wikipedia.org/wiki/Double_descent.*

- El fenómeno del conocimiento profundo indica que el rendimiento de la generalización puede mejorar mucho más allá del punto de sobreajuste: Alethea Power et al., «Grokking: Generalization Beyond Overfitting on Small Algorithmic Datasets» (2022), *https://arxiv.org/abs/2201.02177.*

- Investigaciones recientes muestran que la mejora en el proceso de formación explica en parte la reducción del sobreajuste debido a la poda: Tian Jin *et al.*, «Pruning's Effect on Generalization Through the Lens of Training and Regularization» (2022), *https://arxiv.org/abs/2210.13738.*

- Discutimos el abandono como una técnica de regularización previamente, pero también puede ser considerado un método de ensamble que se aproxima a una media geométrica ponderada de varias redes: Pierre Baldi y Peter J. Sadowski, «Understanding Dropout» (2013), *https://proceedings.neurips.cc/paper/2013/hash/ 71f6278d140af599e06ad9bf1ba03cb0-Abstract.html.*

- Los cócteles de regularización deben ajustarse por conjunto de datos: Arlind Kadra *et al.*, «Well-Tuned Simple Nets Excel on Tabular Datasets» (2021), *https://arxiv.org/abs/2106.11189.*

7

PARADIGMAS DE LA FORMACIÓN MULTI-GPU

¿Cuáles son los distintos paradigmas de la formación multi-GPU y cuáles son las ventajas y desventajas respectivas?

Los paradigmas de la formación multi-GPU se pueden clasificar en dos grupos: separar los datos para procesamiento paralelo con muchas GPU y separar el modelo entre muchas GPU para gestionar las restricciones de memoria cuando el tamaño del modelo supera el de una sola GPU. El paralelismo de datos está en la primera categoría, mientras que el de modelos y el tensorial están en la segunda. Técnicas como el paralelismo de tuberías toman prestadas ideas de ambas categorías. Además, las implementaciones de software actuales, como DeepSpeed, Colossal AI y otras, combinan varios métodos en una técnica híbrida.

En este capítulo se presentan varios paradigmas de formación y se proporcionan consejos sobre cuales utilizar en la práctica.

> **NOTA** *En este capítulo se utiliza principalmente el término* GPU *para describir el hardware utilizado para el procesamiento paralelo. Sin embargo, los mismos conceptos y técnicas discutidos pueden utilizarse con otros dispositivos de hardware especializados, como unidades de procesamiento de tensores (TPU) u otros aceleradores, dependiendo de la arquitectura específica y los requisitos del sistema.*

Los paradigmas de la formación

En las siguientes secciones se discuten el paralelismo de modelos, el paralelismo de datos, el paralelismo tensorial y los paradigmas de la formación multi-GPU del paralelismo de secuencias.

Paralelismo del modelo

El paralelismo del modelo, o *interoperatorio*, es una técnica en la que secciones diferentes de un modelo de gran tamaño se colocan en GPU distintas y se calculan en secuencia, pasando los resultados intermedios de un dispositivo a otro. Esto permite la formación y la ejecución de modelos que pueden no encajar completamente en un solo dispositivo, pero puede requerir una coordinación intrincada para gestionar las dependencias entre partes diferentes del modelo.

El paralelismo de modelos es quizá la forma más intuitiva de paralelización entre dispositivos. Por ejemplo, para una red neuronal simple que consta de solo dos capas, una oculta y otra de salida, podemos mantener una capa en una GPU y la otra en otra GPU. Por supuesto, esto puede crecer a un número arbitrario de capas y GPU.

Esta es una buena estrategia para tratar con memoria de GPU limitada donde la red completa no cabe en una GPU. Sin embargo, existen formas más eficientes de utilizar varias GPU, como el paralelismo tensorial, ya que la estructura en cadena (capa 1 en GPU 1 →capa 2 en GPU 2→ ...) en el paralelismo de modelos introduce un cuello de botella. En otras palabras, una de las principales desventajas del paralelismo de modelos es que las GPU tienen que esperar unas a otras. No pueden trabajar eficazmente en paralelo, ya que dependen unas de otras.

Paralelismo de datos

El paralelismo de datos ha sido el modo predeterminado para la formación multi-GPU durante varios años. Aquí, dividimos un minilote en microlotes más pequeños. Cada GPU procesa un microlote por separado para calcular la pérdida y los gradientes de pérdida para los pesos del modelo. Después de que los dispositivos individuales procesan los microlotes, los gradientes se combinan para calcular la actualización de peso para la siguiente ronda.

Una ventaja del paralelismo de datos sobre el de modelos es que las GPU pueden funcionar en paralelo. En cada GPU se procesa una parte del minilote de formación, es decir, un microlote. Sin embargo, una advertencia es que cada GPU requiere una copia completa del modelo. Esto obviamente no es factible si tenemos modelos grandes que no caben en la VRAM de la GPU.

Paralelismo tensorial

El *paralelismo tensorial*, o *intraoperatorio*, es una forma más eficiente del paralelismo de modelos. Aquí, las matrices de peso y activación se distribuyen a través de los dispositivos en lugar de distribuir capas enteras a través de los dispositivos: las matrices individuales se dividen, por lo que dividimos una multiplicación de matrices individual entre las GPU.

Podemos implementar el paralelismo tensorial usando principios básicos de álgebra lineal; dividimos una multiplicación de matriz entre dos GPU en una fila o columna, como se ilustra en la figura 7-1 para dos GPU (este concepto puede extenderse a un número arbitrario de GPU).

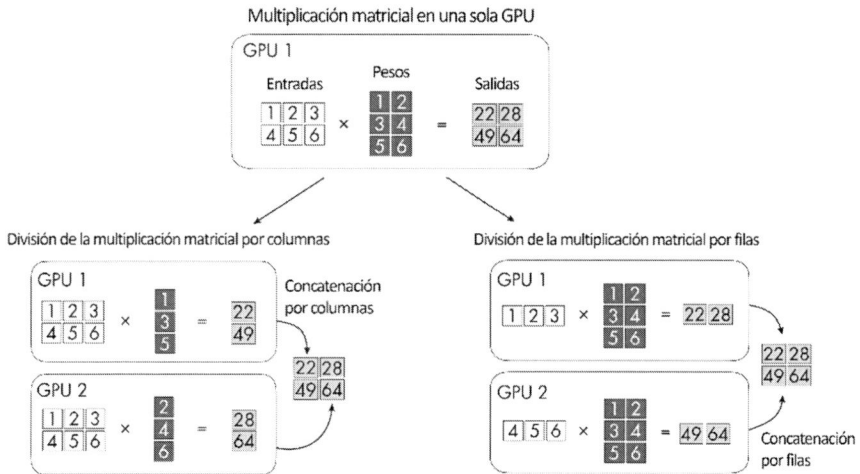

Figura 7-1: *Paralelismo tensorial para distribuir la multiplicación de la matriz a través de dispositivos diferentes.*

Al igual que el paralelismo de modelos, el tensorial nos permite trabajar en torno a las limitaciones de memoria. Al mismo tiempo, también nos permite hacer operaciones en paralelo, similar al paralelismo de datos.

Una debilidad pequeña del paralelismo tensorial es que puede resultar en una sobrecarga alta de comunicación entre las muchas GPU en las que se dividen o fragmentan las matrices. Por ejemplo, el paralelismo tensorial requiere una sincronización frecuente de los parámetros del modelo entre dispositivos, lo que puede retrasar el proceso de formación general. En la figura 7-2 se comparan el modelo, los datos y el paralelismo tensorial.

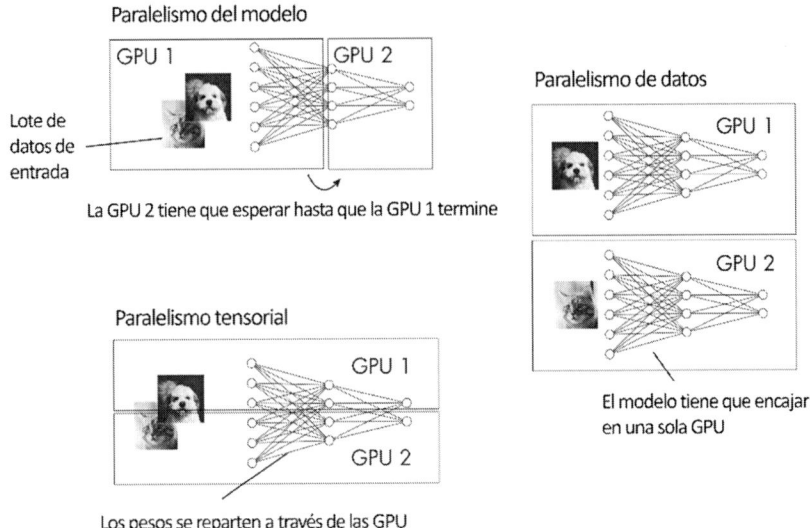

Figura 7-2: *Comparación de modelos, datos y paralelismo tensorial.*

En el paralelismo de modelos, colocamos capas diferentes en GPU distintas para sortear las limitaciones de memoria de la GPU. En el paralelismo de datos, dividimos un lote entre las GPU para formar copias del modelo en paralelo, promediando los gradientes para la actualización del peso después. En el paralelismo tensorial, dividimos matrices (entradas y pesos) en GPU diferentes para el procesamiento paralelo cuando los modelos son demasiado grandes para la memoria de la GPU.

Paralelismo de las tuberías

En el *paralelismo de tuberías*, las activaciones se pasan durante el paso hacia delante, como en el paralelismo del modelo. El truco consiste en que los gradientes del tensor de entrada se pasan hacia atrás para evitar que los dispositivos estén inactivos. En cierto sentido, el paralelismo de tuberías es una versión híbrida sofisticada del paralelismo de datos y modelos.

Podemos pensar en el paralelismo de tuberías como una forma de paralelismo de modelos que intenta minimizar el cuello de botella del procesamiento secuencial, mejorando el paralelismo entre las capas individuales de dispositivos diferentes. Sin embargo, el paralelismo de tuberías también toma ideas del paralelismo de datos, como dividir los minilotes en microlotes.

El paralelismo de tuberías es definitivamente una mejora sobre el paralelismo de modelos, aunque no es perfecto y habrá burbujas ociosas. Otra desventaja del paralelismo de tuberías es que puede requerir un esfuerzo significativo diseñar e implementar las etapas de tuberías y los patrones de comunicación asociados. Además, las ganancias que genera en rendimiento pueden no ser tan sustanciales como las de otras técnicas de paralelización, como el paralelismo de datos puro, especialmente para modelos pequeños o en casos en los que la sobrecarga de comunicación es elevada.

Para las arquitecturas modernas que son demasiado grandes para la memoria de la GPU, es más común utilizar una mezcla de paralelismo de datos y técnicas de paralelismo tensorial en vez de paralelismo de tuberías.

Paralelismo de secuencias

El paralelismo de secuencias tiene como objetivo abordar los cuellos de botella informáticos cuando se trabaja con secuencias largas utilizando LLM basados en transformadores. Más específicamente, una deficiencia de los transformadores es que el mecanismo de autoatención (la atención del producto punto-escalado original) escala cuadráticamente con la longitud de la secuencia de entrada. Hay, por supuesto, alternativas más eficientes al mecanismo de atención original que escalan linealmente.

Sin embargo, estos mecanismos eficientes de autoatención son menos populares y la mayoría de la gente todavía prefiere el mecanismo de atención del producto punto-escalado original en el momento de escribir este libro. Con el paralelismo de secuencias, ilustrado en la figura 7-3, se divide la secuencia de entrada en fragmentos más pequeños que se distribuirán a través de las GPU, lo que tiene como objetivo reducir las restricciones de memoria de cálculo de los mecanismos de autoatención.

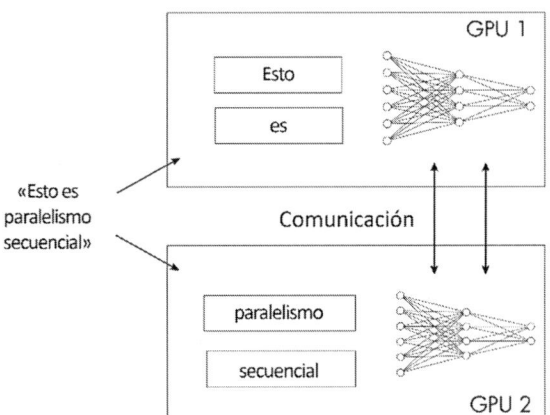

Figura 7-3: *En el paralelismo de secuencias se dividen las entradas grandes entre las GPU.*

¿Cómo se relaciona el paralelismo de secuencias con las técnicas multi-GPU discutidas anteriormente? El paralelismo de secuencias se ocupa específicamente de los datos secuenciales, el paralelismo tensorial se ocupa de la estructura interna del modelo y el paralelismo de datos de cómo se dividen los datos de formación. Teóricamente, dado que cada una de estas estrategias de paralelismo aborda un aspecto diferente del desafío informático, se pueden combinar de varias maneras para optimizar el proceso de formación o inferencia. Sin embargo, el paralelismo de secuencias no está tan bien estudiado como otras técnicas de paralelización.

Mientras que el paralelismo de secuencias parece útil en la práctica, también introduce gastos generales de comunicación adicionales similares a las técnicas de paralelismo antes mencionadas. Al igual que el paralelismo de datos, requiere que dupliquemos el modelo y nos aseguremos de que encaje en la memoria del dispositivo. Otra de las desventajas (dependiendo de la implementación) para la formación multi-GPU de transformadores es que dividir la secuencia de entrada en subsecuencias más pequeñas puede disminuir la exactitud del modelo (principalmente cuando el modelo se utiliza con secuencias más largas).

Recomendaciones

Las recomendaciones prácticas dependen del contexto. Si formamos modelos pequeños que caben en una sola GPU, entonces las estrategias de paralelismo de datos pueden ser las más eficientes. Las ganancias por rendimiento del paralelismo de tuberías pueden no ser tan significativas como las de otras técnicas de paralelización, como el paralelismo de datos, especialmente para modelos pequeños o en casos en los que la sobrecarga de comunicación es alta.

Si los modelos son demasiado grandes para la memoria de una sola GPU, necesitamos explorar el paralelismo de modelos o tensorial. El paralelismo tensorial es naturalmente más eficiente; las GPU pueden trabajar en paralelo ya que no hay dependencia secuencial como en el paralelismo de modelos.

Las estrategias modernas multi-GPU también suelen combinar el paralelismo de datos y el tensorial.

Ejercicios

7-1. Supongamos que estamos implementando nuestra propia versión de paralelismo tensorial, que funciona muy bien cuando formamos el modelo con un optimizador estándar de descenso de gradiente estocástico. Sin embargo, cuando probamos el optimizador Adam de Diederik P. Kingma y Jimmy Ba, nos encontramos con un dispositivo sin memoria. ¿Qué podría explicar este problema?

7-2. Supongamos que no tenemos acceso a una GPU y consideramos utilizar el paralelismo de datos en la CPU. ¿Es una buena idea?

Referencias

- El documento original sobre el optimizador Adam: Diederik P. Kingma y Jimmy Ba, «Adam: A Method for Stochastic Optimization» (2014), *https://arxiv.org/abs/1412.6980.*

- Para obtener más información sobre DeepSpeed y Colossal-AI para la formación multi-GPU: *https://github.com/microsoft/DeepSpeed* y *https://github.com/hpcaitech/ ColossalAI.*

- Tutoriales de paralelismo de tuberías e investigación del equipo de DeepSpeed: *https://www.deepspeed.ai/tutorials/pipeline* y Yanping Huang *et al.*, «GPipe: Efficient Training of Giant Neural Networks Using Pipeline Parallelism» (2018), *https://arxiv.org/abs/1811.06965.*

- El documento que propone el paralelismo de secuencias para modelos de lenguaje basados en transformadores: Shenggui Li *et al.*, «Sequence Parallelism: Long Sequence Training from [a] System[s] Perspective» (2022), *https:// arxiv.org/abs/2105.13120.*

- El mecanismo de atención del producto punto-escalado se propuso con la arquitectura original del transformador: Ashish Vaswani y otros, «Attention Is All You Need» (2017), *https://arxiv.org/abs/ 1706.03762.*

- Una encuesta que cubre alternativas al mecanismo original de autoatención que escalan linealmente: Yi Tay *et al.*, «Efficient Transformers: A Survey» (2020), *https://arxiv.org/abs/2009.06732.*

- Una encuesta que cubre técnicas adicionales para mejorar la eficiencia en la formación de los transformadores: Bohan Zhuang *et al.*, «A Survey on Efficient Training of Transformers» (2023), *https://arxiv.org/abs/2302.01107.*

- Las estrategias modernas multi-GPU suelen combinar el paralelismo de datos y el tensorial. Algunos ejemplos populares son las etapas 2 y 3 de DeepSpeed, descritas en este tutorial sobre el optimizador de redundancia cero: *https://www.deepspeed.ai/tutorials/zero/.*

8

EL ÉXITO DE LOS TRANSFORMADORES

¿Cuáles son los principales factores que han contribuido al éxito de los transformadores?

En los últimos años, los transformadores han surgido como la arquitectura de red neuronal más exitosa, particularmente para varias tareas de procesamiento de lenguaje natural.

De hecho, los transformadores están a punto de convertirse en la tecnología más avanzada también para tareas de visión informática. El éxito de los transformadores se puede atribuir a varios factores clave, incluyendo los mecanismos de atención, capacidad de puesta en paralelo fácilmente, formación previa no supervisada y recuentos altos de parámetros.

El mecanismo de atención

El mecanismo de autoatención que se encuentra en los transformadores es uno de los componentes clave de diseño que hacen que los LLM basados en transformadores sean tan exitosos. Sin embargo, los transformadores no son la primera arquitectura en utilizar mecanismos de atención.

Los mecanismos de atención se desarrollaron por primera vez en el contexto del reconocimiento de imágenes en 2010, antes de ser adoptados para ayudar a la traducción de oraciones largas en redes neuronales recurrentes. (En el capítulo 16 se comparan los mecanismos de atención de las redes neuronales recurrentes y transformadores con mayor detalle).

El mencionado mecanismo de atención se inspira en la visión humana, centrándose en partes específicas de una imagen (destellos frontales) en el momento de procesar la información jerárquica y secuencialmente.

Por el contrario, el mecanismo fundamental subyacente a los transformadores es un mecanismo de autoatención para tareas de secuencia a secuencia, como la traducción automática y la generación de texto. Permite que cada componente léxico (*token*, en inglés) en una secuencia atienda a todos los otros, dando así representaciones conscientes del contexto de cada uno.

¿Qué hace que los mecanismos de atención sean tan únicos y útiles? Para la siguiente ilustración, supongamos que estamos utilizando una red de codificadores en una representación de longitud fija de la secuencia de entrada o imagen; esto puede ser un codificador completamente conectado, convolucional o basado en la atención.

En un transformador, el codificador utiliza mecanismos de autoatención para calcular la importancia de cada componente léxico de entrada en relación con otros en la secuencia, lo que permite al modelo centrarse en las partes relevantes de la secuencia de entrada. Conceptualmente, los mecanismos de atención permiten a los transformadores prestar atención a partes distintas de una secuencia o imagen. A primera vista, esto suena muy similar a una capa totalmente conectada en la que cada elemento de entrada está conectado mediante un peso con el elemento de entrada de la capa siguiente. En los mecanismos de atención, el cálculo de los pesos de atención implica comparar cada elemento de entrada con todos los demás. Los pesos de atención obtenidos con este método son dinámicos y dependen de los insumos. En contraste, los pesos de una capa convolucional o totalmente conectada se fijan después de la formación, como se ilustra en la figura 8-1.

Figura 8-1: *La diferencia conceptual entre los pesos del modelo en capas totalmente conectadas (arriba) y los puntajes de atención (abajo).*

Como se muestra en la parte superior de la figura 8-1 , una vez formados, los pesos de las capas totalmente conectadas permanecen fijos independiente de la entrada. Por el contrario, como se muestra en la parte inferior, los pesos de autoatención cambian dependiendo de las entradas, incluso después de que se forma a un transformador.

Los mecanismos de atención le permiten a una red neuronal sopesar de modo selectivo la importancia de los diferentes atributos de entrada, por lo que el modelo puede centrarse más en las partes relevantes de la entrada para una tarea determinada. Esto proporciona una comprensión contextual de cada palabra o componente léxico de imagen, lo que permite interpretaciones más matizadas, que es uno de los aspectos que pueden hacer que los transformadores funcionen tan bien.

Formación previa con el aprendizaje autosupervisado

La formación previa de los transformadores con el aprendizaje autosupervisado en conjuntos de datos sin etiqueta grandes es otro factor clave en el éxito de los transformadores. Durante la formación previa, el modelo del transformador se forma para predecir las palabras que faltan en una oración o la siguiente en un documento, por ejemplo. Al aprender a predecir estas palabras que faltan o la siguiente oración, el modelo se ve obligado a aprender representaciones generales del lenguaje que se pueden ajustar para una gama amplia de tareas posteriores.

Si bien la formación previa no supervisada ha sido altamente eficaz para las tareas de procesamiento del lenguaje natural, su eficacia para las tareas de visión informática es aún un área activa de investigación. (Véase el capítulo 2 para una discusión más detallada sobre el aprendizaje autosupervisado).

Número de parámetros grande

Una característica notable de los transformadores es el gran tamaño de los modelos. Por ejemplo, el popular modelo 2020 GPT-3 consta de 175 000 millones de parámetros susceptibles de formación, mientras que otros transformadores, como los de conmutación, tienen billones de parámetros.

La escala y el número de parámetros para formar en los transformadores son factores esenciales en el rendimiento del modelado, particularmente para las tareas de procesamiento del lenguaje natural a gran escala. Por ejemplo, las leyes de escalado lineal sugieren que la pérdida de formación disminuye proporcionalmente con un aumento en el tamaño del modelo, por lo que una duplicación del tamaño puede reducir a la mitad la pérdida de formación.

Esto, a su vez, puede conducir a un mejor rendimiento en la tarea objetivo posterior. Sin embargo, es esencial escalar el tamaño del modelo y el número de componentes léxicos de formación por igual. Esto significa que el número de componentes léxicos de formación debe duplicarse por cada duplicación del tamaño del modelo.

Dado que los datos etiquetados son limitados, es vital utilizar cantidades grandes de datos durante la preformación no supervisada.

En resumen, los tamaños grandes de modelos y los conjuntos de datos grandes son factores críticos para el éxito de los transformadores. Además, mediante el aprendizaje autosupervisado, la capacidad de preformar transformadores está estrechamente vinculada al uso de modelos y conjuntos de datos grandes. Esta combinación ha sido fundamental para permitir el éxito de los transformadores en una gama amplia de tareas de procesamiento del lenguaje natural.

Paralelización sencilla

La formación de modelos grandes en conjuntos de datos grandes requiere recursos informáticos grandes, y es clave que los cálculos puedan hacerse en paralelo para utilizar estos recursos.

Afortunadamente, los transformadores son fáciles de poner en paralelo, ya que toman una secuencia de longitud fija de componentes léxicos de palabra o imagen como entrada. Por ejemplo, el mecanismo de autoatención utilizado en la mayoría de las arquitecturas de transformadores implica el cálculo de la suma ponderada de un par de elementos de entrada. Además, estas comparaciones de componentes léxicos en pares se pueden calcular de forma independiente, como se ilustra en la figura 8-2, lo que hace que el mecanismo de autoatención sea relativamente fácil de poner en paralelo entre diferentes núcleos de GPU.

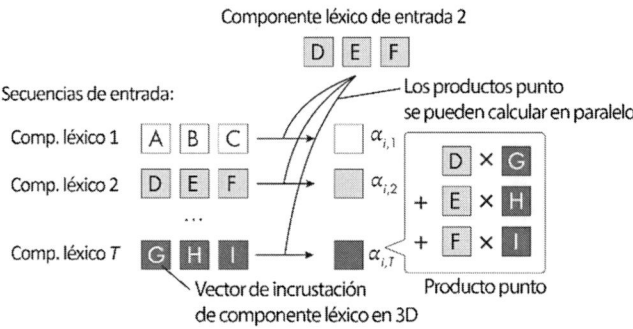

Figura 8-2: *Un mecanismo de autoatención simplificado sin parámetros de peso.*

Además, las matrices de peso individuales utilizadas en el mecanismo de autoatención (no se muestra en la figura 8-2) se pueden distribuir a través de máquinas diferentes para el procesamiento distribuido y paralelo.

Ejercicios

8-1. Como se discute en este capítulo, la autoatención es de fácil paralelización, sin embargo, los transformadores se consideran de informática costosa debido a la autoatención. ¿Cómo podemos explicar esta contradicción?

8-2. Dado que las puntuaciones de autoatención representan pesos de importancia para los diversos elementos de entrada, ¿podemos considerar la autoatención como una forma de selección de atributos?

Referencias

- Un ejemplo de un mecanismo de atención en el contexto del reconocimiento de imágenes: Hugo Larochelle y Geoffrey Hinton, «Learning to Combine Foveal Glimpses with a Third-Order Boltzmann Machine» (2010), *https://dl.acm.org/doi/10.5555/2997189.2997328*.

- El documento en que se presenta el mecanismo de autoatención con la arquitectura original del transformador: Ashish Vaswani *et al.*, «Attention Is All You Need» (2017), *https://arxiv.org/abs/1706.03762*.

- Los transformadores pueden tener billones de parámetros: William Fedus, Barret Zoph y Noam Shazeer, «Switch Transformers: Scaling to Trillion Parameter Models with Simple and Efficient Sparsity» (2021), *https://arxiv.org/abs/2101.03961*.

- Con las leyes de escalamiento lineal se sugiere que la pérdida de formación disminuye proporcionalmente al aumento en el tamaño del modelo: Jared Kaplan *et al.*, «Scaling Laws for Neural Language Models» (2020), *https://arxiv.org/abs/ 2001.08361*.

- La investigación sugiere que, en los modelos de lenguaje basados en transformadores, los componentes léxicos de formación deben duplicarse por cada duplicación del tamaño del modelo: Jordan Hoffmann *et al.*, «Training Compute-Optimal Large Language Models», *https://arxiv.org/abs/2203.15556*.

- Para obtener más información sobre los pesos utilizados en los mecanismos de autoatención y atención cruzada, eche un vistazo a mi entrada de blog: «Understanding and Coding the Self-Attention Mechanism of Large Language Models from Scratch» en *https://sebastianraschka.com/blog/2023/self-attention-from-scratch.html*.

9

MODELOS DE IA GENERATIVA

¿Cuáles son las categorías populares de modelos generativos profundos en el aprendizaje profundo (también llamado *IA generativa*) y cuáles son las desventajas respectivas?

Se han utilizado muchos tipos de modelos generativos profundos distintos para generar diferentes tipos de medios: imágenes, vídeos, texto y audio. Más allá de estos tipos de medios, los modelos también pueden ser reutilizados para generar datos específicos de dominio, como moléculas orgánicas y estructuras de proteínas. En este capítulo se define en primer lugar el modelado generativo y, a continuación, se esboza cada tipo de modelo generativo y se discuten los puntos fuertes y débiles.

Modelado generativo frente a modelado discriminativo

En el aprendizaje automático tradicional, hay dos métodos principales para modelar la relación entre los datos de entrada (x) y las etiquetas de salida (y): modelos generativos y modelos discriminativos. *Los modelos generativos* tienen como objetivo capturar la distribución de probabilidad subyacente de los datos de entrada $p(x)$ o la distribución conjunta $p(x, y)$ entre entradas y etiquetas. Por el contrario, *los modelos discriminativos* se centran en modelar la distribución condicional $p(y|x)$ de las etiquetas dadas las entradas.

Un ejemplo clásico en que se destaca las diferencias entre estos métodos es comparar el clasificador bayesiano ingenuo y el clasificador de regresión logística.

Ambos clasificadores estiman las probabilidades de etiqueta de clase $p(y|x)$ y pueden ser utilizados para tareas de clasificación. Sin embargo, la regresión logística se considera un modelo discriminativo porque modela directamente la distribución de probabilidad condicional $p(y|x)$ de las etiquetas de clase dados los atributos de entrada sin hacer suposiciones sobre la distribución conjunta subyacente de entradas y etiquetas.

El bayesiano ingenuo, por otro lado, es considerado un modelo generativo porque modela la distribución de probabilidad conjunta $p(x, y)$ de los atributos de entrada x y las etiquetas de salida y. Al aprender la distribución conjunta, un modelo generativo como el bayesiano ingenuo captura el proceso subyacente de generación de datos, lo que le permite generar muestras nuevas de la distribución si es necesario.

Tipos de modelos generativos profundos

Cuando hablamos de *modelos generativos profundos* o IA generativa profunda, a menudo dejamos de lado esta definición para incluir todos los tipos de modelos capaces de producir datos de aspecto realista (normalmente texto, imágenes, vídeos y sonido). En el resto de este capítulo se discuten brevemente los tipos de modelos generativos profundos diferentes utilizados para generar dichos datos.

Modelos basados en energía

Los modelos basados en energía (EBM, sigla en inglés) son una clase de modelos generativos que aprenden una función energética, que asigna un valor escalar (energía) a cada punto de datos. Los valores de energía más bajos corresponden a puntos de datos más probables. El modelo está formado para minimizar la energía de los puntos de datos reales al tiempo que aumenta la energía de los puntos de datos generados. Un ejemplo de EBM son las *máquinas Boltzmann profundas (DBM,* sigla en inglés*)*. Son uno de los primeros avances en el aprendizaje profundo y proporcionan un medio para aprender representaciones complejas de datos. Puede pensar en ellas como un tipo de formación previa sin supervisión, lo que resulta en modelos que luego se pueden ajustar para varias tareas.

Similar a los bayesianos ingenuos y la regresión logística, las DBM y los perceptrones multicapa (MLP, sigla en inglés) pueden ser considerados como contrapartes generativas y discriminativas, con las DBM centradas en capturar el proceso de generación de datos y los MLP en modelar el límite de decisión entre clases o asignar entradas a salidas.

Una DBM consiste en muchas capas de nodos ocultos, como se muestra en la figura 9-1. Como se puede ver en esta figura, junto con las capas ocultas, generalmente hay una visible que corresponde a los datos observables. Esta capa visible sirve de entrada para que los datos o atributos reales se alimentan en la red. Además de utilizar un algoritmo de aprendizaje diferente al MLP (divergencia contrastiva en lugar de retropropagación), las DBM consisten en nodos binarios (neuronas) en lugar de continuos.

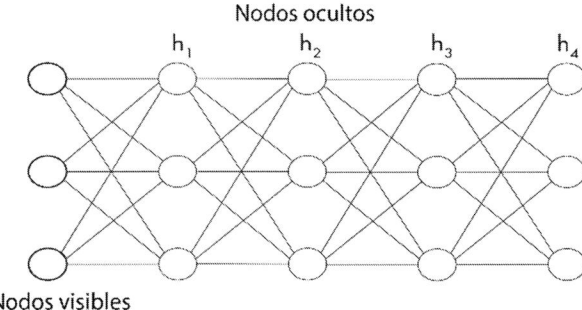

Figura 9-1: *Una máquina Boltzmann profunda de cuatro capas con tres pilas de nodos ocultos.*

Supongamos que estamos interesados en generar imágenes. Una DBM puede aprender la distribución de probabilidad conjunta sobre los valores de píxeles con un conjunto de datos de imagen simple como MNIST. Para generar imágenes nuevas, la DBM luego toma muestras de esta distribución mediante la realización de un proceso llamado *muestreo de Gibbs*. Aquí, la capa visible de la DBM representa la imagen de entrada. Para generar una imagen nueva, la DBM comienza por inicializar la capa visible con valores aleatorios o, alternativamente, utiliza una imagen existente como semilla. Luego, después de completar varias iteraciones de muestreo de Gibbs, el estado final de la capa visible representa la imagen generada.

Las DBM jugaron un papel histórico importante como uno de los primeros modelos generativos profundos, pero ya no son muy populares para generar datos. Son costosos y más complicados de formar y tienen una expresividad menor en comparación con los modelos más nuevos descritos en las secciones siguientes, lo que generalmente resulta en muestras generadas de calidad menor.

Autocodificadores variacionales

Los autocodificadores variacionales (VAE, sigla en inglés*)* se basan en los principios de la inferencia variacional y las arquitecturas de autocodificadores. *La inferencia variacional* es un método para aproximar distribuciones de probabilidad complejas mediante la optimización de una distribución más simple y trazable para estar lo más cerca posible de la verdadera. Los *autocodificadores* son redes neuronales no supervisadas que aprenden a comprimir los datos de entrada en una representación de dimensión baja (codificación) y posteriormente reconstruyen los datos originales de la representación comprimida (decodificación) minimizando el error de reconstrucción.

El modelo VAE consta de dos submódulos principales: una red de codificadores y una de decodificadores. La red del codificador toma, por ejemplo, una imagen de entrada y la asigna a un espacio latente aprendiendo una distribución de probabilidad sobre las variables latentes. Esta distribución se modela típicamente como una gaussiana con parámetros (media y varianza) que son funciones de la imagen de entrada. La red del decodificador toma entonces una muestra de la distribución latente aprendida y reconstruye la imagen de entrada con esta muestra.

El objetivo del VAE es aprender una representación latente compacta y expresiva que capte la estructura esencial de los datos de entrada, a la vez que pueda generar imágenes nuevas mediante muestreo desde el espacio latente. (Ver capítulo 1 para más detalles sobre representaciones latentes).

En la figura 9-2 se ilustran los submódulos de codificador y decodificador de un autocodificador, donde x' representa la entrada reconstruida x. En un autocodificador variacional estándar, el vector latente se muestra a partir de una distribución que se aproxima a una distribución gaussiana estándar.

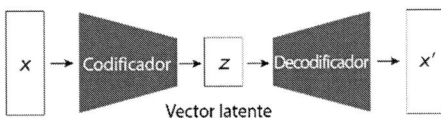

Figura 9-2: *Un autocodificador.*

La formación de un VAE implica optimizar los parámetros del modelo para minimizar una función de pérdida compuesta por dos términos: una pérdida de reconstrucción y un término de regularización de la divergencia de Kullback-Leibler (divergencia KL). La pérdida de reconstrucción asegura que las muestras decodificadas se asemejen mucho a las imágenes de entrada, mientras que el término de divergencia KL actúa como una pérdida sustituta que alienta a la distribución latente aprendida a estar cerca de una distribución previa predefinida (generalmente una gaussiana estándar). Para generar imágenes nuevas, tomamos luego muestras de puntos de la distribución previa del espacio latente (gaussiana estándar) y los pasamos a través de la red del decodificador, que genera imágenes nuevas y diversas que se parecen a los datos de formación.

Entre las desventajas de los VAE está la complicada función de pérdida que consiste en términos separados, así como una frecuente baja expresividad. Esto último puede dar lugar a imágenes más borrosas en comparación con otros modelos, como las redes adversarias generativas.

Redes adversarias generativas

Las redes adversarias generativas (GAN, sigla en inglés*)* son modelos que consisten en subredes interactivas diseñadas para generar muestras de datos nuevas, similares a un conjunto dado de datos de entrada. Si bien tanto las GAN como los VAE son modelos variables latentes que generan datos mediante muestreo desde un espacio latente aprendido, sus arquitecturas y mecanismos de aprendizaje son fundamentalmente diferentes.

Las GAN consisten en dos redes neuronales, un generador y un discriminador, que se forman simultáneamente de modo adversario. El generador toma un vector de ruido aleatorio del espacio latente como entrada y genera una muestra de datos sintéticos (como una imagen).

La tarea del discriminador es distinguir entre las muestras reales de los datos de formación y las muestras falsas creadas por el generador, como se ilustra en la figura 9-3.

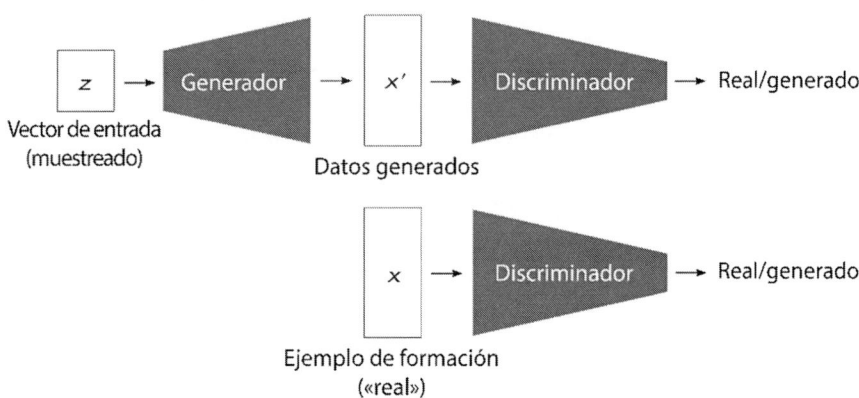

Figura 9-3: *Una red adversaria generativa.*

El generador en una GAN se asemeja un poco al decodificador de un VAE en términos de su funcionalidad. Durante la inferencia, tanto los generadores de GAN como los decodificadores de VAE toman vectores de ruido aleatorio muestreados a partir de una distribución conocida (por ejemplo, una gaussiana estándar) y los transforman en muestras de datos sintéticos, como imágenes.

Una desventaja significativa de las GAN es la formación inestable debido a la naturaleza adversaria de la función de pérdida y el proceso de aprendizaje. Equilibrar las tasas de aprendizaje del generador y el discriminador puede ser difícil y a menudo resultar en oscilaciones, colapso del modo o no convergencia. La segunda desventaja principal de las GAN es la diversidad baja de las salidas generadas, a menudo debido al colapso del modo. Aquí, el generador puede engañar al discriminador con éxito con un conjunto de muestras pequeño, que es representativo solo de un subconjunto pequeño de los datos de formación originales.

Modelos basados en el flujo

El concepto básico de *los modelos basados en el flujo*, también conocido como *normalización del flujo*, se inspira en métodos de largo uso en la estadística. El objetivo principal es transformar una distribución de probabilidad simple (como una gaussiana) en una más compleja usando transformaciones invertibles.

Aunque el concepto de normalización de los flujos ha sido parte del campo de la estadística durante mucho tiempo, la utilización de modelos de aprendizaje profundo basados en flujos tempranos, en particular para la generación de imágenes, es un avance relativamente reciente. Uno de los modelos pioneros en este ámbito fue el *método de estimación de componentes independientes no lineales (NICE*, sigla en inglés). NICE comienza con una distribución de probabilidad simple, a menudo algo sencillo como una distribución normal. Puede pensar en esto como una especie de «ruido aleatorio», o datos sin forma o estructura en particular. NICE hace una serie de transformaciones a esta distribución simple. Cada transformación está diseñada para hacer que los datos se parezcan más al objetivo final (por ejemplo, la distribución de imágenes del mundo real). Estas transformaciones son «invertibles», lo que significa que las podemos revertir a la distribución simple original. Después de varias transformaciones sucesivas, la distribución simple se ha transformado en una compleja que coincide estrechamente con la distribución de los datos de destino (como imágenes). Ahora podemos generar datos nuevos que se parecen a los de destino seleccionando puntos aleatorios de esta distribución compleja.

En la figura 9-4 se ilustra el concepto de un modelo basado en el flujo, que asigna la distribución de entrada compleja a una distribución más simple y viceversa.

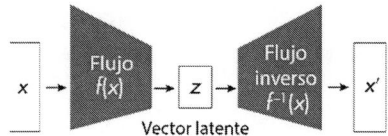

Figura 9-4: *Un modelo basado en el flujo.*

A primera vista, la ilustración es muy similar a la ilustración de VAE en la figura 9-2. Sin embargo, mientras que los VAE utilizan codificadores de red neuronal como redes neuronales convolucionales, el modelo basado en flujo utiliza capas de desacoplamiento más simples, como transformaciones lineales simples. Además, mientras que el decodificador en un VAE es independiente del codificador, las funciones de transformación de datos en el modelo basado en flujo se invierten matemáticamente para obtener las salidas.

A diferencia de los VAE y las GAN, los modelos basados en el flujo proporcionan probabilidades exactas, lo que nos da información sobre qué tan bien las muestras generadas se ajustan a la distribución de datos de formación. Esto puede ser útil en la detección de anomalías o la estimación de densidad, por ejemplo. Sin embargo, la calidad de los modelos basados en el flujo para generar datos de imagen suele ser inferior a la de las GAN. Los modelos basados en el flujo también requieren a menudo más memoria y recursos informáticos que las GAN o los VAE, ya que deben almacenar y calcular inversos de transformaciones.

Modelos autorregresivos

Los modelos autorregresivos están diseñados para predecir el valor siguiente en función de los valores actuales (y pasados). Los LLM para la generación de texto, como ChatGPT (discutido más adelante en el capítulo 17), son un ejemplo popular de este tipo de modelos.

Los modelos autorregresivos como PixelCNN intentan predecir un píxel a la vez, dados los píxeles que han visto hasta el momento, similar a generar una palabra a la vez, en el contexto de la generación de imágenes. Un modelo de este tipo puede predecir los píxeles desde arriba a la izquierda hasta abajo a la derecha, en un orden de barrido de mapa de bits o en cualquier otro orden definido.

Para ilustrar cómo los modelos autorregresivos generan una imagen píxel a píxel, supongamos que tenemos una imagen de tamaño H x W (donde H es la altura y W la anchura), ignorando el canal de color para simplificar. Esta imagen consiste en N píxeles, donde $i = 1, \ldots, N$. La probabilidad de observar una imagen en particular en el conjunto de datos es entonces $P(Imagen) = P(i_1, i_2, \ldots, i_N)$. Basándonos en la regla de la cadena de probabilidad en estadística, podemos descomponer esta probabilidad conjunta en probabilidades condicionales:

$$P(Imagen) = P(i_1, i_2, \ldots, i_N) = P(i_1) \cdot P(i_2 \mid i_1) \cdot P(i_3 \mid i_1, i_2) \ldots P(i_N \mid i_1 \text{ a } i_{N-1})$$

Aquí, $P(i_1)$ es la probabilidad del primer píxel, $P(i_2 \mid i_1)$ es la probabilidad del segundo píxel dado el primer píxel, $P(i_3 \mid i_1, i_2)$ es la probabilidad del tercer píxel dado el primero y segundo píxeles, y así sucesivamente.

En el contexto de la generación de imágenes, un modelo autorregresivo esencialmente intenta predecir un píxel a la vez, como se describió anteriormente, dados los píxeles que ha visto hasta ahora. En la figura 9-5 se ilustra este proceso, donde los píxeles $i_1, \ldots, i_{53}$ representan el contexto y el píxel i_{54} es el siguiente píxel que se generará.

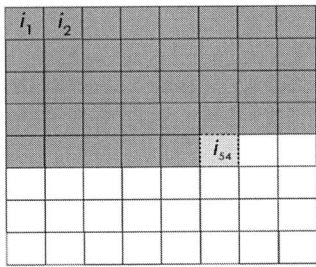

Figura 9-5: *Generación de píxeles autorregresivos.*

La ventaja de los modelos autorregresivos es que la predicción del siguiente píxel (o palabra) es relativamente sencilla e interpretable. Además, los modelos autorregresivos pueden calcular la probabilidad de los datos con exactitud, similar a los modelos basados en el flujo, lo que puede ser útil para tareas como la detección de anomalías.

Además, los modelos autorregresivos son más fáciles de formar que las GAN, ya que no sufren de problemas como el colapso del modo y otras inestabilidades de formación.

Sin embargo, los modelos autorregresivos pueden ser lentos en la generación de muestras nuevas. Esto se debe a que tienen que generar datos un paso a la vez (por ejemplo, píxel por píxel para imágenes), lo que puede ser costoso en procesamiento. Los modelos autorregresivos también pueden tener dificultades para capturar dependencias de largo alcance porque cada salida está condicionada solo a las salidas generadas previamente.

En términos de calidad de la imagen, los modelos autorregresivos suelen ser peores que las GAN, pero son más fáciles de formar.

Modelos de difusión

Como se discutió en la sección anterior, los modelos basados en el flujo transforman una distribución simple (como una distribución normal estándar) en una compleja (la distribución objetivo) mediante el uso de una secuencia de transformaciones (flujos) invertibles y diferenciables. Al igual que los modelos basados en el flujo, *los modelos de difusión* también utilizan una serie de transformaciones. Sin embargo, el concepto subyacente es fundamentalmente diferente.

Los modelos de difusión transforman la distribución de datos de entrada en una de ruido simple en una serie de pasos en que utilizan ecuaciones diferenciales estocásticas. La difusión es un proceso estocástico en el que se añade ruido progresivamente a los datos hasta que se asemeja a una distribución más simple, como el ruido gaussiano. Para generar muestras nuevas, el proceso se invierte, comenzando por el ruido y eliminándolo progresivamente.

En la figura 9-6 se describe el proceso de agregar y eliminar el ruido gaussiano de una imagen de entrada x. Durante la inferencia, el proceso de difusión inversa se utiliza para generar una imagen x nueva, comenzando con el tensor de ruido z_n muestreado a partir de una distribución gaussiana.

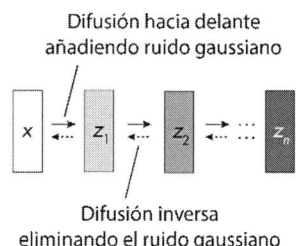

Difusión hacia delante
añadiendo ruido gaussiano

Difusión inversa
eliminando el ruido gaussiano

Figura 9-6: *El proceso de difusión.*

Si bien tanto los modelos de difusión como los basados en el flujo son modelos generativos que tienen como objetivo aprender distribuciones de datos complejas, abordan el problema desde ángulos diferentes. Los modelos basados en el flujo utilizan transformaciones invertibles determinísticas, mientras que los modelos de difusión utilizan el proceso de difusión estocástica antes mencionado.

Proyectos recientes han establecido un rendimiento de vanguardia en la generación de imágenes de calidad alta con detalles y texturas realistas. Los modelos de difusión también son más fáciles de formar que las GAN. La desventaja de los modelos de difusión, sin embargo, es que son más lentos de muestrear, ya que requieren ejecutar una serie de pasos secuenciales, similares a los modelos basados en el flujo y los autorregresivos.

Modelos de consistencia

Los modelos de consistencia forman una red neuronal para convertir una imagen ruidosa en una limpia. La red está formada en un conjunto de datos de pares de imágenes con ruido y limpias, y aprende a identificar patrones en las imágenes limpias que son modificados por el ruido.

Una vez que la red ha sido formada, se puede utilizar para generar imágenes reconstruidas a partir de imágenes con ruido en un solo paso.

La formación del modelo de consistencia emplea una trayectoria de *ecuaciones diferenciales ordinarias (EDO)*, un camino que sigue una imagen con ruido a medida que se elimina el ruido gradualmente. La trayectoria de las EDO se define por un conjunto de ecuaciones diferenciales que describen cómo cambia con el tiempo el ruido en la imagen, como se ilustra en la figura 9-7.

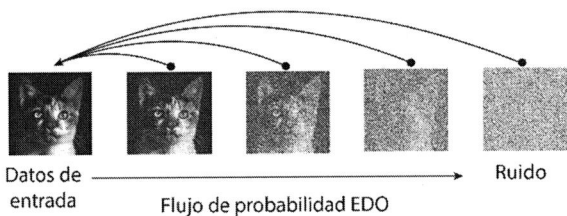

Figura 9-7: *Trayectorias de un modelo de consistencia para eliminar el ruido de las imágenes.*

Como se muestra en la figura 9-7, podemos pensar en modelos de consistencia como modelos que aprenden a mapear cualquier punto desde un ODE de flujo de probabilidad, que convierte suavemente los datos en ruido, a la entrada.

En el momento de escribir este párrafo, los modelos de consistencia son el tipo más reciente de modelo generativo de IA. Basándose en el artículo original que propone este método, los modelos de consistencia rivalizan con los de difusión en términos de calidad de imagen. Los modelos de consistencia también son más rápidos que los de difusión porque no requieren un proceso iterativo para generar imágenes, sino que generan imágenes en un solo paso.

Sin embargo, mientras que los modelos de consistencia permiten una inferencia más rápida, todavía son costosos de formar porque requieren un conjunto grande de datos de pares de imágenes ruidosas y limpias.

Recomendaciones

Las máquinas Boltzmann profundas son interesantes desde una perspectiva histórica, ya que fueron uno de los modelos pioneros para demostrar eficazmente el concepto del aprendizaje no supervisado. Los modelos basados en el flujo y los autorregresivos pueden ser útiles cuando se necesita estimar las probabilidades exactas. Sin embargo, otros modelos suelen ser la primera opción cuando se trata de generar imágenes de calidad alta.

Los VAE y las GAN, en particular, han competido durante años para generar las mejores imágenes de alta fidelidad. Sin embargo, en 2022, los modelos de difusión comenzaron a hacerse cargo de la generación de imágenes casi por completo. Los modelos de consistencia son una alternativa prometedora a los modelos de difusión, pero queda por ver si se adoptan más ampliamente para generar resultados de última generación. La contrapartida es que el muestreo a partir de modelos de difusión suele ser más lento, ya que implica una secuencia de pasos de eliminación de ruido que deben ejecutarse en orden, de forma similar a los modelos autorregresivos. Esto puede hacer que los modelos de difusión sean menos prácticos para algunos usos que requieren un muestreo rápido.

Ejercicios

9-1. ¿Cómo evaluaríamos la calidad de las imágenes generadas por un modelo de IA generativa?

9-2. Dada la descripción en este capítulo de los modelos de consistencia, ¿cómo los usaríamos para generar imágenes nuevas?

Referencias

- El documento original en que se proponen autocodificadores variacionales: Diederik P. Kingma y Max Welling, «Auto-Encoding Variational Bayes» (2013), *https://arxiv.org/abs/1312.6114*.

- El documento en que se presentan las redes adversarias generativas: Ian J. Goodfellow *et al.*, «Generative Adventarial Networks» (2014), *https://arxiv.org/abs/1406,2661*.

- El artículo en que se presenta NICE: Laurent Dinh, David Krueger y Yoshua Bengio, «NICE: Non-linear Independent Components Estimation» (2014), *https://arxiv.org/abs/1410.8516*.

- El documento en que se propone el modelo autorregresivo PixelCNN: Aaron van den Oord *et al.*, «Conditional Image Generation with PixelCNN Decoders» (2016), *https://arxiv.org/abs/1606.05328*.

- El documento en que se presenta el modelo popular de Stable Diffusion de difusión latente: Robin Rombach *et al.*, «High-Resolution Image Synthesis with Latent Diffusion Models» (2021), *https://arxiv.org/abs/2112.10752.*

- La implementación del código de difusión estable: *https://github.com/Comp Vis/stable-diffusion.*

- El documento en que se proponían originalmente modelos de consistencia: Yang Song *et al.*, «Consistency Models» (2023), *https://arxiv.org/abs/2303.01469.*

10

FUENTES DE ALEATORIEDAD

 ¿Cuáles son las fuentes comunes de aleatoriedad al formar redes neuronales profundas que pueden causar un comportamiento no reproducible durante la formación y la inferencia?

Al formar o utilizar modelos de aprendizaje automático como redes neuronales profundas, varias fuentes de aleatoriedad pueden conducir a resultados diferentes cada vez que formamos o ejecutamos estos modelos, aunque utilicemos la misma configuración general. Algunos de estos efectos son accidentales y otros están previstos. En las siguientes secciones se categorizan y discuten estas fuentes de aleatoriedad diversas.

En la subcarpeta *supplementary/q10-random-sources* en *https://github.com/ rasbt/MachineLearning-QandAI-book* se ofrecen ejemplos prácticos opcionales para la mayoría de estas categorías.

Inicialización del peso del modelo

Todos los entornos de red neuronal profunda comunes, incluidos TensorFlow y PyTorch, inicializan aleatoriamente las unidades de peso y sesgo en cada capa de forma predeterminada. Esto significa que el modelo final será diferente cada vez que iniciemos la formación. La razón por la que estos modelos formados difieren cuando comenzamos con pesos aleatorios distintos es la naturaleza no convexa de la pérdida, algo que se ilustra en la figura 10-1. Como se ve, la pérdida convergerá a mínimos locales diferentes dependiendo de dónde se encuentren los pesos iniciales.

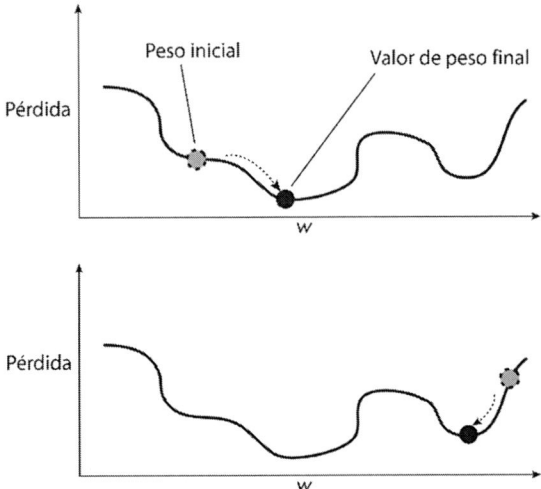

Figura 10-1: *Pesos iniciales diferentes pueden conducir a pesos finales distintos.*

En la práctica, por lo tanto, se recomienda ejecutar la formación (si los recursos informáticos lo permiten) al menos un puñado de veces; los pesos iniciales desafortunados a veces pueden hacer que el modelo no converja o converja a un mínimo local correspondiente a una exactitud predictiva más pobre.

Sin embargo, podemos hacer que la inicialización del peso aleatorio sea determinística sembrando el generador aleatorio. Por ejemplo, si damos un valor específico, como 123, a la semilla, los pesos seguirán inicializados con valores aleatorios pequeños. Sin embargo, la red neuronal se inicializará constantemente con los mismos pesos aleatorios pequeños, lo que permitirá una reproducción exacta de los resultados.

Muestreo y distribución de conjuntos de datos

Cuando formamos y evaluamos modelos de aprendizaje automático, generalmente comenzamos dividiendo un conjunto de datos en conjuntos de formación y de pruebas. Esto requiere muestreo aleatorio, ya que tenemos que decidir qué ejemplos ponemos en un conjunto de formación y cuáles en uno de pruebas.

En la práctica, a menudo utilizamos técnicas de evaluación de modelos como la validación cruzada de *k* iteraciones o la validación por retención. En la validación por retención, dividimos el conjunto de formación en conjuntos de datos de formación, validación y prueba, que también son procedimientos de muestreo influenciados por la aleatoriedad. Del mismo modo, a menos que utilicemos una semilla aleatoria fija, obtenemos un modelo diferente cada vez que partimos el conjunto de datos o afinamos o evaluamos el modelo usando la validación cruzada de *k* iteraciones, ya que las particiones de formación serán diferentes.

Algoritmos no determinísticos

Podemos incluir componentes aleatorios y algoritmos dependiendo de la arquitectura y las opciones de hiperparámetros. Un ejemplo popular es el *abandono*.

El abandono funciona dando el valor de cero aleatoriamente a una fracción de las unidades de una capa durante la formación, lo que ayuda al modelo a aprender representaciones más robustas y generalizadas. Este «abandono» se utiliza típicamente en cada iteración de formación con una probabilidad p, un hiperparámetro que controla la fracción de las unidades abandonadas. Los valores típicos para p están en el intervalo de 0.2 a 0.8.

Para ilustrar este concepto, en la figura 10-2 se muestra una red neuronal pequeña donde el abandono elimina al azar un subconjunto de los nodos de la capa oculta en cada paso hacia delante durante la formación.

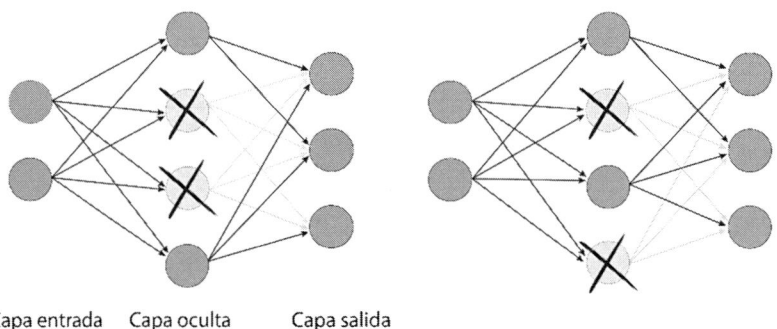

Capa entrada   Capa oculta   Capa salida

Figura 10-2: *En el abandono, los nodos ocultos se desactivan intermitente y aleatoriamente durante cada paso hacia delante en la formación.*

Para crear ejecuciones de formación reproducibles, debemos iniciar el generador aleatorio antes de la formación con abandono (de forma análoga a la inicialización del generador aleatorio antes de inicializar los pesos del modelo). Durante la inferencia, necesitamos desactivar el abandono para garantizar resultados determinísticos. Cada entorno de aprendizaje profundo tiene una configuración específica para ese propósito. Se incluye un ejemplo de PyTorch en la subcarpeta *supplementary/q10-random-sources* en *https://github.com/rasbt/MachineLearning-QandAI-book..*

Algoritmos de tiempo de ejecución

La implementación más intuitiva o sencilla de un algoritmo o método no siempre es la mejor para usar en la práctica. Por ejemplo, al formar redes neuronales profundas, a menudo usamos alternativas y aproximaciones eficientes para obtener ventajas de velocidad y recursos durante la formación y la inferencia.

Un ejemplo popular es la operación de convolución utilizada en redes neuronales convolucionales. Hay varias formas posibles de implementar la operación de convolución:

- **La convolución directa clásica** es la implementación común de la convolución discreta mediante un producto elemento a elemento entre la entrada y la ventana, seguido de la suma del resultado para obtener un número único. (Véase el capítulo 12 para una discusión de la operación de convolución).

- **La convolución basada en FFT** utiliza la transformación rápida de Fourier (FFT, sigla en inglés) para convertir la convolución en una multiplicación por elementos en el dominio de la frecuencia.

- **La convolución basada en Winograd** es un algoritmo eficiente para filtros pequeños (como 3 x 3) que reduce el número de multiplicaciones necesarias para la convolución.

Los distintos algoritmos de convolución tienen compensaciones diferentes en términos de uso de memoria, complejidad informática y velocidad. De forma predeterminada, las bibliotecas como la Red Neuronal Profunda de CUDA (cuDNN), que se utilizan en PyTorch y TensorFlow, pueden elegir algoritmos diferentes para realizar operaciones de convolución cuando se ejecutan redes neuronales profundas en GPU. Sin embargo, la elección del algoritmo determinístico tiene que ser habilitada explícitamente. En PyTorch, por ejemplo, esto se puede hacer mediante la configuración:

```
torch.use_deterministic_algorithms(True)
```

Aunque estas propuestas producen resultados similares, las diferencias numéricas sutiles pueden acumularse durante la formación y hacer que esta converja a mínimos locales ligeramente diferentes.

Hardware y controladores

La formación de redes neuronales profundas en hardware diferente también puede producir resultados distintos debido a diferencias numéricas pequeñas, incluso cuando se utilizan los mismos algoritmos y se ejecutan las mismas operaciones. Estas diferencias pueden deberse a veces a una precisión numérica diferente para las operaciones de punto flotante. Sin embargo, también pueden surgir diferencias numéricas pequeñas debido a la optimización de hardware y software, incluso con la misma precisión.

Por ejemplo, plataformas de hardware diferentes pueden tener optimizaciones especializadas o bibliotecas que pueden alterar ligeramente el comportamiento de los algoritmos de aprendizaje profundo. Para dar un ejemplo de cómo las diferentes GPU pueden producir resultados de modelado diferentes, la siguiente es una cita de la documentación oficial de NVIDIA: «A través de arquitecturas diferentes, ninguna rutina cuDNN garantiza la reproducibilidad en bits. Por ejemplo, no hay garantía de reproducibilidad en bits cuando se compara la misma rutina de ejecución en NVIDIA Volta™ y NVIDIA Turing™ [. . .] y la arquitectura NVIDIA Ampere».

Aleatoriedad e IA generativa

Además de las diversas fuentes de aleatoriedad ya mencionadas, ciertos modelos también pueden exhibir una conducta aleatoria durante la inferencia que podemos pensar como «aleatoriedad por diseño». Por ejemplo, los modelos generativos de imagen y lenguaje pueden crear resultados distintos para indicaciones idénticas y producir una muestra de resultados diversa. Para los modelos de imagen, esto suele ser para que los usuarios seleccionen la imagen más exacta y estéticamente agradable. Para los de lenguaje, suele ser para variar las respuestas; por ejemplo, en agentes de charla, para evitar la repetición.

La aleatoriedad prevista en los modelos de imagen generativa durante la inferencia a menudo se debe al muestreo de valores de ruido diferentes en cada paso del proceso inverso. En los modelos de difusión, un programa de ruido define la varianza de ruido añadida en cada paso del proceso.

Los LLM autorregresivos, como GPT, tienden a crear salidas diferentes para la misma indicación de entrada (GPT se discutirá con mayor detalle en los capítulos 14 y 17). La interfaz de usuario de ChatGPT tiene incluso un botón, *Regenerar la respuesta,* con ese propósito. La capacidad de generar resultados diferentes se debe a las estrategias de muestreo que emplean estos modelos. Las técnicas como el muestreo de los primeros k

(top-*k*, en inglés) el muestreo de núcleos y el escalado de temperatura influyen en la salida del modelo al controlar el grado de aleatoriedad. Este es un atributo, no un error, ya que permite respuestas diversas y evita que el modelo produzca salidas demasiado determinísticas o repetitivas. (Véase el capítulo 9 para una visión más detallada de la IA generativa y los modelos de aprendizaje profundo; véase el capítulo 17 para más detalles sobre los LLM autorregresivos).

El *muestreo de los primeros k*, ilustrado en la figura 10-3, funciona mediante el muestreo de componentes léxicos de los *k* primeros candidatos más probables en cada paso del proceso de generación de la palabra siguiente.

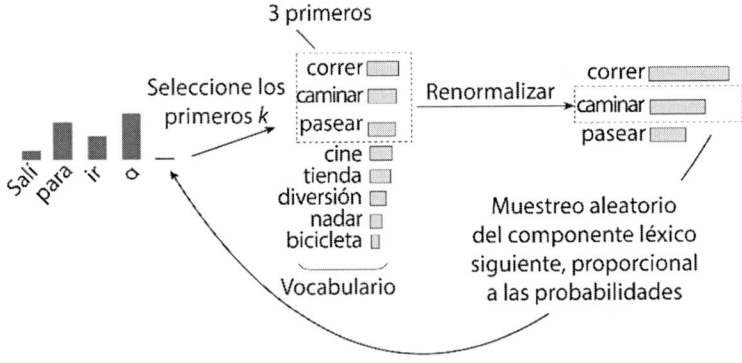

Figura 10-3: *Muestreo de los primeros k (Top-k).*

Dada una indicación de entrada, el modelo de lenguaje produce una distribución de probabilidad sobre todo el vocabulario (las palabras candidatas) para el componente léxico siguiente. A cada componente léxico en el vocabulario se le asigna una probabilidad basada en la comprensión del contexto por parte del modelo. Los primeros *k* componentes léxicos seleccionados se renormalizan de modo que las probabilidades sumen 1. Por último, se extrae un componente léxico de la distribución de probabilidad renormalizada de los primeros *k* y se añade a la indicación de entrada. Este proceso se repite durante la longitud deseada del texto generado o hasta que se cumpla una condición de parada.

El muestreo de núcleos, también conocido como *muestreo de los primeros p* (*top-p*, en inglés), ilustrado en la figura 10-4, es una alternativa al muestreo de los primeros *k*.

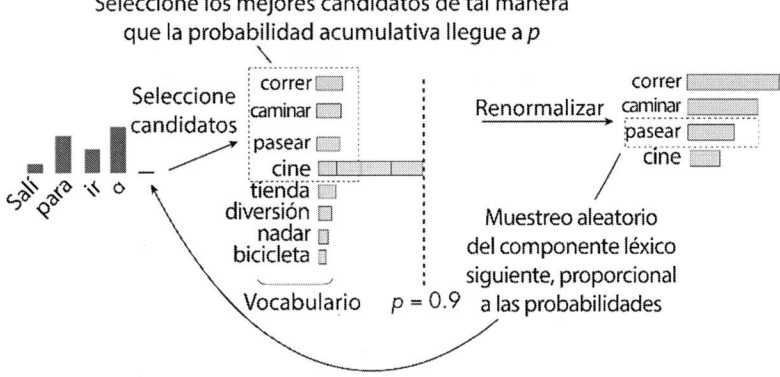

Figura 10-4: *Muestreo de núcleos.*

Similar al muestreo de los primeros k, el objetivo del muestreo de núcleos es equilibrar la diversidad y la coherencia en la salida. Sin embargo, el muestreo de núcleos y el de los primeros k difieren en cómo seleccionar los componentes léxicos candidatos para el muestreo en cada paso del proceso de generación. El muestreo de los primeros k selecciona los k componentes léxicos más probables de la distribución de probabilidad producida por el modelo del lenguaje, independientemente de sus probabilidades. El valor de k permanece fijo durante todo el proceso de generación. El muestreo de núcleos, por otro lado, selecciona los componentes léxicos con base en un umbral de probabilidad p, como se muestra en la figura 10-4. Luego acumula los componentes léxicos más probables en orden descendente hasta que la probabilidad acumulada alcanza o excede el umbral p. En contraste con el muestreo de los primeros k, el tamaño del conjunto candidato (núcleo) puede variar en cada paso.

Ejercicios

10-1. Supongamos que formamos una red neuronal con muestreo de núcleo o mejores k, donde k y p son opciones de hiperparámetros. ¿Podemos hacer que el modelo se comporte de manera determinística durante la inferencia sin cambiar el código?

10-2. ¿En qué escenarios podría desearse un comportamiento aleatorio de abandono durante la inferencia?

Referencias

- Para obtener más información sobre las diferentes técnicas de muestreo de datos y evaluación de modelos, véase mi artículo: «Model Evaluation, Model Selection, and Algorithm Selection in Machine Learning» (2018), *https://arxiv.org/ abs/1811,12808.*

- El documento en que se propuso originalmente la técnica del abandono: Nitish Srivastava *et al.*, «Dropout: A Simple Way to Prevent Neural Networks from Overfitting» (2014), *https://jmlr.org/papers/v15/sriva stava14a.html.*

- Un documento detallado sobre la convolución basada en FFT: Lu Chi, Borui Jiang y Yadong Mu, «Fast Fourier Convolution» (2020), *https://dl.acm.org/doi/abs/10.5555/3495724,3496100.*

- Detalles sobre la convolución basada en Winograd: Syed Asad Alam *et al.,* «Winograd Convolution for Deep Neural Networks: Efficient Point Selection» (2022), *https://arxiv.org/abs/2201.10369.*

- Más información sobre los ajustes del algoritmo determinístico en PyTorch: *https://pytorch.org/docs/stable/generated/torch.use_deterministic_al gorithms.html.*

- Para obtener más detalles sobre el comportamiento determinístico de las tarjetas gráficas NVIDIA, consulte la sección «Reproducibilidad» de la documentación oficial de NVIDIA: *https://docs.nvidia.com/ deeplearning/cudnn/developer-guide/index.html#reproducibilidad.*

PARTE II

VISIÓN INFORMÁTICA

11

CÁLCULO DEL NÚMERO DE PARÁMETROS

 En una red neuronal convolucional, ¿cómo calculamos el número de parámetros y por qué es útil esta información?

Conocer el número de parámetros en un modelo ayuda a medir el tamaño del modelo, lo que afecta a los requisitos de almacenamiento y memoria. En las siguientes secciones se explicará cómo calcular los recuentos de parámetros de capa convolucional, totalmente conectados.

Cómo contar los parámetros

Supongamos que estamos trabajando con una red convolucional que tiene dos capas convolucionales con núcleos de tamaños 5 y 3, respectivamente. La primera capa convolucional tiene 3 canales de entrada y 5 de salida y la segunda tiene 5 canales de entrada y 12 de salida. El avance de estas capas convolucionales es 1. Además, la red tiene dos capas de agrupación, una con núcleo de tamaño 3 y un avance de 2 y otra con un núcleo de tamaño 5 y un avance de 2. También tiene dos capas ocultas totalmente conectadas con 192 y 128 unidades ocultas cada una, donde la capa de salida tiene clasificación para 10 clases. La arquitectura de esta red se ilustra en la figura 11-1.

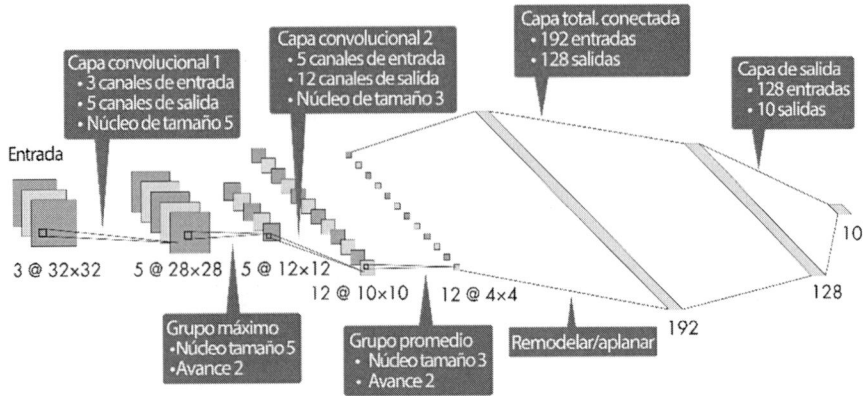

Figura 11-1: *Una red neuronal convolucional con dos capas convolucionales y dos totalmente conectadas.*

¿Cuál es el número de parámetros que se pueden formar en esta red convolucional? Podemos abordar este problema de izquierda a derecha, calculando el número de parámetros para cada capa y luego resumiendo estos recuentos para obtener el número total de parámetros.

El número de parámetros para formar, de cada capa, consiste en pesos y unidades de sesgo.

Capas convolucionales

En una capa convolucional, el número de pesos depende del ancho y la altura del núcleo y del número de canales de entrada y salida. El número de unidades de sesgo depende únicamente del número de canales de salida. Para ilustrar el cálculo paso a paso, supongamos que tenemos un ancho y alto del núcleo de 5, un canal de entrada y uno de salida, como se ilustra en la figura 11-2.

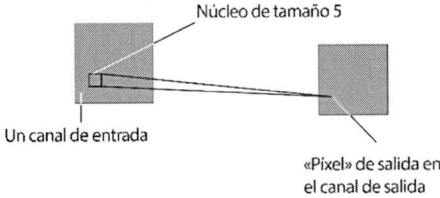

Figura 11-2: *Una capa convolucional con un canal de entrada y otro de salida.*

En este caso, tenemos 26 parámetros, ya que tenemos 5 x 5 = 25 pesos a través del núcleo más la unidad de sesgo. El cálculo para determinar un valor de salida o píxel z es $z = b + \sum_j w_j x_j$, donde x_j representa un píxel de entrada, w_j representa un parámetro de peso del núcleo y b es la unidad de sesgo.

Ahora, supongamos que tenemos tres canales de entrada, como se ilustra en la figura 11-3.

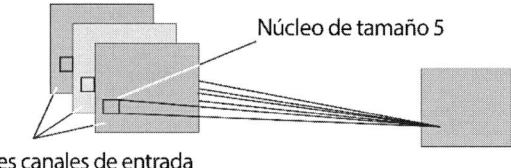

Núcleo de tamaño 5

Tres canales de entrada

Figura 11-3: *Una capa convolucional con tres canales de entrada y uno de salida.*

En ese caso, calculamos el valor de salida realizando la operación antes mencionada, $\sum_j w_j x_j$, para cada canal de entrada y luego añadimos la unidad de sesgo. Para tres canales de entrada, esto implicaría tres núcleos diferentes con tres conjuntos de pesos:

$$z = \sum_j w_j^{(1)} x_j + \sum_j w_j^{(2)} x_j + \sum_j w_j^{(3)} x_j + b$$

Ya que tenemos tres juegos de pesos ($w^{(1)}$, $w^{(2)}$ y $w^{(3)}$ para $j = [1, \ldots, 25]$), tenemos 3 x 25 + 1 = 76 parámetros en esta capa convolucional.

Usamos un núcleo para cada canal de salida, donde cada núcleo es único para un canal de salida dado. Así, si extendemos el número de canales de salida de uno a cinco, como se muestra en la figura 11-4, extendemos el número de parámetros por un factor de 5. En otras palabras, si el núcleo de un canal de salida tiene 76 parámetros, los 5 núcleos necesarios para los cinco canales de salida tendrán 5 x 6 = 380 parámetros.

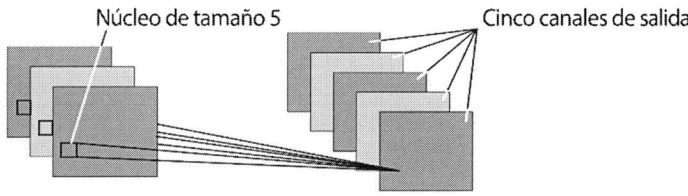

Núcleo de tamaño 5   Cinco canales de salida

Figura 11-4: *Una capa convolucional con tres canales de entrada y cinco de salida.*

Volviendo a la arquitectura de red neuronal ilustrada en la figura 11-1 al principio de esta sección, calculamos el número de parámetros en las capas convolucionales en función del tamaño del núcleo y el número de canales de entrada y salida. Por ejemplo, la primera capa convolucional tiene tres canales de entrada, cinco de salida y un núcleo de tamaño 5. Así, el número de parámetros es 5 x (5 x 5 x 3) + 5 = 380. La segunda capa convolucional, con cinco canales de entrada, 12 de salida y un núcleo de tamaño 3, tiene 12 x (3 x 3 x 5) + 12 = 552 parámetros. Dado que las capas de agrupación no tienen parámetros para formar, podemos contar 380 + 552 = 932 para la parte convolucional de esta arquitectura.

A continuación, veamos cómo calcular el número de parámetros de capas totalmente conectadas.

Capas totalmente conectadas

Contar el número de parámetros en una capa totalmente conectada es relativamente sencillo. Un nodo completamente conectado une cada nodo de entrada a cada nodo de salida, por lo que el número de pesos es el número de entradas por el número de salidas, más las unidades de sesgo agregadas a la salida. Por ejemplo, si tenemos una capa totalmente conectada con cinco entradas y tres salidas, como se muestra en la figura 11-5, tenemos 5 x 3 = 15 pesos y tres unidades de sesgo, es decir, 18 parámetros en total.

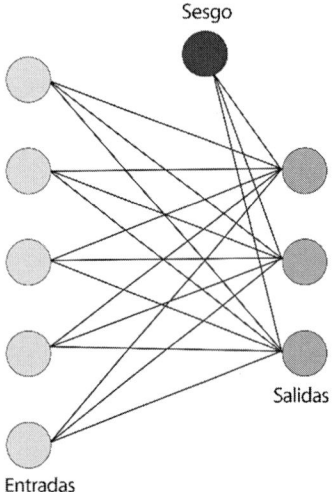

Figura 11-5: *Una capa totalmente conectada con cinco entradas y tres salidas.*

Volviendo una vez más a la arquitectura de red neuronal ilustrada en la figura 11-1, ahora podemos calcular los parámetros en las capas totalmente conectadas de la siguiente manera: 192 x 128 + 128 = 24 704 en la primera capa totalmente conectada y 128 x 10 + 10 = 1290 en la segunda capa totalmente conectada, la capa de salida. Por lo tanto, tenemos 24 704 + 1290 = 25 994 en la parte totalmente conectada de esta red. Después de agregar los 932 parámetros de las capas convolucionales y los 25 994 parámetros de las capas totalmente conectadas, podemos concluir que el número total de parámetros de esta red es de 26 926.

A manera de bono, los lectores interesados pueden encontrar código PyTorch para calcular el número de parámetros de modo programático en la carpeta *supplementary/q11-conv-size* en *https://github.com/rasbt/ MachineLearning-QandAI-book*.

Usos prácticos

¿Por qué nos importa el número de parámetros en absoluto? Primero, podemos usar este número para estimar la complejidad de un modelo. Como regla general, cuantos más parámetros haya, más datos de formación necesitaremos para formar bien al modelo.

El número de parámetros también nos permite estimar el tamaño de la red neuronal, lo que a su vez nos ayuda a estimar si la red cabrá en la memoria de la GPU. Aunque el requisito de memoria durante la formación a menudo excede el tamaño del modelo debido a la memoria adicional requerida para multiplicar matrices y almacenar gradientes, el tamaño del modelo nos da una idea de si es factible formar al modelo con una configuración de hardware dada.

Ejercicios

11-1. Supongamos que queremos optimizar la red neuronal utilizando un optimizador de descenso de gradiente estocástico simple (SGD, sigla en inglés) o el optimizador popular Adam. ¿Cuáles son los números respectivos de parámetros que deben almacenarse para SGD y Adam?

11-2. Supongamos que agregamos tres capas de normalización por lotes (BatchNorm): una después de la primera capa convolucional, otra después de la segunda y otra después de la primera completamente conectada (normalmente no agregamos capas BatchNorm a la capa de salida). ¿Cuántos parámetros adicionales añaden estas tres capas de BatchNorm al modelo?

12

CAPAS CONVOLUCIONALES Y TOTALMENTE CONECTADAS

 ¿Bajo qué circunstancias podemos reemplazar capas totalmente conectadas con capas convolucionales para realizar el mismo cálculo?

La sustitución de capas totalmente conectadas por capas convolucionales puede ofrecer ventajas en términos de optimización de hardware, como el uso de aceleradores de hardware especializados para operaciones de convolución. Esto puede ser particularmente relevante para los dispositivos periféricos.

Hay exactamente dos escenarios en los que las capas totalmente conectadas y las capas convolucionales son equivalentes: cuando el tamaño del filtro convolucional es igual al del campo receptivo y cuando el del filtro convolucional es 1. Como ilustración de estos dos escenarios, considere una capa totalmente conectada con dos unidades de entrada y cuatro de salida, como se muestra en la figura 12-1.

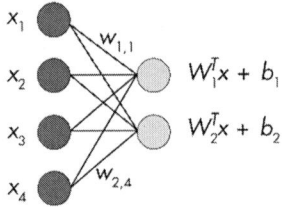

Figura 12-1: *Cuatro entradas y dos salidas conectadas a través de ocho parámetros de peso.*

La capa totalmente conectada en esta figura consta de ocho pesos y dos unidades de sesgo. Podemos calcular los nodos de salida a través de los siguientes productos punto:

Nodo 1 $w_{1,1} \times x_1 + w_{1,2} \times x_2 + w_{1,3} \times x_3 + w_{1,4} \times x_4 + b_1$

Nodo 2 $w_{2,1} \times x_1 + w_{2,2} \times x2 + w_{2,3} \times x_3 + w_{2,4} \times x_4 + b_2$

En las siguientes dos secciones se ilustran escenarios en los que las capas convolucionales pueden definirse para producir exactamente el mismo cálculo que la capa descrita, totalmente conectada.

Cuando los tamaños del núcleo y de la entrada son iguales

Comencemos con el primer escenario, donde el tamaño del filtro convolucional es igual al del campo receptivo. Recordemos del capítulo 11 cómo calculamos una serie de parámetros en un núcleo convolucional con un canal de entrada y múltiples canales de salida. Tenemos un tamaño de núcleo de 2 x 2, un canal de entrada y dos canales de salida. El tamaño de entrada también es 2 x 2, una versión reformada de las cuatro entradas representadas en la figura 12-2.

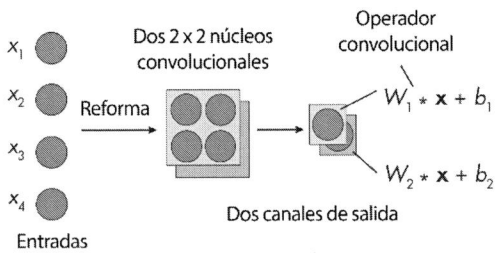

Figura 12-2: *Una capa convolucional con un núcleo de 2 x 2 que iguala el tamaño de entrada y dos canales de salida.*

Si las dimensiones del núcleo convolucional son iguales al tamaño de entrada, como se muestra en la figura 12-2, no hay mecanismo alguno de ventana deslizante en la capa convolucional. Para el primer canal de salida, tenemos el siguiente conjunto de pesos:

$$W_1 = \begin{bmatrix} W_{1,1} & W_{1,2} \\ W_{1,3} & W_{1,4} \end{bmatrix}$$

Para el segundo canal de salida, tenemos el siguiente conjunto de pesos:

$$W_2 = \begin{bmatrix} W_{2,1} & W_{2,2} \\ W_{2,3} & W_{2,4} \end{bmatrix}$$

Si las entradas están organizadas como

$$x = \begin{bmatrix} x_1 & x_2 \\ x_3 & x_4 \end{bmatrix}$$

calculamos el primer canal de salida como $o_1 = \sum_i (W1 * \mathbf{x})_i + b1$, donde el operador convolucional * es igual a una multiplicación por elemento. En otras palabras, realizamos una multiplicación por elementos entre dos matrices, W_1 y $\mathbf{x}$, y luego calculamos la salida como la suma de estos elementos; esto es igual al producto punto en la capa totalmente conectada. Por último, añadimos la unidad de sesgo. El cálculo para el segundo canal de salida funciona de manera análoga: $o_2 = \sum_i (W2 * \mathbf{x})_i + b2$.

A modo de bono, los materiales complementarios de este libro incluyen código PyTorch para mostrar esta equivalencia con un ejemplo práctico en la *subcarpeta supplementary/q12-fc-cnn-equivalence* en *https://github.com/rasbt/MachineLearning-QandAI-book*.

Cuando el tamaño del núcleo es 1

En el segundo escenario se asume que reformamos la entrada con una «imagen» de entrada con 1 x 1 dimensiones donde el número de «canales de color» es igual al de atributos de entrada, como se muestra en la figura 12-3.

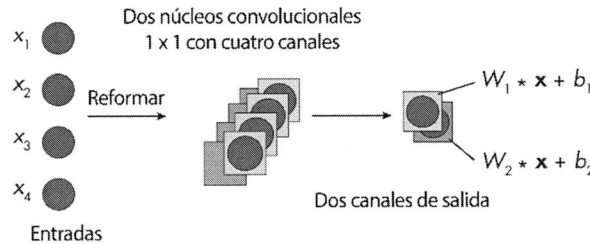

Figura 12-3: *El número de nodos de salida es igual al número de canales si el tamaño del núcleo es igual al de la entrada.*

Cada núcleo consiste en una pila de pesos igual al número de canales de entrada. Por ejemplo, para la primera capa de salida, los pesos son:

$$W_1 = [w_1^{(1)} w_1^{(2)} w_1^{(3)} w_1^{(4)}]$$

mientras que para el segundo canal son:

$$W_2 = [w_2^{(1)} w_2^{(2)} w_2^{(3)} w_2^{(4)}]$$

Para obtener una mejor comprensión intuitiva de este cálculo, consulte las ilustraciones en el capítulo 11, en que se describe cómo calcular los parámetros en una capa convolucional.

Recomendaciones

El hecho de que las capas totalmente conectadas se puedan implementar como capas convolucionales equivalentes no tiene un rendimiento inmediato u otras ventajas en los ordenadores estándar. Sin embargo, la sustitución de capas totalmente conectadas por capas convolucionales puede ofrecer ventajas en combinación con el desarrollo de aceleradores de hardware especializados para operaciones de convolución.

Además, la comprensión de los escenarios en los que las capas totalmente conectadas son equivalentes a las capas convolucionales ayuda a comprender la mecánica de estas capas. También nos permite implementar redes neuronales convolucionales sin ningún uso de capas totalmente conectadas, si se desea, para simplificar las implementaciones de código.

Ejercicios

12-1. ¿Cómo afectaría el aumento del avance a la equivalencia discutida en este capítulo?

12-2. ¿Afecta el relleno con píxeles extra a la equivalencia entre capas totalmente conectadas y capas convolucionales?

13

CONJUNTOS DE FORMACIÓN GRANDES PARA TRANSFORMADORES DE VISIÓN

 ¿Por qué los transformadores de visión (ViT) generalmente requieren conjuntos de formación más grandes que las redes neuronales convolucionales (CNN, sigla en inglés)?

Con cada algoritmo y modelo de aprendizaje automático se codifica un conjunto particular de suposiciones o conocimientos previos, comúnmente conocidos como *sesgos inductivos*, en el diseño. Algunos sesgos inductivos sirven de solución para que sea más factible procesar los algoritmos, otros se basan en el conocimiento del dominio y otros son lo uno y lo otro.

Las CNN y los ViT se pueden utilizar para las mismas tareas, incluida la clasificación de imágenes, la detección de objetos y la segmentación de imágenes. Las CNN se componen principalmente de capas convolucionales, mientras que los ViT consisten principalmente en bloques de atención multicabeza (discutidos en el capítulo 8 en el contexto de transformadores para entradas de lenguaje natural).

Las CNN tienen más sesgos inductivos que están codificados como parte del diseño algorítmico, por lo que generalmente requieren menos datos de formación que los ViT. En cierto sentido, a los ViT se les da más grados de libertad y pueden o deben aprender ciertos sesgos inductivos de los datos (asumiendo que estos sesgos sean propicios para optimizar el objetivo de formación). Sin embargo, todo lo que se debe aprender requiere más ejemplos de formación.

En las secciones siguientes se explican los sesgos inductivos principales encontrados en las CNN y cómo los ViT funcionan bien sin ellas.

Los sesgos inductivos en las CNN

Los siguientes son los principales sesgos inductivos que definen en gran medida cómo funcionan las CNN:

- **Conectividad local** En las CNN, cada unidad en una capa oculta está conectada solo a un subconjunto de neuronas de la capa anterior. Podemos justificar esta restricción asumiendo que los píxeles vecinos son más relevantes entre sí que los que están más alejados. Como ejemplo intuitivo, considere cómo esta suposición es válida al reconocer bordes o contornos en una imagen.

- **Reparto de peso** A través de las capas convolucionales, utilizamos el mismo conjunto pequeño de pesos (los núcleos o filtros) en toda la imagen. Esto refleja el supuesto de que los mismos filtros son útiles para detectar los mismos patrones en partes diferentes de la imagen.

- **Procesamiento jerárquico** Las CNN tienen muchas capas convolucionales para extraer atributos de la imagen de entrada. A medida que la red avanza desde las capas de entrada hacia las de salida, los atributos secundarios se combinan sucesivamente para formar atributos cada vez más complejos, lo que en última instancia conduce al reconocimiento de objetos y formas más complejas. Además, los filtros convolucionales en estas capas aprenden a detectar patrones y atributos específicos en distintos niveles de abstracción.

- **Invariancia espacial** Las CNN exhiben la propiedad matemática de la invariancia espacial; es decir, la salida de un modelo permanece consistente incluso si la señal de entrada se desplaza a una ubicación diferente dentro del dominio espacial. Esta característica surge de la combinación de conectividad local, reparto de peso y la arquitectura jerárquica mencionada anteriormente.

La combinación de conectividad local, reparto de peso y procesamiento jerárquico en una CNN conduce a la invariancia espacial, lo que permite que el modelo reconozca el mismo patrón o atributo independiente de la ubicación en la imagen de entrada.

La invariancia traslacional es un caso específico de invariancia espacial en el que la salida permanece igual después de un cambio o traslación de la señal de entrada en el dominio espacial. En este contexto, el énfasis está únicamente en mover un objeto a una ubicación diferente dentro de una imagen sin rotaciones o alteraciones de sus otros atributos.

En realidad, las capas y redes convolucionales no son verdaderamente invariantes de la traslación, sino que alcanzan un cierto nivel de equivarianza traslacional. ¿Cuál es la diferencia entre invariancia traslacional y la equivarianza? *Invariancia traslacional* significa que la salida no cambia con un cambio de entrada, mientras que *la equivarianza traslacional* implica que la salida cambia con la entrada de una manera correspondiente. En otras palabras, si desplazamos el objeto de entrada a la derecha, los resultados se desplazarán correspondientemente a la derecha, como se ilustra en la figura 13-1.

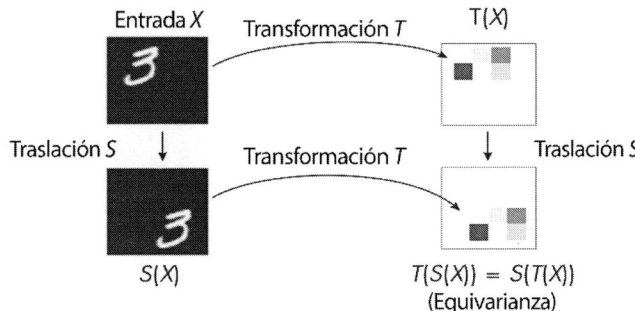

Figura 13-1: *Equivarianza bajo traslaciones de imágenes diferentes.*

Como se muestra en la figura 13-1 , bajo la invariancia traslacional, obtenemos el mismo patrón de salida independiente del orden de las operaciones: transformación seguida de traslación o viceversa.

Como se mencionó anteriormente, las CNN logran equivarianza traslacional con una combinación de la conectividad local, reparto de peso y propiedades de procesamiento jerárquico. En la figura 13-2 se muestra una operación convolucional para ilustrar la conectividad local y los pesos compartidos. Allí se muestra el concepto de equivarianza traslacional en las CNN, en el que un filtro convolucional captura la señal de entrada (los dos bloques oscuros) independiente de dónde se encuentre en la entrada.

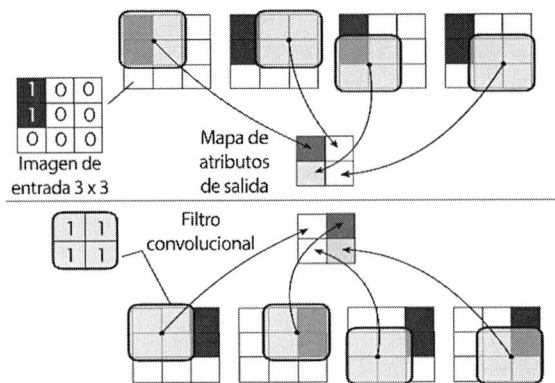

Figura 13-2: *Filtros convolucionales y equivarianza traslacional.*

En la figura 13-2 se muestra una imagen de entrada 3 × 3 que consiste en dos valores de píxeles distintos de cero en la esquina superior izquierda (parte superior de la figura) o esquina superior derecha (parte inferior de la figura). Si aplicamos un filtro convolucional de 2 × 2 a estos dos escenarios de imagen de entrada, podemos ver que los mapas de atributos de salida contienen el mismo patrón extraído, que está en la izquierda (arriba de la figura) o la derecha (abajo de la figura), mostrando la equivarianza traslacional de la operación convolucional.

En comparación, una red totalmente conectada, como un perceptrón multicapa, carece de esta invariancia o equivarianza espacial. Para ilustrar esto, imagine un perceptrón multicapa con una capa oculta. Cada píxel en la imagen de entrada está conectado con cada valor en la salida resultante. Si cambiamos la entrada por uno o más píxeles, se activará un conjunto diferente de pesos, como se ilustra en la figura 13-3.

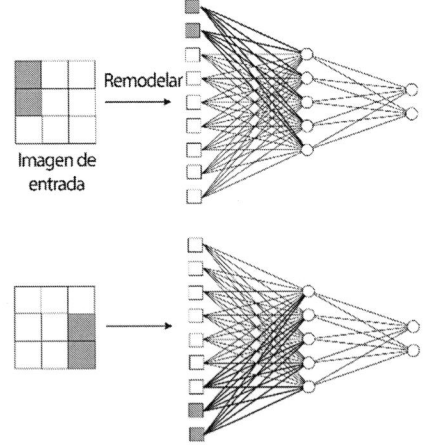

Figura 13-3: *Pesos específicos de la ubicación en capas totalmente conectadas.*

Al igual que las redes totalmente conectadas, la arquitectura ViT (y la arquitectura de transformadores en general) carece del sesgo inductivo para la invariancia espacial o la equivarianza. Por ejemplo, el modelo produce salidas diferentes si colocamos el mismo objeto en dos ubicaciones espaciales diferentes dentro de una imagen. Esto no es ideal, ya que el significado semántico de un objeto (el concepto que un objeto representa o transmite) sigue siendo el mismo en función de su ubicación. En consecuencia, debe aprender estas invariancias directamente de los datos. Para facilitar el aprendizaje, los patrones útiles presentes en las CNN requieren formación previa sobre un conjunto de datos más grande.

Una solución alternativa común para agregar información posicional en los ViT es usar incrustaciones posicionales relativas (también conocidas como *codificaciones posicionales relativas*) que consideren la distancia relativa entre dos componentes léxicos en la secuencia de entrada. Sin embargo, mientras que las incrustaciones relativas codifican información que ayuda a los transformadores a rastrear la ubicación relativa de los componentes léxicos, el transformador aún necesita aprender de los datos si la información espacial es relevante para la tarea en cuestión, y cuánto.

Los ViT pueden superar a las CNN

Las suposiciones codificadas a través de los sesgos inductivos discutidos en secciones anteriores reducen sustancialmente el número de parámetros en las CNN en comparación con las capas totalmente conectadas. Por otro lado, los ViT tienden a tener un número mayor de parámetros que las CNN, que requieren más datos de formación.

(Consulte el capítulo 11 para obtener una actualización sobre cómo calcular con precisión el número de parámetros en capas convolucionales y totalmente conectadas).

Los ViT pueden tener un rendimiento inferior en comparación con las arquitecturas populares de CNN sin una formación previa extensa, pero pueden funcionar muy bien con un conjunto de datos preformados suficientemente grande. A diferencia de los transformadores de lenguaje, donde la preformación no supervisada (como el aprendizaje autosupervisado, discutido en el capítulo 2) es la opción preferida, los transformadores de visión a menudo se forman previamente utilizando conjuntos de datos grandes, etiquetados, como ImageNET, que proporciona millones de imágenes etiquetadas para formación y el aprendizaje supervisado regular.

Un ejemplo de ViT que sobrepasa el rendimiento predictivo de las CNN, dados suficientes datos, se puede observar a partir de la investigación inicial sobre la arquitectura ViT, como se muestra en el artículo «An Image Is Worth 16x16 Words: Transformers for Image Recognition at Scale». Este estudio comparó ResNet, un tipo de red convolucional, con el diseño original de ViT, utilizando tamaños diferentes de conjuntos de datos para la preformación. Los hallazgos también mostraron que el modelo ViT sobresalió sobre el método convolucional solo después de haber sido preformado con un mínimo de 100 millones de imágenes.

Sesgos inductivos en los ViT

Los ViT también poseen algunos sesgos inductivos. Por ejemplo, los transformadores de visión *parchean* la imagen de entrada para procesar cada parche de entrada individualmente. Aquí, cada parche puede atender a todos los demás para que el modelo aprenda las relaciones entre parches distantes en la imagen de entrada, como se ilustra en la figura 13-4.

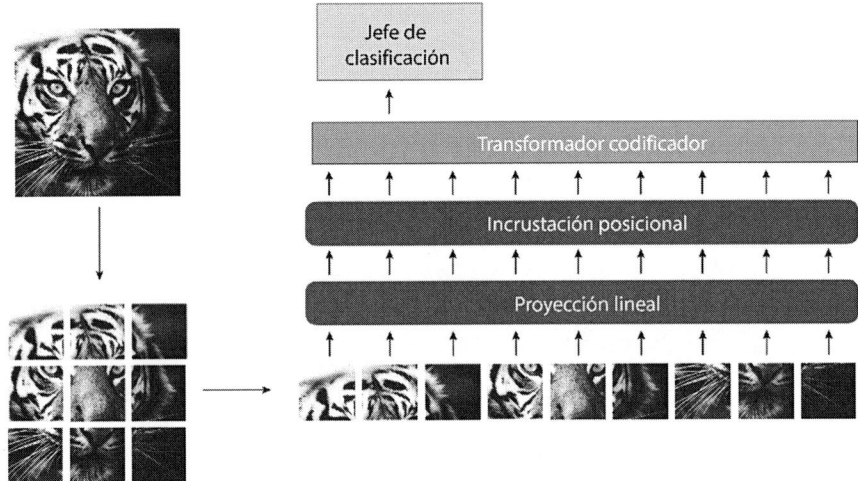

Figura 13-4: *Cómo funciona un transformador de visión con parches de imagen.*

El sesgo inductivo de parcheo permite a los ViT alcanzar tamaños de imagen mayores sin aumentar el número de parámetros del modelo, lo que puede resultar costoso de calcular. Al procesar parches más pequeños individualmente, los ViT pueden capturar de manera eficiente las relaciones espaciales entre las regiones de la imagen mientras se benefician del contexto global capturado por el mecanismo de autoatención.

Esto plantea otra pregunta: ¿cómo y qué aprenden los ViT de los datos de formación? Los ViT aprenden más representaciones de atributos uniformes en todas las capas con mecanismos de autoatención que permiten la agregación temprana de información global. Además, las conexiones residuales en los ViT propagan fuertemente atributos de las capas inferiores a las superiores, en contraste con la estructura más jerárquica de las CNN.

Los ViT tienden a centrarse más en las relaciones globales que en las locales porque el mecanismo de autoatención permite al modelo considerar dependencias de gran alcance entre partes diferentes de la imagen de entrada. En consecuencia, las capas de autoatención en los ViT a menudo se consideran filtros de paso bajo que se centran más en las formas y la curvatura.

En contraste, las capas convolucionales en las CNN a menudo se consideran filtros de paso alto que se centran más en la textura. Sin embargo, tenga en cuenta que las capas convolucionales pueden actuar como filtros de paso alto y de paso bajo, dependiendo de los filtros aprendidos en cada capa. Los filtros de paso alto detectan los bordes, detalles finos y textura de una imagen, mientras que los de paso bajo capturan atributos y formas más globales y suaves. Las CNN logran esto utilizando núcleos convolucionales de tamaños diferentes y aprendiendo filtros distintos en cada capa.

Recomendaciones

Los ViT han comenzado a superar recientemente a las CNN si hay datos disponibles suficientes para la preformación. Sin embargo, esto no hace que las CNN sean obsoletas, ya que métodos como la arquitectura popular EfficientNetV2 de CNN tienen menos necesidad de memoria y datos.

Además, las arquitecturas ViT recientes no se basan únicamente en conjuntos de datos grandes, números de parámetros y autoatención. En cambio, se han inspirado en las CNN y han añadido sesgos inductivos convolucionales suaves o incluso capas convolucionales completas para obtener lo mejor de ambos mundos.

En resumen, las arquitecturas de transformadores de visión sin capas convolucionales generalmente tienen menos sesgos inductivos espaciales y de localidad que las redes neuronales convolucionales. En consecuencia, los transformadores de visión necesitan aprender conceptos relacionados con los datos, como las relaciones locales entre píxeles. Por lo tanto, los transformadores de visión requieren más datos de formación para lograr un buen rendimiento predictivo y producir representaciones visuales aceptables en contextos de modelado generativo.

Ejercicios

13-1. Considere el parcheado de las imágenes de entrada mostradas en la figura 13-4. El tamaño de los parches resultantes controla una compensación de rendimiento informático y predictivo. El tamaño óptimo del parche depende del uso y la compensación deseada entre el coste informático y el rendimiento del modelo. ¿Los parches más pequeños normalmente resultan en costes informáticos más altos o bajos?

13-2. Siguiendo con la pregunta anterior, ¿los parches más pequeños normalmente conducen a una exactitud de predicción más alta o baja?

Referencias

- El documento en que se propone el modelo original del transformador de visión: Alexey Dosovitskiy et al., «An Image Is Worth 16x16 Word: Transformers for Image Recognition at Scale» (2020), *https://arxiv.org/abs/2010.11929*.

- Una solución alternativa para agregar información posicional en los ViT es usar incrustaciones posicionales relativas: Peter Shaw, Jakob Uszkoreit, y Ashish Vaswani, «Self-Attention with Relative Position Representations» (2018), *https://arxiv.org/abs/1803.02155*.

- Las conexiones residuales en los ViT propagan fuertemente los atributos de capas inferiores a superiores, en contraste con la estructura más jerárquica de las CNN: Maithra Raghu *et al.*, «Do Vision Transformers See Like Convolutional Neural Networks?» (2021), *https://arxiv.org/abs/2108.08810*.

- Un artículo de investigación detallado que cubre la arquitectura de la CNN EfficientNetV2: Mingxing Tan y Quoc V. Le, «EfficientNetV2: Smaller Models and Faster Training» (2021), *https://arxiv.org/abs/2104.00298*.

- Una arquitectura ViT que también incorpora capas convolucionales: Stéphane d'Ascoli *et al.*, «ConViT: Improving Vision Transformers with Soft Convolutional Inductive Biase» (2021), *https://arxiv.org/abs/2103,10697*.

- Otro ejemplo de un ViT usando capas convolucionales: Shijie Wu *et al.*, «BloombergGPT: Introducing Convolutions to Vision Transformers» (2021), *https://arxiv.org/abs/2103.15808*.

PARTE III

PROCESAMIENTO DEL
LENGUAJE NATURAL

14

LA HIPÓTESIS DISTRIBUCIONAL

¿En qué consiste la hipótesis distribucional en el procesamiento del lenguaje natural (PLN)? ¿Dónde se usa y qué tanto se mantiene?

La hipótesis distribucional es una teoría lingüística que sugiere que las palabras que ocurren en los mismos contextos tienden a tener significados similares, según la fuente original, «Distributional Structure» de Zellig S. Harris. En pocas palabras, cuanto más similares sean los significados de dos palabras, más a menudo aparecerán en contextos similares.

Considere la oración en la figura 14-1, por ejemplo. Las palabras *gatos* y *perros* ocurren a menudo en contextos similares, y podríamos reemplazar a *gatos* con *perros* sin hacer que la oración suene extraña. También podríamos reemplazar a *los gatos* por *hámsteres*, ya que ambos son mamíferos y mascotas, y la oración aún sonaría plausible. Sin embargo, reemplazar *gatos* con una palabra no relacionada como *emparedados* haría que la oración fuese claramente incorrecta, y reemplazar *gatos* con la palabra no relacionada *conducir* también haría que la oración fuese gramaticalmente incorrecta.

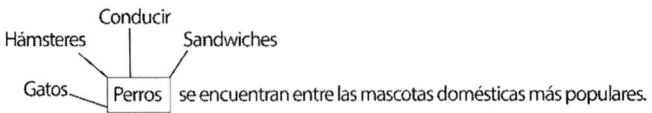

Figura 14-1: *Palabras comunes y poco comunes en un contexto dado.*

Es fácil construir contraejemplos usando palabras polisémicas; es decir, palabras que tienen varios significados que están relacionados pero que no son idénticos. Por ejemplo, considere la palabra *banco*. Como sustantivo, puede referirse a una institución financiera, el «terreno ascendente que bordea un río», la «inclinación empinada de una colina» o un «borde protector para amortiguar» (según el diccionario Merriam-Webster, en inglés). Incluso, en inglés (*bank*) puede ser un verbo: apostar por algo significa confiar o depender de él. Estos significados diferentes tienen propiedades distributivas distintas y no siempre pueden ocurrir en contextos similares.

Sin embargo, la hipótesis distribucional es bastante útil. Las incrustaciones de palabras (presentadas en el capítulo 1) como Word2vec, así como muchos modelos de transformadores de lenguaje grandes, se basan en esta idea. Esto incluye el modelo de lenguaje enmascarado en BERT y la tarea de preformación de la palabra siguiente utilizada en GPT.

Word2vec, BERT y GPT

El método Word2vec utiliza una red neuronal simple de dos capas para codificar palabras en vectores de incrustación de modo que los vectores de incrustación de palabras similares estén cerca semántica y sintácticamente. Hay dos maneras de formar un modelo Word2vec: el método de bolsa de palabras continua (CBOW, sigla en inglés) y el de saltograma (*skip-gram*). Cuando se utiliza CBOW, el modelo Word2vec aprende a predecir las palabras actuales con palabras de contexto circundantes. Por el contrario, en el modelo de saltograma, Word2vec predice las palabras de contexto de una palabra seleccionada. Aunque el saltograma es más efectivo para palabras poco frecuentes, CBOW suele ser más rápido de formar.

Después de la formación, las incrustaciones de palabras se colocan dentro del espacio vectorial para que las palabras con contextos comunes en el corpus (es decir, palabras con similitudes semánticas y sintácticas) se posicionen una cerca de la otra, como se ilustra en la figura 14-2. Por el contrario, las palabras diferentes se encuentran más lejos en el espacio de incrustación.

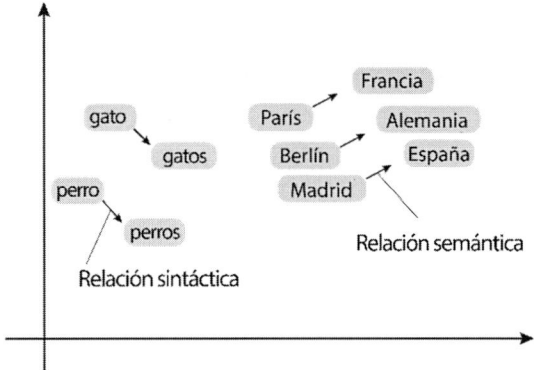

Figura 14-2: *Incrustaciones de Word2vec en un espacio vectorial bidimensional.*

BERT es un LLM basado en la arquitectura transformadora (ver capítulo 8) que utiliza un método de modelado de lenguaje enmascarado que implica enmascarar (ocultar) algunas de las palabras en una oración. Su tarea es predecir estas palabras enmascaradas basándose en las otras palabras de la secuencia, como se ilustra en la figura 14-3. Esta es una forma de aprendizaje autosupervisado que se utiliza para preformar a los LLM (ver capítulo 2 para más información sobre el aprendizaje autosupervisado). El modelo con formación previa produce incrustaciones en las que las palabras similares (o componentes léxicos) están cerca en el espacio de incrustación.

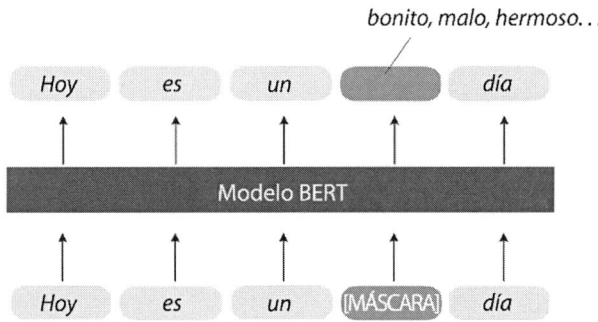

Figura 14-3: *La tarea de preformación de BERT implica predecir palabras enmascaradas aleatoriamente.*

GPT, que al igual que BERT es también un LLM basado en el transformador, funciona como un decodificador. Los modelos de estilo decodificador como GPT aprenden a predecir las palabras siguientes de una secuencia basándose en las anteriores, como se ilustra en la figura 14-4. GPT contrasta con BERT, un modelo codificador, ya que enfatiza la predicción de lo que sigue en lugar de codificar toda la secuencia simultáneamente.

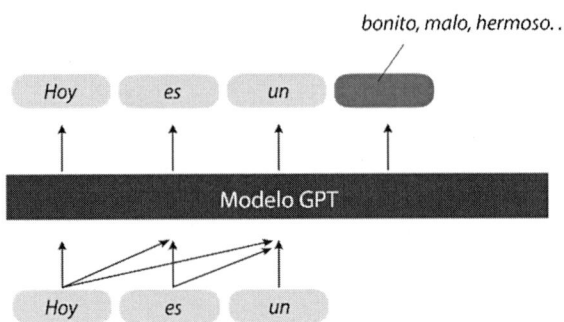

Figura 14-4: *GPT se preforma al predecir la palabra siguiente.*

Mientras que BERT es un modelo de lenguaje bidireccional que tiene en cuenta toda la secuencia de entrada, GPT solo analiza estrictamente los elementos anteriores de la secuencia. Esto significa que BERT suele ser más adecuado para tareas de clasificación, mientras que GPT lo es para las de generación de texto. Como BERT, GPT produce incrustaciones de palabras contextualizadas de calidad alta que capturan similitud semántica.

¿Se cumple la hipótesis?

Para conjuntos de datos grandes, la hipótesis distribucional es más o menos cierta, por lo que es muy útil para entender y modelar patrones de lenguaje, relaciones de palabras y significados semánticos. Por ejemplo, este concepto permite técnicas como la inserción de palabras y el análisis semántico, que, a su vez, facilitan tareas de procesamiento del lenguaje natural como la clasificación de texto, el análisis de reacciones y la traducción automática.

En conclusión, aunque existen contraejemplos en los que la hipótesis distribucional no se cumple, es un concepto muy útil que constituye la piedra angular de los modelos modernos de transformadores lingüísticos.

Ejercicios

14-1. ¿Es cierta la hipótesis distribucional en el caso de las homófonas o palabras que suenan igual, pero tienen significados diferentes, como *cien* y *sien*?

14-2. ¿Se puede pensar en otro dominio donde se utilice un concepto similar a la hipótesis distribucional? (Sugerencia: piense en otras modalidades de entrada para redes neuronales).

Referencias

- La fuente original en que se describe la hipótesis distribucional: Zellig S. Harris, «Distributional Structure» (1954), *https://doi.org/10.1080/00437956.1954.11659520*.

- El documento en que se presenta el modelo Word2vec: Tomas Mikolov *et al.*, «Efficient Estimation of Word Representations in Vector Space» (2013), *https://arxiv.org/abs/1301.3781*.

- El documento en que se presenta el modelo BERT: Jacob Devlin *et al.*, «BERT: Pre-training of Deep Bidirectional Transformers for Language Understanding» (2018), *https://arxiv.org/abs/1810.04805*.

- El documento en que se presenta el modelo GPT: Alec Radford y Karthik Narasimhan, «Improving Language Understanding by Generative Pre-Training» (2018), *https://www.semanticscholar.org/paper/Improving-Lenguaje-Entendimiento-por-Generativo-Radford-Narasimhan/cd18800a0 fe0b668a1cc19f2ec95b5003d0a5035*.

- BERT produce incrustaciones en las que palabras similares (o componentes léxicos) están cerca en el espacio de incrustación: Nelson F. Liu *et al.*, «Linguistic Knowledge and Transferability of Contextual Representations» (2019), *https://arxiv.org/abs/1903.08855*.

- En el documento se muestra que GPT produce incrustaciones de palabras contextualizadas de calidad alta que capturan similitud semántica: Fabio Petroni *et al.*, «Language Models as Knowledge Bases?» (2019), *https://arxiv.org/abs/1909,01066*.

15

AUMENTO DE DATOS PARA TEXTO

 ¿De qué modo es útil el aumento de datos y cuáles son las técnicas de aumento más comunes para los datos de texto?

El aumento de datos es útil para incrementar artificialmente el tamaño de los conjuntos de datos para mejorar el rendimiento del modelo, por ejemplo, reduciendo el grado de sobreajuste, como se discute en el capítulo 5. Esto incluye técnicas que a menudo se utilizan en modelos de visión informática, como la rotación, el escalado y la inversión.

Del mismo modo, hay varias técnicas para aumentar los datos de texto. Las más comunes incluyen reemplazo de sinónimos, eliminación de palabras, intercambio de posición de palabras, barajado de oraciones, inyección de ruido, traducción inversa y texto generado por los LLM. En este capítulo se discute cada uno de estas, con ejemplos de código opcionales en la *subcarpeta supplementary/q15-text-augment* en *https://github.com/ rasbt/MachineLearning-QandAI-book*.

Reemplazo de sinónimo

En *el reemplazo de sinónimos*, elegimos al azar palabras en una oración (a menudo sustantivos, verbos, adjetivos y adverbios) y las reemplazamos con sinónimos. Por ejemplo, podríamos comenzar con la oración «El gato saltó rápidamente sobre el perro perezoso» y luego aumentar la oración así: «El gato saltó raudo sobre el perro ocioso».

El reemplazo de sinónimos puede ayudar al modelo a aprender que palabras diferentes pueden tener significados similares, mejorando así su capacidad para entender y generar texto. En la práctica, el reemplazo de sinónimos a menudo se basa en un tesauro como WordNet. Sin embargo, el uso de esta técnica requiere cuidado, ya que no todos los sinónimos son intercambiables en todos los contextos. La mayoría de las herramientas de sustitución automática de texto tienen opciones para ajustar la frecuencia de sustitución y los umbrales de similitud. Sin embargo, el reemplazo automático de sinónimos no es perfecto y es posible que desee utilizar comprobaciones posteriores al procesamiento para filtrar los reemplazos que puedan no tener sentido.

Eliminación de palabras

La eliminación de palabras es otra técnica de aumento de datos para ayudar a los modelos a aprender. A diferencia de la sustitución de sinónimos, que altera el texto sustituyendo las palabras por sus sinónimos, la eliminación de palabras implica eliminar ciertas palabras para crear variantes y mantener el significado general de la oración. Por ejemplo, podríamos comenzar con la oración «El gato saltó rápidamente sobre el perro perezoso» y luego eliminar la palabra *rápidamente*: «El gato saltó sobre el perro perezoso».

Al eliminar palabras al azar en los datos de formación, enseñamos al modelo a predecir con exactitud incluso cuando falta alguna información. Esto puede hacer que el modelo sea más robusto cuando se encuentran datos incompletos o ruidosos en escenarios del mundo real. Además, al eliminar palabras no esenciales, podemos enseñar al modelo a centrarse en los aspectos clave del texto que son más relevantes para la tarea en cuestión.

Sin embargo, debemos tener cuidado de no eliminar palabras críticas que puedan alterar de modo notable el significado de una oración. Por ejemplo, no sería óptimo eliminar la palabra *gato* en la oración anterior: «El saltó rápidamente sobre el perro perezoso». También debemos elegir cuidadosamente la tasa de eliminación para garantizar que el texto siga teniendo sentido después de que se hayan eliminado las palabras. Las tasas de eliminación típicas pueden variar del 10 al 20 por ciento, pero esta es una guía general y podría variar significativamente según el caso de uso específico.

Intercambio de posición de palabras

En el *intercambio de posiciones de palabras*, también conocido como *baraja de palabras* o *permutación*, las posiciones de las palabras en una oración se intercambian o reorganizan para crear versiones nuevas de la oración. Si comenzamos con «El gato saltó rápidamente sobre el perro perezoso», podríamos cambiar las posiciones de algunas palabras para obtener lo siguiente: «Rápidamente el gato saltó sobre perro perezoso».

Si bien estas oraciones pueden sonar gramaticalmente incorrectas o extrañas en castellano, proporcionan información de formación valiosa para el aumento de datos porque el modelo todavía puede reconocer las palabras importantes y sus relaciones. Sin embargo, este método tiene limitaciones. Por ejemplo, barajar demasiado las palabras, cambiar drásticamente el significado de una oración o hacerlo completamente sin sentido. Además, el barajado de palabras puede interferir con el proceso de aprendizaje del modelo, ya que las relaciones posicionales entre ciertas palabras pueden ser vitales en estos contextos.

Barajado de oraciones

En el *barajado de oraciones*, las oraciones de un párrafo o documento se reorganizan para crear versiones nuevas del texto de entrada. Al barajar oraciones en un documento, exponemos el modelo a arreglos diferentes del mismo contenido, ayudándolo a aprender a reconocer elementos temáticos y conceptos clave en lugar de depender de un orden de oración específico. Esto promueve una comprensión más sólida del tema o categoría general del documento. En consecuencia, esta técnica es particularmente útil para tareas que se ocupan del análisis a nivel de documento o la comprensión a nivel de párrafo, como la clasificación de documentos, el modelado de temas o el resumen de texto.

A diferencia de los métodos basados en palabras antes mencionados (intercambio de posición de palabras, eliminación de palabras y reemplazo de sinónimos), el barajado de oraciones mantiene la estructura interna de oraciones individuales. Así se evita el problema de alterar la elección o el orden de las palabras de forma que las oraciones se hagan gramaticalmente incorrectas o cambien totalmente de significado.

El barajado de oraciones es útil cuando el orden de las oraciones no es crucial para el significado general del texto. Aun así, puede que no funcione bien si las oraciones están conectadas lógica o cronológicamente. Por ejemplo, considere el siguiente párrafo: «Fui al supermercado. Compré ingredientes para hacer pizza. Después, hice una deliciosa pizza». Reorganizar estas oraciones de la siguiente manera interrumpe la progresión lógica y temporal de la narrativa: «Después, hice una deliciosa pizza. Compré ingredientes para hacer pizza. Fui al supermercado».

Inyección de ruido

La inyección de ruido es un término general para las técnicas utilizadas para alterar el texto de varias maneras y crear variación en los textos. Puede referirse a los métodos descritos en las secciones anteriores o a técnicas a nivel de caracteres, como la inserción de letras, caracteres aleatorios o errores tipográficos, como se muestra en los ejemplos siguientes:

- **Inserción de carácter aleatorio** «El gato saltó rzápidamente sobre el perro perezoso». (Inserción de una *z* en la palabra *rápidamente*).

- **Eliminación aleatoria de caracteres** «El gato saltó rápidament sobre el perro perezoso». (Borrado de *e* de la palabra *rápidamente*).

- **Introducción de errores tipográficos** «El gato saltó rspidamemte sobre el perro perezoso». (Introducción de un error tipográfico, cambiando *rápidamente* por *rspidamemte*.)

Estas modificaciones son beneficiosas para las tareas que implican la corrección ortográfica y de texto, pero también pueden ayudar a que el modelo sea más robusto frente a las entradas imperfectas.

Traducción inversa

La traducción inversa es una de las técnicas más utilizadas para crear variación en los textos. Una oración se traduce primero del idioma original a uno o más idiomas diferentes y luego se traduce de nuevo al idioma original. La traducción de ida y vuelta a menudo resulta en oraciones que son semánticamente similares a la oración original, pero tienen variaciones ligeras en la estructura, el vocabulario o la gramática. Esto genera ejemplos adicionales y diversos para la formación sin alterar el significado general.

Por ejemplo, digamos que traducimos «El gato saltó rápidamente sobre el perro perezoso» al alemán. Podríamos obtener «Die Katze sprang schnell über den Fallen Hund». Podríamos luego traducir de nuevo a castellano esta frase en alemán y obtener «Rápidamente el gato saltó sobre el perro perezoso».

El grado en que una oración cambia con la traducción inversa depende de los idiomas utilizados y los detalles del modelo de traducción automática. En este ejemplo, la oración sigue siendo muy similar. Sin embargo, en otros casos o con otros idiomas, es posible que se vean cambios más significativos en la redacción o en la estructura de las oraciones, manteniendo el mismo significado general.

Este método requiere el acceso a modelos o servicios fiables de traducción automática, y se debe tener cuidado para garantizar que las oraciones retrotraducidas conserven el significado esencial de las oraciones originales.

Datos sintéticos

La *generación de datos sintéticos* es un término general con que se describen los métodos y técnicas utilizados para crear datos artificiales que imitan o replican la estructura de los datos del mundo real. Todos los métodos discutidos en este capítulo pueden considerarse técnicas de generación de datos sintéticos, ya que generan datos nuevos mediante la realización de cambios pequeños en los datos existentes, manteniendo el significado general mientras se crea algo nuevo.

Las técnicas modernas para generar datos sintéticos ahora también incluyen el uso de los LLM decodificadores como GPT (los LLM decodificadores se discuten con más detalle en el capítulo 17). Podemos utilizar estos modelos para generar datos nuevos desde cero utilizando indicaciones de «completar la oración» o «generar oraciones de ejemplo», entre otras. También podemos usar los LLM como alternativas a la traducción inversa, lo que les mueve a reescribir oraciones, como se muestra en la figura 15-1.

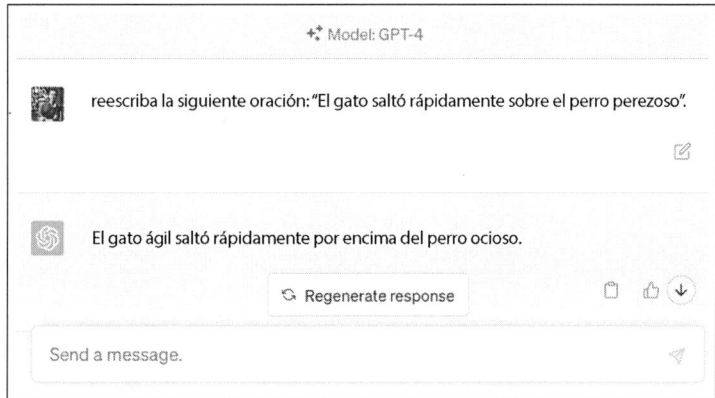

Figura 15-1: *Uso de un LLM para reescribir una oración.*

Tenga en cuenta que un LLM, como se muestra en la figura 15-1, se ejecuta en un modo no determinístico de forma predeterminada, lo que significa que podemos solicitarlo varias veces para obtener una variedad de oraciones reescritas.

Recomendaciones

Las técnicas de aumento de datos discutidas en este capítulo se utilizan comúnmente para clasificar texto, analizar reacciones y otras tareas de PLN donde la cantidad de datos etiquetados disponibles podría ser limitada.

Los LLM suelen ser formados previamente con un conjunto de datos tan vasto y diverso que pueden no depender de estas técnicas de aumento tan extensamente como en otras tareas de PLN más específicas. Esto se debe a que los LLM tienen como objetivo capturar las propiedades estadísticas del lenguaje, y la gran cantidad de datos con los que se forman a menudo proporciona una variedad suficiente de contextos y expresiones. Sin embargo, en las etapas de ajuste de los LLM, donde un modelo preformado se adapta a una tarea específica con un conjunto de datos más pequeño y específico para una tarea, las técnicas de aumento de datos podrían volver a ser más relevantes, principalmente si el tamaño del conjunto de datos etiquetado específico de la tarea es limitado.

Ejercicios

15-1. ¿Puede el uso del aumento de datos de texto ayudar en materia de privacidad?

15-2. ¿En qué casos el aumento de datos puede no ser beneficioso para una tarea específica?

Referencias

- El tesauro de WordNet: George A. Miller, «WordNet: A Lexical Database for English» (1995), *https://dl.acm.org/doi/10.1145/ 219717.219748*.

16

AUTOATENCIÓN

¿De dónde recibe el nombre la autoatención y en qué se diferencia de los mecanismos de atención previamente desarrollados?

La autoatención permite que una red neuronal se refiera a otras porciones de la entrada mientras se enfoca en un segmento particular; esencialmente permite a cada parte «prestar atención» a toda la entrada. El mecanismo de atención original desarrollado para las redes neuronales recurrentes (RNN, sigla en inglés) se utiliza con dos secuencias diferentes: el codificador y las incrustaciones del decodificador. Dado que los mecanismos de atención utilizados en los modelos de lenguaje grande basados en transformadores están diseñados para trabajar con todos los elementos del mismo conjunto, se conoce como *autoatención*.

En este capítulo se analiza primero un mecanismo de atención anterior desarrollado para las RNN, el mecanismo de Bahdanau, con el fin de ilustrar la motivación detrás del desarrollo del mecanismo de atención. Luego comparamos el mecanismo de Bahdanau con el mecanismo de autoatención prevalente en las arquitecturas de transformadores hoy en día.

Atención en las RNN

Un ejemplo de un mecanismo de atención utilizado en las RNN para manejar secuencias largas es la *atención de Bahdanau* que fue desarrollada para hacer que los modelos de aprendizaje automático, particularmente los utilizados en la traducción de idiomas, resulten mejores para entender oraciones largas. Antes de este tipo de atención, toda la entrada (como una oración en castellano) se comprimía en un solo trozo de información y podían perderse detalles importantes, sobre todo si la oración era larga.

Para entender la diferencia entre la atención regular y la autoatención, comencemos con la ilustración del mecanismo de atención de Bahdanau en la figura 16-1.

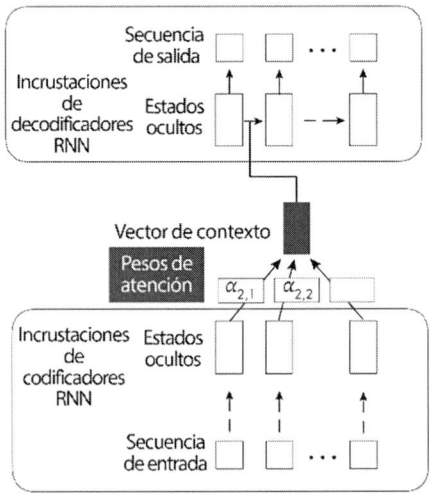

Figura 16-1: *El mecanismo de Bahdanau utiliza una RNN separada para calcular los pesos de atención.*

En la figura 16-1, los *valores* α representan los pesos de atención para el segundo elemento de secuencia y entre sí en la secuencia de 1 a *T*. Además, este mecanismo de atención original implica dos RNN.

La RNN en la parte inferior, calculando los pesos de atención, representa el codificador, mientras que la RNN en la parte superior, produciendo la secuencia de salida, es un decodificador.

En resumen, el mecanismo de atención original desarrollado para las RNN se utiliza con dos secuencias diferentes: las incrustaciones del codificador y del decodificador. Para cada elemento de secuencia de salida generado, el decodificador RNN en la parte superior se basa en un estado oculto más un vector de contexto generado por el codificador. Este vector contextual involucra *todos* los elementos de la secuencia de entrada y es una suma ponderada de todos los elementos de entrada donde las puntuaciones de atención (α's) representan los coeficientes de ponderación. Esto permite que el decodificador acceda a todos los elementos de secuencia de entrada (el contexto) en cada paso. La idea clave es que los pesos de atención (y el contexto) pueden diferir y cambiar dinámicamente en cada paso.

La motivación tras de este complicado diseño de codificador-decodificador es que no podemos traducir oraciones palabra por palabra. Esto resultaría en resultados gramaticalmente incorrectos, como se ilustra con la arquitectura RNN (A) de la figura 16-2.

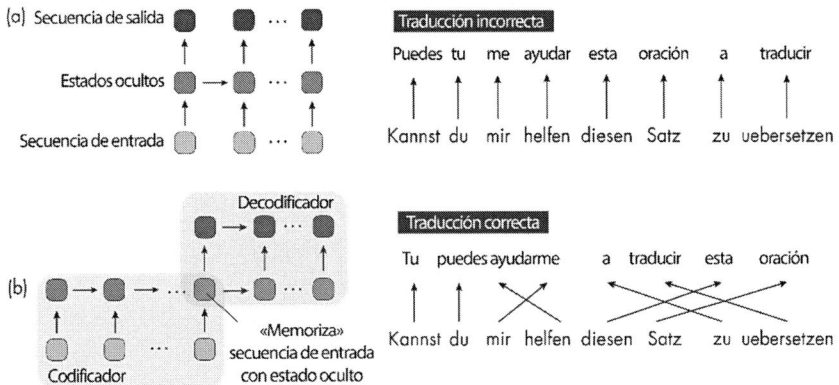

Figura 16-2: *Dos diseños de arquitectura RNN para traducir texto.*

En la figura 16-2 se muestran dos diseños RNN de secuencia a secuencia para la traducción de oraciones. En la figura 16-2(a) se representa una RNN regular de secuencia a secuencia que puede utilizarse para traducir una oración de alemán a castellano palabra por palabra. En la figura 16-2(b) se representa una RNN codificadora-decodificadora que lee primero toda la oración antes de traducirla.

La arquitectura RNN (a) es la más adecuada para tareas de series de tiempo en las que queremos hacer una predicción a la vez, como predecir un precio de acción determinado día a día. Para tareas como la traducción de idiomas, normalmente optamos por una RNN codificadora decodificadora, como en la arquitectura (b) en la figura 16-2. Aquí, la RNN codifica la oración de entrada, la almacena en una representación oculta intermedia y genera la oración de salida. Sin embargo, esto crea un cuello de botella donde la RNN tiene que memorizar toda la oración de entrada con un solo estado oculto, que no funciona bien para secuencias más largas.

El cuello de botella representado en la arquitectura (b) provocó el diseño original del mecanismo de atención de Bahdanau, permitiendo que el decodificador acceda a todos los elementos en la oración de entrada en cada momento. Las puntuaciones de atención también dan pesos diferentes a cada elemento de entrada dependiendo de la palabra actual que el decodificador genera. Por ejemplo, al generar la palabra *ayuda* en la secuencia de salida, la palabra *helfen* en la oración de entrada alemana puede tener un gran peso de atención, ya que es muy relevante en este contexto.

El mecanismo de autoatención

El mecanismo de atención de Bahdanau se basa en un diseño de codificador- decodificador algo complicado para modelar dependencias a largo plazo en tareas de modelado de secuencias lingüísticas. Aproximadamente tres años después del mecanismo de Bahdanau, los investigadores trabajaron en la simplificación de las arquitecturas de modelado de secuencia a secuencia preguntándose si la columna vertebral de la RNN era siquiera necesaria para lograr un buen rendimiento en la traducción de idiomas. Esto condujo al diseño de la arquitectura original del transformador y el mecanismo de autoatención.

En la autoatención, el mecanismo de atención se utiliza con todos los elementos en la misma secuencia (en lugar de involucrar dos secuencias), como se muestra en el mecanismo de atención simplificado en la figura 16-3. Similar al mecanismo de atención para las RNN, el vector contextual es una suma ponderada de la atención sobre los elementos de secuencia de entrada.

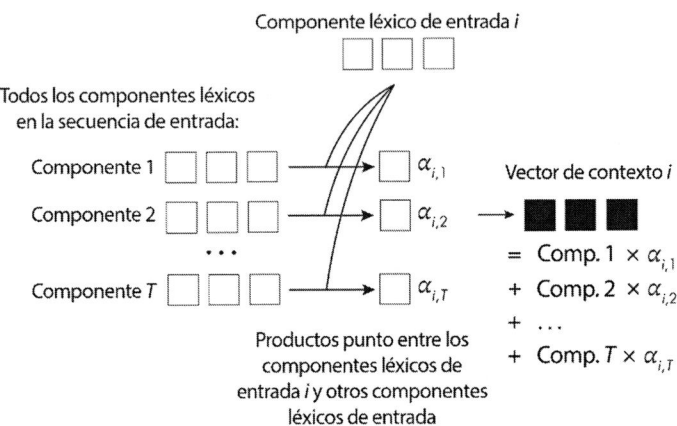

Figura 16-3: *Un mecanismo simple de autoatención sin matrices de peso.*

Mientras que en la figura 16-3 no están las matrices de peso, el mecanismo de autoatención utilizado en los transformadores generalmente involucra muchas matrices de peso para calcular los pesos de atención.

En este capítulo sentamos las bases para entender el funcionamiento interno de los modelos de transformadores y el mecanismo de atención. En el siguiente capítulo se cubren los tipos diferentes de arquitectura de transformadores con más detalle.

Ejercicios

16-1. Teniendo en cuenta que en la autoatención se compara cada elemento de secuencia consigo mismo, ¿cuál es la complejidad del tiempo y la memoria de la autoatención?

16-2. Discutimos la autoatención en el contexto del procesamiento del lenguaje natural. ¿Podría este mecanismo ser útil también para usos de visión informática?

Referencias

- El documento en que se presenta el mecanismo original de autoatención, también conocido como *atención de producto punto escalado*: Ashish Vaswani *et al.*, «Attention Is All You Need» (2017), *https://arxiv.org/abs/1706.03762*.

- El mecanismo de atención de Bahdanau para las RNN: Dzmitry Bahdanau, Kyunghyun Cho y Yoshua Bengio, «Neural Machine Translation By Jointly Learning to Align and Translate» (2014), *https://arxiv.org/abs/1409,0473*.

- Para más información sobre el mecanismo de autoatención parametrizado, eche un vistazo a mi entrada de blog: «Understanding and Coding the Self-Attention Mechanism of Large Language Models from Scratch» en *https:// sebastianraschka.com/blog/2023/self-attention-from-scratch.html*.

17

TRANSFORMADORES TIPO CODIFICADOR Y DECODIFICADOR

 ¿Cuáles son las diferencias entre los transformadores de lenguaje basados en codificadores y decodificadores?

Tanto las arquitecturas codificadoras como las decodificadoras utilizan las mismas capas de autoatención para codificar componentes

léxicos de palabras. La principal diferencia es que los codificadores están diseñados para aprender incrustaciones que se pueden utilizar para varias tareas de modelado predictivo, como la clasificación. Por el contrario, los decodificadores están diseñados para generar textos nuevos; por ejemplo, para responder a las consultas de los usuarios.

En este capítulo comenzamos describiendo el transformador original, que consiste en un codificador que procesa el texto de entrada y un decodificador que produce traducciones. En las secciones siguientes se describe cómo modelos como BERT y RoBERTa utilizan solo el codificador para entender el contexto y cómo las arquitecturas GPT enfatizan los mecanismos de decodificador solo para la generación de texto.

El transformador original

El transformador original presentado en el capítulo 16 fue desarrollado para la traducción de inglés a francés y de inglés al alemán. Utilizó un codificador y un decodificador, como se ilustra en la figura 17-1.

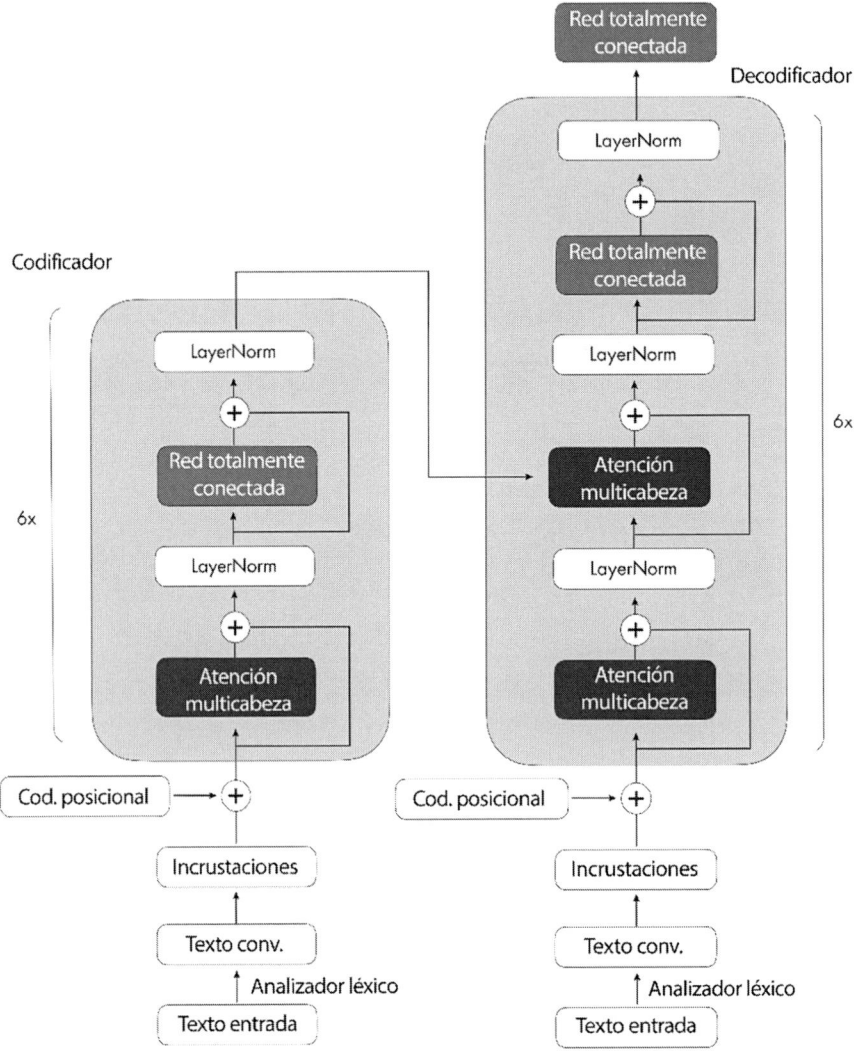

Figura 17-1: *El transformador original.*

En la figura 17-1, el texto de entrada (es decir, las oraciones del texto a traducir) se convierte primero a componentes léxicos de palabras individuales, que luego se codifican a través de una capa de incrustación antes de que entren en la parte del codificador (véase el capítulo 1 para más información sobre las incrustaciones). Después de agregar un vector de codificación posicional a cada palabra incrustada, las incrustaciones pasan por una capa de autoatención de muchas cabezas. A esta capa le sigue un paso de adición, indicado por un signo más (+) en la figura 17-1, que realiza una normalización de capa y agrega las incrustaciones originales con una conexión de salto, también conocida como *conexión residual* o *de atajo*. A continuación, se presenta un bloque *LayerNorm*, abreviatura (en inglés) de *normalización de la capa*, que normaliza las activaciones de la capa anterior para mejorar la estabilidad de la formación de la red neuronal. La adición de las incrustaciones originales y los pasos de normalización de la capa a menudo se resumen como el paso de adición y normalización (*Add & Norm step*, en inglés). Finalmente, después de entrar en la red totalmente conectada (un perceptrón multicapa pequeño que consiste en dos capas totalmente conectadas con una función de activación no lineal en el medio), las salidas se agregan y normalizan de nuevo antes de que pasen a una capa de autoatención de muchas cabezas del decodificador.

El decodificador en la figura 17-1 tiene una estructura general similar al codificador. La diferencia clave es que las entradas y salidas son diferentes: el codificador recibe el texto de entrada a traducir, mientras que el decodificador genera el texto traducido.

Codificadores

El codificador en el transformador original, como se ilustra en la figura 17-1, es responsable de entender y extraer la información relevante del texto de entrada. Luego produce una representación continua (incrustación) del texto de entrada, que se pasa al decodificador. Finalmente, el decodificador genera el texto traducido (idioma meta) basado en la representación continua recibida del codificador.

A lo largo de los años, se han desarrollado varias arquitecturas de solo codificador basadas en el módulo codificador del modelo de transformador original. Un ejemplo notable es BERT, acrónimo, en inglés, de representaciones bidireccionales de codificadores de transformadores.

Como se señala en el capítulo 14, BERT es una arquitectura de solo codificador basada en el módulo codificador del transformador. El modelo BERT se preformó con un corpus de texto grande usando modelado de lenguaje enmascarado y tareas de predicción de la oración siguiente.

En la figura 17-2 se ilustra el objetivo de formación previa de modelado del lenguaje enmascarado utilizado en transformadores de tipo BERT.

Oración de entrada: *El gatito curioso trepó la estantería hábilmente*

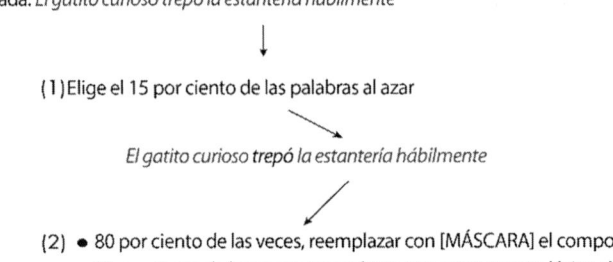

(1) Elige el 15 por ciento de las palabras al azar

*El gatito curioso **trepó** la estantería hábilmente*

(2) ● 80 por ciento de las veces, reemplazar con [MÁSCARA] el componente léxico
   ● 10 por ciento de las veces, reemplazar con componente léxico aleatorio (ej., *comió*)
   ● 10 por ciento de las veces, manténgase sin cambios

Oración modificada: *El gatito curioso [MÁSCARA] la estantería hábilmente*

Figura 17-2: *BERT enmascara aleatoriamente el 15 por ciento de los componentes léxicos de entrada durante la preformación.*

Como se muestra en la figura 17-2, la idea principal detrás del modelado de lenguaje enmascarado es enmascarar (o reemplazar) componentes léxicos de palabras aleatorias en la secuencia de entrada y luego formar al modelo para predecir los componentes léxicos enmascarados originales basados en el contexto circundante.

Además de la tarea de formación previa de modelado del lenguaje enmascarado ilustrada en la figura 17-2, la tarea de predicción de la oración siguiente pide al modelo que prediga si el orden de oración del documento original de dos oraciones aleatorias es correcto. Por ejemplo, digamos que dos oraciones, en orden aleatorio, están separadas por el componente léxico [SEP] (*SEP* es la abreviatura de *separado*). Los corchetes son parte de la notación del componente léxico y se utilizan para dejar claro que se trata de un componente léxico especial en lugar de una palabra regular en el texto. Los transformadores de estilo BERT también usan un componente léxico [CLS], sigla en inglés. El [CLS] sirve como un componente léxico marcador de posición para el modelo y le pide que devuelva una *etiqueta verdadera* o *falsa* que indique si las oraciones están en el orden correcto:

- «[CLS] Las tostadas son un alimento sencillo pero delicioso. [SEP] A menudo se sirven con mantequilla, mermelada o miel».

- «[CLS] A menudo se sirven con mantequilla, mermelada o miel. [SEP] Las tostadas son un alimento sencillo pero delicioso».

El lenguaje enmascarado y los objetivos de formación previa de la oración siguiente le permiten a BERT aprender representaciones contextuales ricas de los textos de entrada, que luego pueden afinarse para tareas posteriores como el análisis de las reacciones, la respuesta a preguntas y el reconocimiento de entidades con nombre. Vale la pena señalar que esta formación previa es un modo de aprendizaje autosupervisado (ver capítulo 2 para más detalles sobre este tipo de aprendizaje).

RoBERTa, que significa método BERT robustamente optimizado, es una versión mejorada de BERT. Mantiene la misma arquitectura general que BERT, pero emplea varias mejoras de formación y optimización, como tamaños de lote más grandes, más datos de formación y eliminación de la tarea de predicción de la oración siguiente. Estos cambios han dado como resultado que RoBERTa logre un mejor rendimiento en varias tareas de comprensión del lenguaje natural que BERT.

Decodificadores

Volviendo a la arquitectura original del transformador descrita en la figura 17-1, el mecanismo de autoatención multicabeza en el decodificador es similar al del codificador, pero está enmascarado para evitar que el modelo atienda a posiciones futuras, asegurando que las predicciones para la posición *i* dependan solo de las salidas conocidas en posiciones inferiores a *i*. Como se ilustra en la figura 17-3, el decodificador genera la salida palabra por palabra.

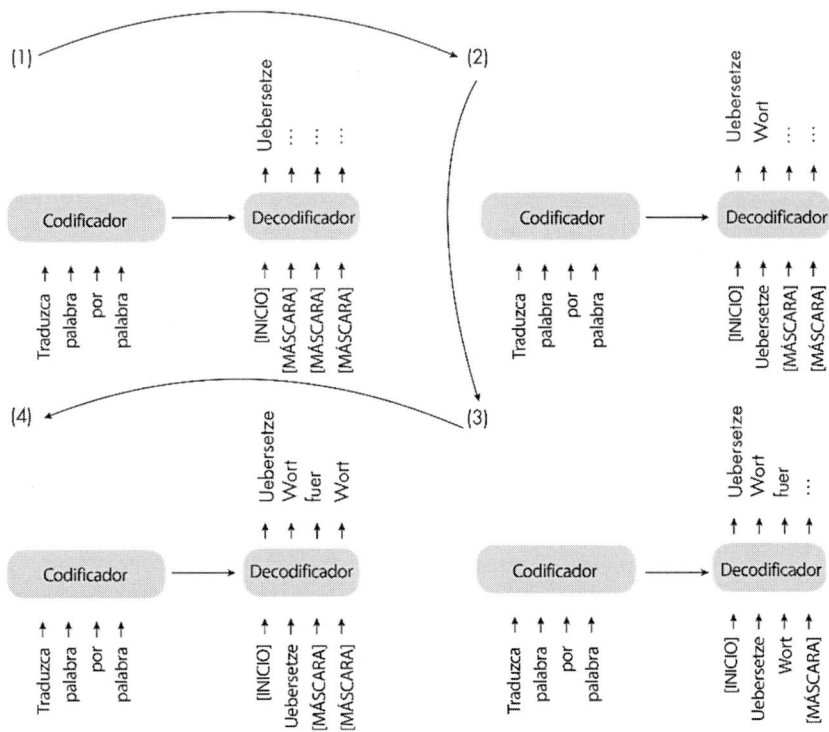

Figura 17-3: *La tarea de predicción de la oración siguiente utilizada en el transformador original.*

Este enmascaramiento (que se muestra explícitamente en la figura 17-3, aunque ocurre internamente en el mecanismo de autoatención multicabeza del decodificador) es esencial para mantener la propiedad autorregresiva del modelo del transformador durante la formación y la inferencia. Esta propiedad autorregresiva garantiza que el modelo genere un componente léxico de salida a la vez y utiliza componentes léxicos generados previamente como contexto para generar el de la palabra siguiente.

A lo largo de los años, los investigadores se han basado en la arquitectura original del transformador codificador-decodificador y han desarrollado varios modelos exclusivamente decodificadores que han resultado muy eficaces en tareas diversas de procesamiento del lenguaje natural. Los modelos más notables incluyen la familia GPT, que discutimos brevemente en el capítulo 14 y en varios otros a lo largo del libro.

GPT significa *transformador preformado generativo*. La serie GPT incluye modelos de solo decodificador formados con datos de texto no supervisados a gran escala y afinados para tareas específicas como la clasificación de texto, el análisis de reacción, la respuesta a preguntas y el resumen. Los modelos GPT, en el momento de escribir estas líneas, como GPT-2, GPT-3, y GPT-4, han mostrado un rendimiento notable en varios puntos de referencia y son actualmente la arquitectura más popular para el procesamiento del lenguaje natural.

Uno de los aspectos más notables de los modelos GPT son las propiedades emergentes. Las propiedades emergentes son las destrezas y habilidades que un modelo desarrolla gracias a la formación previa para la predicción de la palabra siguiente. Aunque a estos modelos solo se les enseñó a predecir la palabra siguiente, los modelos preformados pueden resumir textos, traducirlos, responder a preguntas, clasificar y mucho más. Además, estos modelos pueden realizar tareas nuevas sin actualizar los parámetros del modelo con el aprendizaje en contexto, que discutiremos con más detalle en el capítulo 18.

Híbridos codificadores-decodificadores

Junto a las arquitecturas tradicionales de codificadores y decodificadores, se han producido avances en el desarrollo de modelos de codificadores-decodificadores nuevos que aprovechan las fortalezas de ambos componentes. Estos modelos a menudo incorporan técnicas novedosas, objetivos de formación previa o modificaciones arquitectónicas para mejorar el rendimiento en tareas diversas de procesamiento del lenguaje natural. Algunos ejemplos notables de estos modelos de codificador-decodificador nuevos son BART y T5.

Los modelos de codificador-decodificador se utilizan típicamente para tareas de procesamiento del lenguaje natural que implican entender secuencias de entrada y generar secuencias de salida, a menudo con longitudes y estructuras diferentes. Son particularmente buenos en tareas donde hay una asignación compleja entre las secuencias de entrada y salida y donde es crucial capturar las relaciones entre los elementos en ambas secuencias. Algunos casos de uso comunes para los modelos de codificador- decodificador son la traducción de texto y el resumen.

Terminología

Todos estos métodos (solo codificador, solo decodificador y codificador-decodificador) son modelos de secuencia a secuencia (a menudo abreviados como *seq2seq*). Si bien nos referimos a los métodos de estilo BERT como «solo codificador», la descripción puede ser engañosa, ya que estos métodos también *decodifican* las incrustaciones en componentes léxicos de salida o texto durante la formación previa. En otras palabras, tanto las arquitecturas de solo codificador como las de solo decodificador realizan la decodificación.

Sin embargo, las arquitecturas de solo codificador, a diferencia de las de solo decodificador y codificador-decodificador, no decodifican de una manera autorregresiva. *La decodificación autorregresiva* se refiere a la generación de secuencias de salida de un componente léxico a la vez, condicionando cada uno a los generados previamente. Los modelos de solo codificador no generan secuencias de salida coherentes de esta manera. En su lugar, se centran en comprender el texto de entrada y producir salidas específicas de la tarea, como etiquetas o predicciones de componentes léxicos.

Modelos de transformadores contemporáneos

En resumen, los modelos codificadores son populares para el aprendizaje de incrustaciones utilizadas en tareas de clasificación, los codificadores decodificadores se utilizan en tareas generativas donde la salida depende en gran medida de la entrada (por ejemplo, traducción y resumen) y los de solo decodificador se utilizan para otras tareas generativas, incluso preguntas y respuestas. Desde que surgió la primera arquitectura de transformador, se han desarrollado cientos de híbridos de solo codificador, solo decodificador y codificador-decodificador, como se detalla en la figura 17-4.

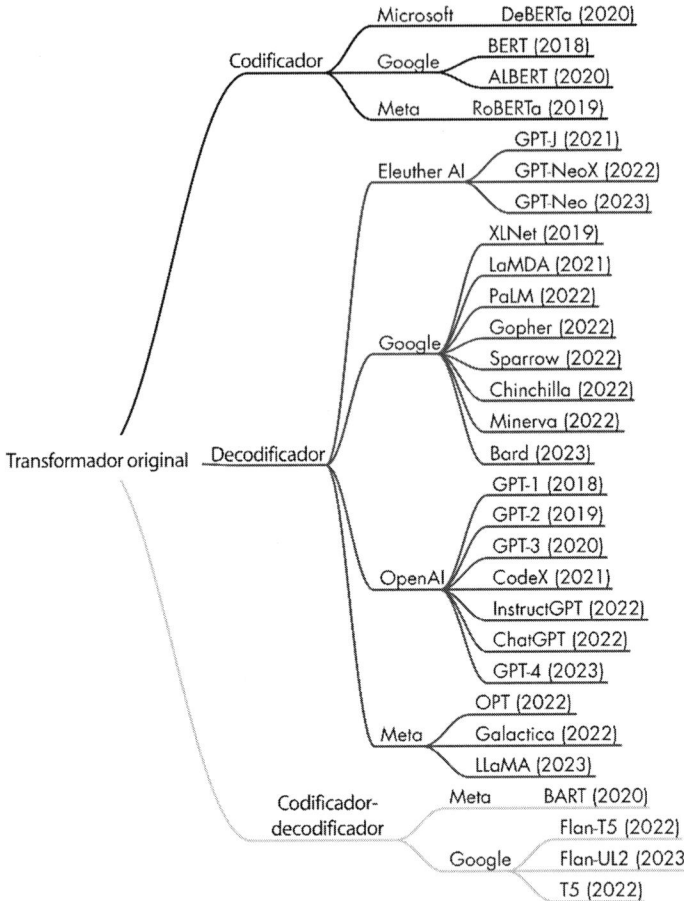

Figura 17-4: *Algunos de los transformadores de lenguaje grandes más populares organizados por tipo de arquitectura y desarrollador.*

Mientras que los modelos de solo codificador se han hecho poco a poco menos populares, los de solo decodificador como GPT han explotado en popularidad, gracias a los avances en la generación de texto a través de GPT-3, ChatGPT y GPT-4. Sin embargo, los modelos de solo codificador siguen siendo muy útiles para formar modelos predictivos basados en incrustaciones de texto en lugar de generar textos.

Ejercicios

17-1. Como se discute en este capítulo, los modelos de codificadores de tipo BERT se forman previamente utilizando modelos de lenguaje enmascarado y objetivos de formación previa de predicción de la oración siguiente. ¿Cómo podríamos adoptar este modelo preformado para una tarea de clasificación (por ejemplo, predecir si un texto tiene una reacción positiva o negativa)?

17-2. ¿Podemos afinar un modelo de solo decodificador como GPT para la clasificación?

Referencias

- El mecanismo de atención de Bahdanau para las RNN: Dzmitry Bahdanau, Kyunghyun Cho y Yoshua Bengio, «Neural Machine Translation By Jointly Learning to Align and Translate» (2014), *https://arxiv.org/ abs/1409,0473*.

- El artículo original de BERT, que popularizó los transformadores codificadores con una palabra enmascarada y un objetivo de formación previa de predicción de la oración siguiente: Jacob Devlin *et al.*, «BERT: Pre-training of Deep Bidirectional Transformers for Language Understanding» (2018), *https://arxiv.org/abs/1810.04805*.

- RoBERTa mejora el BERT optimizando los procedimientos de formación, utilizando conjuntos de datos de formación más grandes y eliminando la tarea de predicción de la oración siguiente: Yinhan Liu *et al.*, «RoBERTa: A Robustly Optimized BERT Pretraining Approach» (2019), *https://arxiv.org/abs/1907.11692*.

- La arquitectura del codificador-decodificador de BART: Mike Lewis *et al.*, «BART: Denoising Sequence-to-Sequence Pre-training for Natural Language Generation, Translation, and Comprehension» (2018), *https://arxiv.org/abs/1910,13461*.

- La arquitectura del codificador-decodificador T5: Colin Raffel *et al.*, «Exploring the Limits of Transfer Learning with a Unified Text-to-Text Transformer» (2019), *https://arxiv.org/abs/1910.10683*

- El documento en que se propone la primera arquitectura GPT: Alec Radford *et al.*, «Improving Language Understanding by Generative Pre-Training» (2018), *https://cdn.openai.com/research-covers/language-unsupervised/ language_understanding_paper.pdf*.

- El modelo GPT-2: Alec Radford *et al.*, «Language Models Are Unsupervised Multitask Learners» (2019), *https://www.semanticscholar.org/ paper/Language-Models-Are-Unsupervised-Multitask-Learners-Radford-Wu/ 9405cc0d6169988371b2755e573cc28650d14dfe*.

- El modelo GPT-3: Tom B. Brown *et al.*, «Language Models Are Few-Shot Learners» (2020), *https://arxiv.org/abs/2005.14165*.

18

USO Y AFINACIÓN DE TRANSFORMADORES CON FORMACIÓN PREVIA

 ¿Cuáles son las distintas formas de utilizar y afinar los modelos de lenguaje grandes con formación previa?

Las tres formas más comunes de usar y ajustar los LLM preformados incluyen un método basado en atributos, una indicación en contexto y la actualización de un subconjunto de los parámetros del modelo. En primer lugar, la mayoría de los transformadores de idiomas o LLM preformados se pueden utilizar sin necesidad de más afinación. Por ejemplo, podemos emplear un método basado en atributos para formar a un modelo descendente nuevo, como un clasificador lineal, utilizando incrustaciones generadas por un transformador preformado. Luego, podemos mostrar ejemplos de una tarea nueva en la propia entrada, es decir, podemos mostrar directamente los resultados esperados sin necesidad de actualizaciones o aprendizaje del modelo. Este concepto también se conoce como *indicación.* Por último, también es posible ajustar todos o solo unos pocos parámetros para lograr los resultados deseados.

En las secciones siguientes se discuten estos métodos con mayor profundidad.

Uso de transformadores para tareas de clasificación

Comencemos con los métodos convencionales para utilizar transformadores preformados: formar a otro modelo con incrustaciones de atributos, afinar capas de salida y afinar todas las capas. Los discutiremos en el contexto de la clasificación.

En el método basado en atributos, cargamos el modelo preformado y lo mantenemos «fijo», lo que significa que no actualizamos parámetro alguno del modelo formado previamente. En su lugar, tratamos el modelo como un extractor de atributos que usamos con el conjunto de datos nuevo. Luego formamos un modelo descendente con estas incrustaciones. Este modelo posterior puede ser cualquier modelo que nos guste (bosques aleatorios, XGBoost, etc.), pero los clasificadores lineales normalmente funcionan mejor. Esto es probable porque los transformadores preformados como BERT y GPT ya extraen atributos informativos de calidad alta de los datos de entrada.

Estas incrustaciones de atributos a menudo capturan relaciones y patrones complejos, lo que facilita que un clasificador lineal separe eficazmente los datos en clases diferentes. Además, los clasificadores lineales, como las máquinas de regresión logística y las de vectores de soporte, tienden a tener propiedades sólidas de regularización. Estas propiedades de regularización ayudan a evitar el sobreajuste cuando se trabaja con espacios de atributos de dimensión alta generados por transformadores con formación previa. Este método basado en atributos es el más eficiente, ya que no requiere actualizar el modelo del transformador en absoluto. Finalmente, las incrustaciones se pueden precalcular para un conjunto de datos de formación dado (ya que no cambian) al formar un clasificador para varios periodos de formación.

En la figura 18-1 se ilustra cómo se crean y adoptan los LLM, típicamente para las tareas posteriores, usando el ajuste fino. Aquí, un modelo formado previamente con un corpus de texto general ha sido afinado para realizar tareas como la traducción del alemán al castellano.

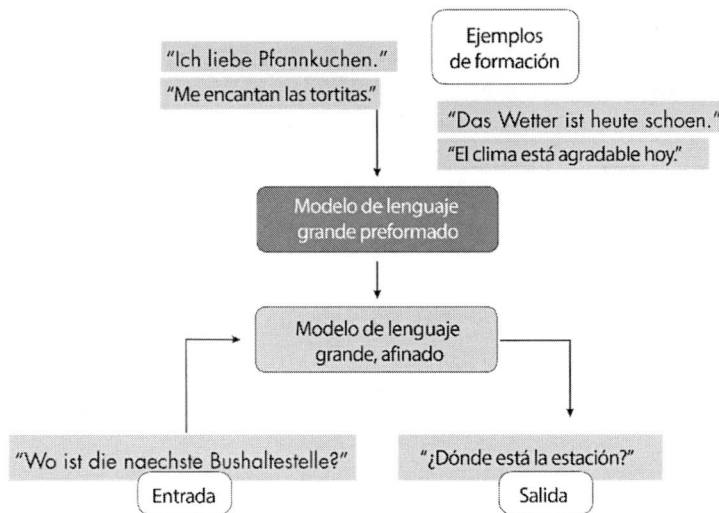

Figura 18-1: *El flujo de trabajo de ajuste general de los modelos de lenguaje grandes.*

Algunos métodos convencionales para afinar los LLM preformados son actualizar solo las capas de salida, un método al que nos referiremos como *ajuste fino I* y actualizar todas las capas, que llamaremos *ajuste fino II*.

El ajuste fino I es similar al método basado en atributos descrito anteriormente, pero agrega una o más capas de salida al propio LLM. La columna vertebral del LLM permanece fija y solo actualizamos los parámetros del modelo en estas capas nuevas. Como no necesitamos propagar hacia atrás por toda la red, este método es relativamente eficiente en cuanto a rendimiento y requisitos de memoria.

En el ajuste fino II, cargamos el modelo y añadimos una o más capas de salida, de manera similar al ajuste fino I. Sin embargo, en lugar de retropropagación solo a través de las últimas capas, actualizamos *todas las* capas a través de la retropropagación, lo que hace que este sea el método más costoso. Si bien es más costoso en procesamiento que el método basado en atributos y el ajuste fino I, por lo general conduce a un modelado o rendimiento predictivo mejor. Esto es especialmente cierto para conjuntos de datos específicos de dominios más especializados.

En la figura 18-2 se resumen los tres métodos descritos en esta sección hasta el momento.

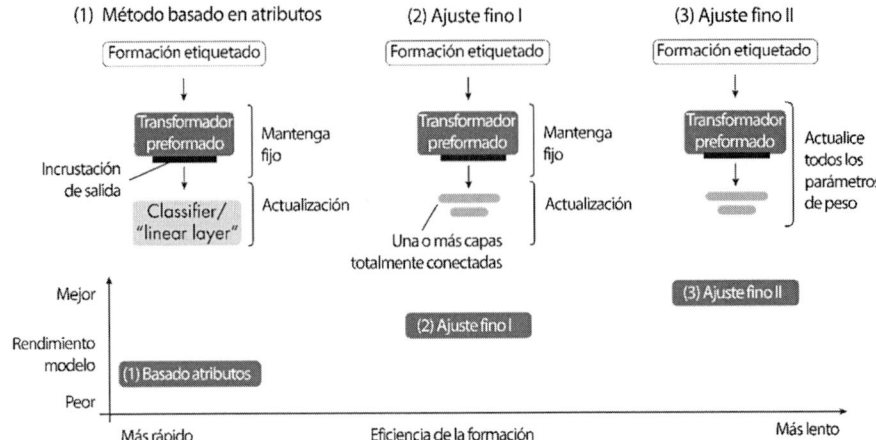

Figura 18-2: *Los tres métodos convencionales para utilizar LLM preformados.*

Además del resumen conceptual de los tres métodos de ajuste fino descritos en esta sección, con la figura 18-2 también se proporciona una guía de regla general para estos métodos con respecto a la eficiencia de la formación. Dado que el ajuste fino II implica actualizar más capas y parámetros que el ajuste fino I, la retropropagación es más costosa para el ajuste fino II. Por razones similares, el ajuste fino II es más costoso que un método más simple basado en atributos.

Aprendizaje en contexto, indexación y afinación de indicaciones

Los LLM como GPT-2 y GPT-3 popularizaron el concepto de *aprendizaje en contexto*, a menudo llamado *aprendizaje con cero golpes* o *con pocos golpes* en este contexto, que se ilustra en la figura 18-3.

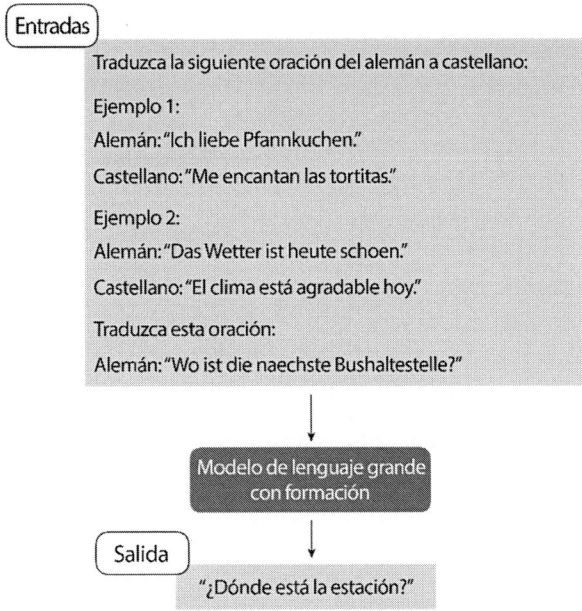

Figura 18-3: *Cómo preparar un LLM para el aprendizaje en contexto.*

Como se muestra en la figura 18-3, el aprendizaje en contexto tiene como objetivo proporcionar contexto o ejemplos de la tarea dentro de la entrada o indicación, permitiendo al modelo inferir el comportamiento deseado y generar respuestas apropiadas. En este método se aprovecha la capacidad del modelo para aprender de grandes cantidades de datos durante la preformación, que incluye tareas y contextos diversos.

NOTA *La definición del aprendizaje con pocos golpes, considerado sinónimo de los métodos basados en el aprendizaje en contexto, difiere del enfoque convencional del aprendizaje con pocos golpes discutido en el capítulo 3.*

Por ejemplo, supongamos que queremos utilizar el aprendizaje en contexto para la traducción de alemán a castellano con pocos golpes, utilizando un modelo de lenguaje preformado a gran escala como GPT-3. Para ello, proporcionamos algunos ejemplos de traducciones de alemán a castellano para ayudar al modelo a comprender la tarea deseada, del modo siguiente:

Traduzca las siguientes oraciones de alemán a castellano:

Ejemplo 1:
Alemán: "Ich liebe Pfannkuchen."
Castellano: "Me encantan las tortitas."

Ejemplo 2:
Alemán: "Das Wetter ist heute schoen."
Castellano: "El clima está agradable hoy."

Traduzca esta oración:
Alemán: "¿Wo ist die naechste Bushaltestelle?"

En general, el aprendizaje en contexto no funciona tan bien como el ajuste de ciertas tareas o conjuntos de datos específicos, ya que se basa en la capacidad del modelo preformado para generalizar a partir de los datos de formación sin necesidad de adaptar más los parámetros para la tarea particular en cuestión.

Sin embargo, el aprendizaje en contexto tiene sus ventajas. Puede ser particularmente útil cuando los datos etiquetados para el ajuste fino son limitados o no están disponibles. También permite la experimentación rápida con tareas diferentes sin ajustar los parámetros del modelo en los casos en los que no tenemos acceso directo a este o en los que interactuamos con él solo a través de una interfaz de usuario o API (como ChatGPT).

El concepto de *afinación de indicaciones duro* está relacionado con el aprendizaje en contexto, donde *duro* se refiere a la naturaleza no diferenciable de los componentes léxicos de entrada. Mientras que los métodos de afinación descritos anteriormente actualizan los parámetros del modelo para mejorar el rendimiento de la tarea en cuestión, la afinación dura de las indicaciones tiene como objetivo optimizar la indicación en sí para lograr un mejor rendimiento. La afinación de indicaciones no modifica los parámetros del modelo, pero puede implicar el uso de un conjunto de datos más pequeño etiquetados para identificar la mejor formulación de indicaciones para la tarea específica. Por ejemplo, para mejorar las indicaciones para la tarea anterior de traducción de alemán a castellano, podemos probar las siguientes tres variaciones de indicaciones:

- "Traducir la oración en alemán '{oracion_alemana}' a castellano: {traduccion_castellano}"

- "Alemán: '{oracion_alemana}' | castellano: {traduccion_castellano}"

- "De alemán a castellano: '{oracion_alemana}' -> {traduccion_castellano}"

Una alternativa a la afinación de los parámetros, eficiente en el uso de recursos, es la afinación de indicaciones. Sin embargo, su rendimiento no suele ser tan bueno como el ajuste completo del modelo, ya que no actualiza los parámetros del modelo para una tarea específica, lo que limita potencialmente su capacidad para adaptarse a matices específicos de la tarea. Además, el ajuste de las indicaciones puede ser intensivo en mano de obra, ya que requiere la participación humana comparando la calidad de las distintas indicaciones u otro método similar. Esto se conoce a menudo como indicación *dura*, ya que, de nuevo, los componentes léxicos de entrada no son diferenciables. Además, existen otros métodos que proponen utilizar otro LLM para la generación de indicaciones y evaluación automática.

Otra forma de aprovechar un método basado exclusivamente en el aprendizaje en contexto es la *indexación*, ilustrada en la figura 18-4.

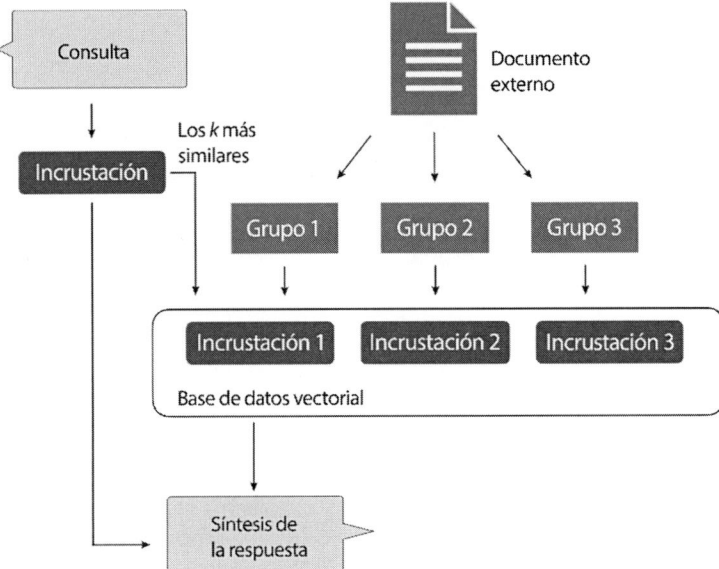

Figura 18-4: *Indexación de los LLM para extraer información de documentos externos.*

En el contexto de los LLM, podemos pensar en la indexación como una solución basada en el aprendizaje en contexto que nos permite convertir los LLM en sistemas de extracción de información, que se extrae de recursos externos y sitios web. En la figura 18-4, se analiza, con un módulo de indexación, un documento o sitio web como fragmentos más pequeños, incrustados en vectores que pueden almacenarse en una base de datos vectorial. Cuando un usuario envía una consulta, el módulo de indexación calcula la similitud vectorial entre la consulta incrustada y cada vector almacenado en la base de datos. Por último, el módulo de indexación recupera las k primeras incrustaciones más similares para sintetizar la respuesta.

Ajuste fino con parámetros eficientes

En los últimos años, se han desarrollado muchos métodos para adaptar los transformadores preformados de manera más eficiente a los objetivos de las tareas nuevas. Estos métodos son comúnmente referidos como de *ajuste fino con parámetros eficientes*, siendo los más populares, al momento de escribir, los que resumimos en la figura 18-5.

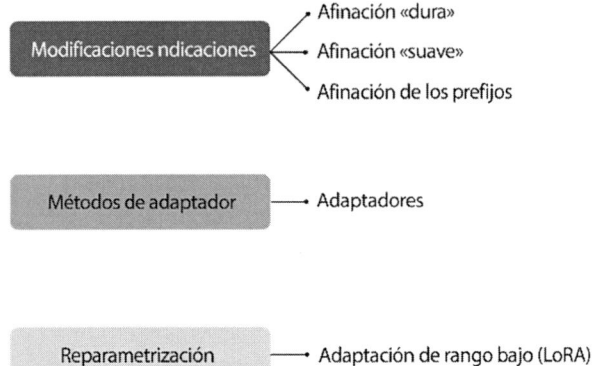

Figura 18-5: *Las categorías principales de técnicas de ajuste fino con parámetros eficientes, con ejemplos populares.*

En contraste con el método de indicación dura, discutido en la sección anterior, *las estrategias de indicación suave* optimizan las versiones incrustadas de las indicaciones. Mientras que en la afinación de indicaciones dura modificamos los componentes léxicos de entrada discretos, en la suave utilizamos, en su lugar, tensores de parámetros susceptibles de formación.

La idea detrás de la afinación de indicaciones suave es anteponer un tensor de parámetros que se puede formar (la «indicación suave») a los componentes léxicos de consulta incrustados. A continuación, el tensor preañadido se ajusta para mejorar el rendimiento del modelado con un conjunto de datos de destino utilizando el descenso de gradiente. En un pseudocódigo similar al de Python, la afinación suave de las indicaciones puede describirse como

```
x = EmbeddingLayer(input_ids)
x = concatenate([soft_prompt_tensor, x], dim=seq_len)
output = model(x)
```

donde soft_prompt_tensor tiene la misma dimensión de atributo que las entradas incrustadas producidas por la capa de incrustación. En consecuencia, la matriz de entrada modificada tiene filas adicionales (como si extendiera la secuencia de entrada original con componentes léxicos adicionales, haciéndola más larga).

Otro método popular de afinación de indicaciones es la afinación de prefijos. La *afinación de prefijos* es similar a la de indicaciones suaves, salvo que, en la afinación de prefijos, anteponemos tensores aptos para la formación (indicaciones suaves) a cada bloque transformador en lugar de solo a las entradas incrustadas, lo que puede estabilizar la formación. La implementación de la afinación de prefijos se ilustra en el siguiente pseudocódigo:

```
def transformer_block_with_prefix(x):
❶ soft_prompt = FullyConnectedLayers(  # Prefix
       soft_prompt)                     # Prefix
❷ x = concatenate([soft_prompt, x],     # Prefix
                    dim=seq_len)         # Prefix
❸ residual = x
   x = SelfAttention(x)
   x = LayerNorm(x + residual) residual = x
   x = FullyConnectedLayers(x)
   x = LayerNorm(x + residual) return x
```

Listado 18-1: *Un bloque transformador modificado para la afinación de prefijos.*

Vamos a dividir el listado 18-1 en tres partes principales: implementación de la indicación suave, concatenación de la indicación suave (prefijo) con la entrada e implementación del resto del bloque transformador.

En primer lugar, el soft_prompt, un tensor, se procesa a través de un conjunto de capas totalmente conectadas ❶. En segundo lugar, la indicación suave transformada se concatena con la entrada principal, x ❷. La dimensión a lo largo de la cual se concatenan se denota por seq_len, refiriéndose a la dimensión de la longitud de la secuencia.

En tercer lugar, las siguientes líneas de código ❸ describen las operaciones estándar en un bloque transformador, incluidas la autoatención, la normalización de capas y las capas de redes neuronales prealimentadas, envueltas alrededor de conexiones residuales.

Como se muestra en el listado 18-1, la afinación de prefijos modifica un bloque transformador añadiendo una indicación suave apta para formación. En la figura 18-6 se ilustra aún más la diferencia entre un bloque transformador regular y uno de afinación de prefijos.

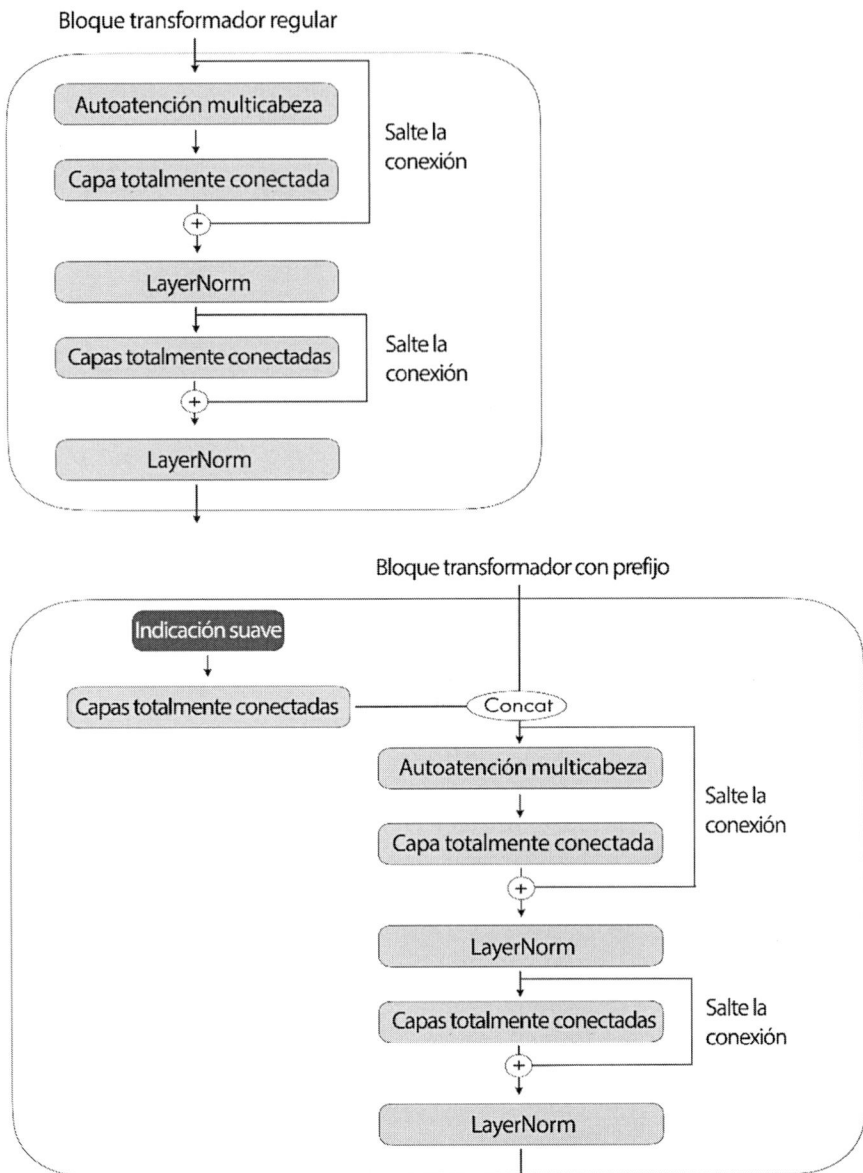

Figura 18-6: *Un transformador regular en comparación con la afinación de prefijos.*

Tanto la afinación suave como la de prefijos se consideran parámetros eficientes, ya que requieren formación de los tensores de parámetros preañadidos únicamente y no de los parámetros del LLM en sí.

Los métodos de adaptador están relacionados con la afinación de prefijos en el sentido de que añaden parámetros adicionales a las capas del transformador. En el método original del adaptador, se agregaron capas adicionales totalmente conectadas después de la autoatención multicabezal y las capas totalmente conectadas existentes en cada bloque transformador, como se ilustra en la figura 18-7.

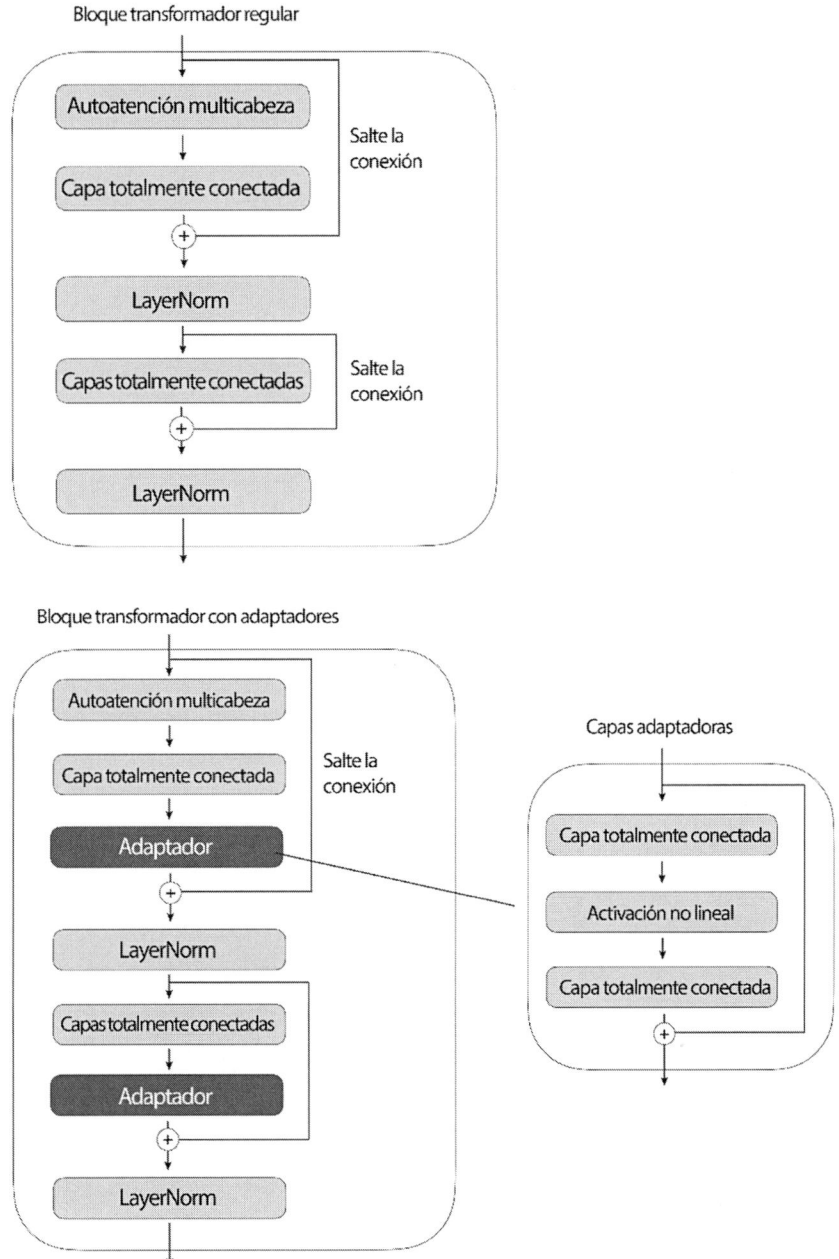

Figura 18-7: *Comparación de un bloque transformador regular (izquierda) y uno con capas adaptadoras.*

Solo las capas adaptadoras nuevas se actualizan al formar al LLM utilizando el método adaptador original, mientras que las capas restantes del transformador permanecen fijas. Dado que las capas adaptadoras suelen ser pequeñas (la primera capa completamente conectada en un bloque adaptador proyecta la entrada en una representación de dimensión baja, mientras que la segunda la proyecta de nuevo en la dimensión de entrada original), este método de adaptador suele ser eficiente en parámetros. En pseudocódigo, el método del adaptador original se puede escribir así:

```
def transformer_block_with_adapter(x):
    residual = x
    x = SelfAttention(x)
    x = FullyConnectedLayers(x) # Adapter
    x = LayerNorm(x + residual)
    residual = x
    x = FullyConnectedLayers(x)
    x = FullyConnectedLayers(x) # Adapter
    x = LayerNorm(x + residual)
    return x
```

Adaptación de rango bajo (LoRA) es otro método popular de ajuste de parámetros eficiente que vale la pena considerar, se refiere a la reparametrización de pesos de LLM preformados utilizando transformaciones de rango bajo. LoRA se relaciona con el concepto de *transformación de rango bajo*, una técnica para aproximar una matriz o conjunto de datos de dimensión alta utilizando una representación de dimensiones inferiores. La representación dimensional más baja (o *aproximación de rango bajo*) se logra encontrando una combinación de menos dimensiones que puedan capturar la mayor parte de la información de manera efectiva en los datos originales. Las técnicas populares de transformación de rango bajo incluyen el análisis de componentes principales y la descomposición de vectores singulares.

Por ejemplo, supongamos que ΔW representa la actualización de parámetros para una matriz de peso del LLM con dimensión $\mathbb{R}^{A \times B}$. Podemos descomponer la matriz de actualización de peso en dos matrices más pequeñas: $\Delta W = W_A W_B$, donde $W_A \in \mathbb{R}^{A \times h}$ y $W_A \in \mathbb{R}^{h \times B}$. Aquí, mantenemos el peso original fijo y formamos solo las matrices nuevas W_A y W_B.

¿Qué tan eficaz es el parámetro de este método si introducimos matrices de pesos nuevas? Estas matrices nuevas pueden ser muy pequeñas. Por ejemplo, si $A = 25$ y $B = 50$, entonces el tamaño de ΔW es 25 x 50 = 1250. Si $h = 5$, entonces W_A tiene 125 parámetros, W_B tiene 250 parámetros y las dos matrices combinadas tienen solo 125 + 250 = 375 parámetros en total.

Después de aprender la matriz de actualización de peso, podemos escribir la multiplicación de la matriz de una capa completamente conectada, como se muestra en este pseudocódigo:

```
def lora_forward_matmul(x):
    h = x . W # Regular matrix multiplication
    h += x . (W_A . W_B) * scalar
    return h
```

Listado 18-2: *Multiplicación matricial con LoRA.*

En el listado 18-2, escalar es un factor de escala que ajusta la magnitud del resultado combinado (salida del modelo original más adaptación de rango bajo). Esto equilibra el conocimiento del modelo preformado y la adaptación a la tarea específica nueva.

Según el documento original que presentó el método LoRA, los modelos que lo utilizan tienen un rendimiento ligeramente mejor que los que utilizan el método adaptador en varios puntos de referencia de tareas específicas. A menudo, LoRA se desempeña mejor incluso que los modelos afinados utilizando el método de ajuste fino II descrito anteriormente.

El aprendizaje por refuerzo con retroalimentación humana

En la sección anterior nos centramos en las formas de hacer que el ajuste sea más eficiente. Cambiando de tema, ¿cómo podemos mejorar el rendimiento de los LLM mediante el ajuste fino?

La forma convencional de adaptar o ajustar un LLM para un dominio o tarea de destino nuevos es utilizar un método supervisado con datos de destino etiquetados. Por ejemplo, el método de ajuste fino II nos permite adaptar un LLM preformado y afinarlo con una tarea objetivo como la clasificación de reacciones, utilizando un conjunto de datos que contiene textos con etiquetas de reacciones como *positiva*, *neutral* y *negativa*.

El ajuste fino supervisado es un paso fundamental en la formación de un LLM. Un paso adicional y más avanzado es el aprendizaje por refuerzo con retroalimentación humana *(RLHF,* sigla en inglés), que puede utilizarse para mejorar aún más la alineación del modelo con las preferencias humanas. Por ejemplo, ChatGPT y su predecesor, InstructGPT, son dos ejemplos populares de LLM preformados (GPT-3) y afinados usando RLHF.

En RLHF, un modelo preformado se ajusta utilizando una combinación de aprendizaje supervisado y de refuerzo. Este método fue popularizado por el modelo original ChatGPT, que a su vez se basó en InstructGPT. La retroalimentación humana se recopila haciendo que los seres humanos clasifiquen o califiquen resultados diferentes del modelo, proporcionando una señal de recompensa. Las etiquetas de recompensa obtenidas pueden utilizarse para formar un modelo de recompensa que sirva para guiar la adaptación de los LLM a las preferencias humanas. El modelo de recompensa se aprende con el aprendizaje supervisado, normalmente utilizando un LLM preformado como base y luego se utiliza para adaptar el LLM preformado a las preferencias humanas mediante ajustes adicionales. En la formación en esta etapa de ajuste adicional se utiliza un tipo de aprendizaje por refuerzo llamado *optimización proximal de políticas*.

El RLHF utiliza un modelo de recompensa en lugar de formar al modelo preformado con la retroalimentación humana directamente porque involucrar a los seres humanos en el proceso de aprendizaje crearía un cuello de botella, ya que no podemos obtener reacción al instante.

Adaptación de modelos de lenguaje preformados

Si bien el ajuste de todas las capas de un LLM preformado sigue siendo el estándar de oro para la adaptación a tareas objetivo nuevas, existen varias alternativas eficientes para aprovechar los transformadores preformados. Por ejemplo, podemos utilizar de manera efectiva los LLM con tareas nuevas, al tiempo que minimizamos los costes y recursos informáticos, mediante el uso de métodos basados en atributos, aprendizaje en contexto o técnicas de ajuste eficiente de parámetros.

Los tres métodos convencionales (método basado en atributos, ajuste fino I y ajuste fino II) proporcionan ventajas de eficiencia informática y rendimiento diferentes. Los métodos de ajuste fino con parámetros eficientes, como las indicaciones suaves, la afinación de prefijos y los métodos de adaptador, optimizan aún más el proceso de adaptación, reduciendo el número de parámetros a actualizar. Mientras tanto, RLHF presenta un método alternativo para el ajuste fino supervisado, mejorando potencialmente el rendimiento del modelado.

En resumen, la versatilidad y eficiencia de los LLM preformados continúan avanzando, ofreciendo oportunidades y estrategias nuevas para adaptarlos eficazmente a una gama amplia de tareas y dominios. A medida que avanza la investigación en esta área, podemos esperar más mejoras e innovaciones en el uso de modelos lingüísticos preformados.

Ejercicios

18-1. ¿Cuándo tiene más sentido utilizar el aprendizaje en contexto en lugar de afinar y viceversa?

18-2. En la afinación de prefijos, adaptadores y LoRA, ¿cómo podemos asegurar que el modelo preserve (y no olvide) el conocimiento original?

Referencias

- El documento en que se presenta el modelo GPT-2: Alec Radford *et al.*, «Language Models Are Unsupervised Multitask Learners» (2019), *https:// www.semanticscholar.org/paper/Language-Models-are-Unsupervised-Multitask-Learners-Radford-Wu/9405cc0d6169988371b2755e573 cc28650d14dfe.*

- El documento en que se presenta el modelo GPT-3: Tom B. Brown *et al.*, «Language Models Are Few-Shot Learners» (2020), *https://arxiv.org/abs/ 2005,14165.*

- El método automático de ingeniería de indicaciones, que propone el uso de otro LLM para la generación y evaluación automática de indicaciones: Yongchao Zhou *et al.*, «Large Language Models Are Human-Level Prompt Engineers»(2023), *https://arxiv.org/abs/2211.01910.*

- LlamaIndex es un ejemplo de un método de indexación que aprovecha el aprendizaje en contexto: *https://github.com/jerryjliu/llama_index.*

- DSPy es una biblioteca popular de código abierto para la recuperación de aumento e indexación: *https://github.com/stanfordnlp/dsp.*

- Una primera instancia de indicaciones suaves: Brian Lester, Rami Al-Rfou, y Noah Constant, «The Power of Scale for Parameter-Efficient Prompt Tuning» (2021), *https://arxiv.org/abs/2104.08691.*

- El documento en que se describió por primera vez la afinación de prefijos: Xiang Lisa Li y Percy Liang, «Prefix-Tuning: Optimizing Continuous Prompts for Generation» (2021), *https://arxiv.org/abs/2101.00190.*

- El artículo en que se presenta el método original del adaptador: Neil Houlsby *et al.*, «Parameter-Efficient Transfer Learning for NLP» (2019) *https://arxiv.org/abs/1902.00751.*

- El documento en que se presenta el método LoRA : Edward J. Hu *et al.*, «LoRA: Low-Rank Adaptation of Large Language Models»(2021), *https://arxiv.org/abs/2106.09685.*

- Un sondeo de más de 40 trabajos de investigación en que se cubren métodos eficientes de afinación paramétrica: Vladislav Lialin, Vijeta Deshpande, y Anna Rumshisky, «Scaling Down to Scale Up: A Guide to Parameter-Efficient Fine-Tuning», *(2023), https://arxiv.org/abs/ 2303.15647.*

- El documento InstructGPT: Long Ouyang *et al.*, «Training Language Models to Follow Instructions with Human Feedback» (2022), *https://arxiv.org/abs/2203.02155.*

- La optimización proximal de políticas, que se utiliza para reforzar el aprendizaje por refuerzo con retroalimentación humana: John Schulman *et al.*, «Proximal Policy Optimization Algorithms», (2017), *https://arxiv.org/abs/1707.06347.*

19

EVALUACIÓN DE MODELOS DE LENGUAJE GRANDES GENERATIVOS

¿Cuáles son las métricas estándar para evaluar la calidad del texto generado por modelos de lenguaje grande y por qué son útiles?

Perplejidad, BLEU, ROUGE y la puntuación BERT (*BERTScore*) son algunas de las métricas de evaluación más comunes utilizadas en el procesamiento del lenguaje natural para evaluar el rendimiento de los LLM en varias tareas. Aunque en última instancia no hay forma de evitar los juicios humanos sobre la calidad, las evaluaciones humanas son tediosas, costosas, difíciles de automatizar y subjetivas. Por lo tanto, desarrollamos métricas para proporcionar puntuaciones resumidas objetivas para medir el progreso y comparar métodos diferentes.

En este capítulo se discute la diferencia entre las métricas de rendimiento intrínsecas y extrínsecas para evaluar los LLM, y luego se profundiza en métricas populares como BLEU, ROUGE y la puntuación BERT y se proporcionan ejemplos prácticos simples para fines ilustrativos.

Métricas de evaluación para los LLM

La *métrica de perplejidad* está directamente relacionada con la función de pérdida utilizada para la preformación de los LLM (sigla en inglés de modelos de lenguaje grandes) y se usa comúnmente para evaluar la generación de texto y los modelos de finalización de texto. Esencialmente, cuantifica la incertidumbre promedio del modelo al predecir la palabra siguiente en un contexto dado: cuanto menor sea la perplejidad, mejor.

La puntuación de *Evaluación bilingüe suplente (BLEU, sigla en inglés)* es una métrica bastante utilizada para evaluar la calidad de las traducciones generadas por máquinas. Mide la superposición de los n-gramas entre la traducción generada por máquina y un conjunto de traducciones de referencia generadas por seres humanos. Una puntuación de BLEU más alta indica un rendimiento mejor, que va desde 0 (peor) a 1 (mejor).

La puntuación *ROUGE (Evaluación suplente de la esencia orientada en la recuperación)* es una métrica utilizada principalmente para evaluar modelos de resumen automático (y a veces de traducción automática). Mide la superposición entre el resumen generado y los resúmenes de referencia.

Podemos pensar en la perplejidad como una *métrica intrínseca* y BLEU y ROUGE como *métricas extrínsecas*. Para ilustrar la diferencia entre los dos tipos de métricas, piense en optimizar la entropía cruzada convencional para formar un clasificador de imágenes. La entropía cruzada es una función de pérdida que optimizamos durante la formación, pero nuestro objetivo final es maximizar la exactitud de la clasificación. Dado que la exactitud de clasificación no se puede optimizar directamente durante la formación, ya que no es diferenciable, minimizamos la función de pérdida sustituta como la entropía cruzada. Minimizar la pérdida de entropía cruzada se correlaciona más o menos con maximizar la exactitud de la clasificación.

La perplejidad se utiliza a menudo como una métrica de evaluación para comparar el rendimiento de modelos lingüísticos diferentes, pero no es el objetivo de optimización durante la formación. BLEU y ROUGE están más relacionados con la exactitud de la clasificación o más bien la precisión y la recuperación. De hecho, BLEU es una puntuación de precisión para evaluar la calidad de un texto traducido, mientras que ROUGE es una puntuación similar a la de la recuperación para evaluar textos resumidos.

En las secciones siguientes se discute la mecánica una de estas métricas con más detalle.

Perplejidad

La perplejidad está estrechamente relacionada con la entropía cruzada minimizada directamente durante la formación, por lo que nos referimos a la perplejidad como una *métrica intrínseca*.

La perplejidad se define como $2^{H(p,\,q)/n}$, donde $H(p, q)$ es la entropía cruzada entre la verdadera distribución de las palabras p, y la distribución prevista de las palabras *q* y *n* es la longitud de la oración (el número de palabras o componentes léxicos) para normalizar la puntuación. A medida que la entropía cruzada disminuye, la perplejidad también: cuanto menor sea la perplejidad, mejor. Aunque normalmente la entropía cruzada se calcula utilizando un logaritmo natural, para mantener la relación intuitiva calculamos la entropía cruzada y la perplejidad con un logaritmo de base 2. (Sin embargo, usar un logaritmo de base 2 o natural es solo un detalle de implementación menor).

En la práctica, dado que la probabilidad para cada palabra en la oración objetivo es siempre 1, calculamos la entropía cruzada como el logaritmo de las puntuaciones de probabilidad dadas por el modelo a evaluar. Es decir, si tenemos el puntaje de probabilidad predicho para cada palabra en una oración *s*, podemos calcular la perplejidad directamente así:

$$Perplejidad(s) = 2^{-\frac{1}{n}log_2(p(s))}$$

donde *s* es la oración o el texto que queremos evaluar, como «el zorro marrón rápido salta sobre el perro perezoso», *p(s)* es el puntaje de probabilidad devuelto por el modelo y *n* es el número de palabras o componentes léxicos. Por ejemplo, si el modelo devuelve las puntuaciones de probabilidad [0,99, 0,85, 0,89, 0,99, 0,99, 0,99, 0,99, 0,99], la perplejidad es:

$$2^{-\frac{1}{8}\Sigma_i \, log_2 p(wi)}$$
$$= 2^{-\frac{1}{8}\Sigma \, log_2(0.99 \times 0.85 \times 0.89 \times 0.99 \times 0.99 \times 0.99 \times 0.99 \times 0.99)}$$
$$= 1.043$$

Si la oración era «El gato negro rápido salta sobre el perro perezoso», con probabilidades [0,99, 0,65, 0,13, 0,05, 0,21, 0,99, 0,99, 0,99], la perplejidad correspondiente sería 2.419.

Puede encontrar una implementación de código y un ejemplo de este cálculo en la *subcarpeta supplementary/q19-evaluation-llms* en *https://github.com/rasbt/MachineLearning-QandAI-book*.

Puntuación BLEU

BLEU es la métrica más popular y utilizada para evaluar textos traducidos. Se utiliza en casi todos los LLM que pueden traducir, incluyendo herramientas populares como los modelos Whisper y GPT de OpenAI.

BLEU es una métrica basada en referencias que compara la salida del modelo con las referencias generadas por seres humanos, y fue desarrollada para capturar o automatizar la esencia de la evaluación humana. En resumen, BLEU mide la superposición léxica entre la salida del modelo y las referencias generadas por seres humanos, basándose en una puntuación de precisión.

En más detalle, como métrica basada en precisión, BLEU cuenta cuántas palabras del texto generado (texto candidato) se producen en el texto de referencia dividido por la longitud del texto candidato (el número de palabras), donde el texto de referencia es, por ejemplo, una muestra de traducción proporcionada por un ser humano. Esto se hace comúnmente para n-gramas en lugar de palabras individuales, pero, por simplicidad, nos apegaremos a las palabras o 1-gramas. (En la práctica, BLEU se calcula para 4-gramas a menudo).

En la figura 19-1 se muestra el cálculo de la puntuación BLEU, usando como ejemplo el caso del 1-grama. Con los pasos individuales en la figura 19-1 se ilustra cómo calculamos la puntuación BLEU de 1-grama en función de los componentes individuales, los tiempos de precisión ponderados y una penalización por brevedad. También puede encontrar una implementación de código de este cálculo en la subcarpeta *supplementary/q15-text-augment* en *https://github.com/rasbt/Machine Learning-QandAI-book*.

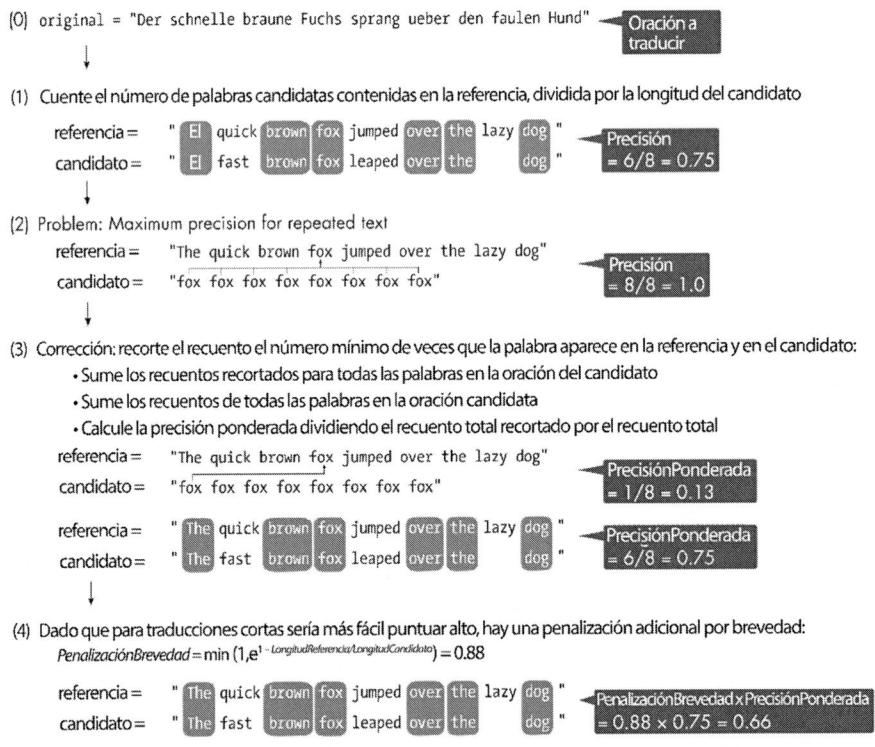

Figura 19-1: *Cálculo de una puntuación BLEU de 1-grama.*

BLEU tiene varias deficiencias, principalmente porque mide la similitud de cadenas y esta, por sí sola, no es suficiente para capturar la calidad. Por ejemplo, las oraciones con palabras similares pero orden de palabras diferente pueden tener una puntuación alta, aunque alterar el orden de las palabras puede cambiar sustancialmente el significado de una oración y generar una estructura gramatical deficiente. Además, como BLEU se basa en coincidencias de cadenas exactas, es sensible a las variaciones léxicas y es incapaz de identificar traducciones semánticamente similares que utilizan sinónimos o paráfrasis. En otras palabras, BLEU puede asignar puntuaciones más bajas a traducciones que son, de hecho, exactas y significativas.

En el artículo original de BLEU se encontró una correlación alta con las evaluaciones humanas, aunque esto fue refutado más tarde.

¿Es defectuosa la puntuación BLEU? Sí. ¿Aun así es útil? Así es. BLEU es una herramienta útil para medir o evaluar si un modelo mejora durante la formación, como un indicador de fluidez. Sin embargo, puede que no dé una evaluación correcta de la calidad de las traducciones generadas y no sea adecuada para detectar problemas. En otras palabras, es mejor utilizarla como una herramienta para seleccionar modelos, no para evaluarlos.

En el momento de escribir estas líneas, las alternativas más populares a BLEU son METEOR y COMET (ver la sección «Referencias» al final de este capítulo para más detalles).

Puntuación ROUGE

Mientras que BLEU se usa comúnmente para tareas de traducción, ROUGE es una métrica popular para puntuar resúmenes de texto.

Hay muchas similitudes entre BLEU y ROUGE. La puntuación BLEU, basada en precisión, comprueba cuántas palabras en la traducción del candidato se producen en la traducción de referencia. La puntuación ROUGE también adopta un método invertido, comprobando cuántas palabras del texto de referencia aparecen en el texto generado (aquí normalmente un resumen en lugar de una traducción); esto puede interpretarse como una puntuación basada en la recuperación.

Las implementaciones modernas calculan ROUGE como una puntuación F1 que es la media armónica de la recuperación (cuántas palabras de la referencia están en el texto candidato) y precisión (cuántas palabras del texto candidato están en el texto de referencia).

Por ejemplo, en la figura 19-2 se muestra un cálculo de la puntuación ROUGE de un 1-grama (aunque, en la práctica, ROUGE se calcula a menudo para bigramas, es decir, 2-gramas).

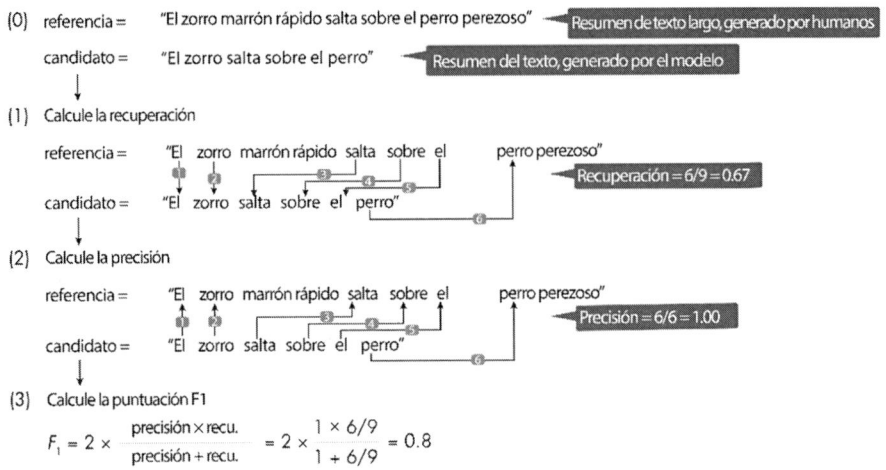

Figura 19-2: Cálculo de ROUGE para 1-gramas.

Hay otras variantes de ROUGE más allá de ROUGE-1 (la puntuación ROUGE basada en F1 para 1-gramas):

ROUGE-N mide la superposición de n-gramas entre el candidato y los resúmenes de referencia. Por ejemplo, ROUGE-1 analizaría la superposición de palabras individuales (1-gramas), mientras que ROUGE-2 consideraría la superposición de 2-gramas (bigramas).

ROUGE-L mide la subsecuencia común más larga (LCS, sigla en inglés) entre el candidato y los resúmenes de referencia. Con esta métrica se captura la subsecuencia ordenada más larga de palabras coincidentes, que pueden tener espacios entre ellas.

ROUGE-S mide la superposición de *bigramas de salto*, o pares de palabras con un número flexible de palabras entre ellos. Puede ser útil captar la similitud entre oraciones con órdenes diferentes de palabras.

ROUGE comparte debilidades similares con BLEU. Al igual que BLEU, no tiene en cuenta sinónimos o paráfrasis. Mide la superposición de n-gramas entre el candidato y los resúmenes de referencia, lo que puede conducir a puntajes más bajos para oraciones con semántica similar pero diferentes en léxico. Aun así, vale la pena saber sobre ROUGE, ya que, según un estudio, *todos los* artículos que presentaron modelos de resumen nuevos en las conferencias de lingüística informática en 2021 lo usaron y el 69 por ciento de esos artículos solo usaron ROUGE.

Puntuación BERT (BERTScore)

Otra métrica extrínseca desarrollada más recientemente es la puntuación BERT.

Para los lectores familiarizados con la puntuación inicial para modelos de visión generativa, BERT adopta un método similar, utilizando incrustaciones de un modelo preformado (para más información sobre incrustaciones, véase el capítulo 1). Aquí, BERT mide la similitud entre un texto candidato y uno de referencia aprovechando las incrustaciones contextuales del modelo BERT (el transformador de estilo codificador discutido en el capítulo 17).

Los pasos para calcular la puntuación BERT son los siguientes:

1. Obtenga el texto candidato a través del LLM que desea evaluar (PALM, LLAMA, GPT, BLOOM, etc.).

2. Convierta los textos candidatos y de referencia en subpalabras, preferiblemente utilizando el mismo analizador léxico utilizado para la formación de BERT.

3. Utilice un modelo BERT preformado para crear las incrustaciones de todos los componentes léxicos de los textos candidatos y de referencia.

4. Compare cada incrustación de componente léxico en el texto candidato con todas las incrustaciones en el texto de referencia, calculando la similitud de coseno.

5. Alinee cada componente léxico del texto candidato con su igual del texto de referencia que tiene la mayor similitud de coseno.

6. Calcule la puntuación BERT final tomando los puntajes de similitud promedio de todos los componentes léxicos en el texto candidato.

En la figura 19-3 se ilustran más a fondo estos seis pasos. También puede encontrar un ejemplo de cálculo en la *subcarpeta/q15-text-augment* en *https://github.com/rasbt/MachineLearning-QandAI-book*.

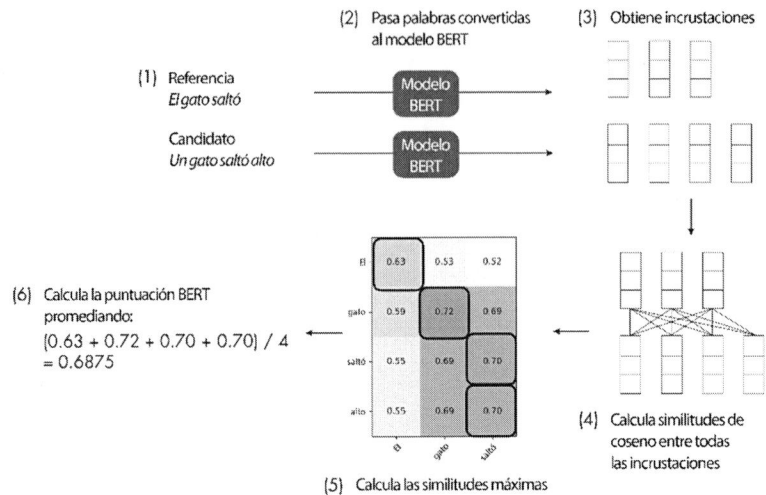

Figura 19-3: *Cálculo de la puntuación BERT (BERTScore) paso a paso.*

BERTScore se puede utilizar para traducciones y resúmenes, y captura la similitud semántica mejor que las métricas tradicionales como BLEU y ROUGE. Sin embargo, la puntuación BERT es más robusta al parafrasear que BLEU y ROUGE y captura la similitud semántica mejor debido a las incrustaciones contextuales. Además, puede ser de procesamiento más costoso que BLEU y ROUGE, ya que requiere el uso de un modelo BERT preformado para la evaluación. Si bien la puntuación BERT proporciona una métrica de evaluación automática útil, no es perfecta y debe utilizarse junto con otras técnicas de evaluación, incluido el juicio humano.

Métricas de sustitución

Todas las métricas cubiertas en este capítulo son sustitutas o aproximaciones para evaluar la utilidad del modelo a la hora de medir hasta qué punto el modelo es comparable al rendimiento humano para lograr un objetivo.

Como se mencionó anteriormente, la mejor manera de evaluar los LLM es asignar evaluadores humanos para que juzguen los resultados. Pero, dado que esto es a menudo costoso y no es fácil de escalar, utilizamos las métricas antes mencionadas para estimar el rendimiento del modelo. Una cita del documento de «InstructGPT, Training Language Models to Follow Instructions with Human Feedback»: «Los conjuntos de datos públicos de PLN no reflejan cómo utilizar los modelos de lenguaje... Están diseñados para capturar tareas fáciles de evaluar con métricas automáticas».

Además de perplejidad, ROUGE, BLEU y la puntuación BERT, se utilizan otras métricas de evaluación populares para evaluar el rendimiento predictivo de los LLM.

Ejercicios

19-1. En el paso 5 de la figura 19-3, la similitud del coseno entre las dos incrustaciones de «gato» no es 1.0, donde 1.0 indica una similitud máxima del coseno. ¿Por qué?

19-2. En la práctica, podríamos encontrar que la puntuación BERT no es simétrica. Esto significa que el cambio de las oraciones de candidato y de referencia podría dar lugar a puntuaciones BERT diferentes para textos específicos. ¿Cómo podríamos abordar esto?

Referencias

- El documento que propone el método BLEU original: Kishore Papineni *et al.*, «BLEU: Why is that?»” (2002), *https://aclanthology.org/P02-1040/*.

- Un estudio de seguimiento que refuta la correlación alta de BLEU con las evaluaciones humanas: Chris Callison-Burch, Miles Osborne, y Philipp Koehn, «Re-Evaluating the Role of BLEU in Machine Translation Research» (2006), *https://aclanthology.org/E06-1032/*.

- Las deficiencias de BLEU, basadas en 37 estudios publicados en 20 años: Benjamin Marie, «12 Critical Flaws of BLEU» (2022), *https://medium.com/ @bnjmn_marie/12-critical-flaws-of-bleu-1d790ccbe1b1*.

- El documento en que se propone el método ROUGE original: Chin-Yew Lin, «ROUGE: A Package for Automatic Evaluation of Summaries» (2004), *https://aclanthology.org/W04-1013/*.

- Una encuesta sobre el uso de ROUGE en documentos de conferencia: Sebastián Gehrmann, Elizabeth Clark, y Thibault Sellam, «Repairing the Cracked Foundation: A Survey of Obstacles in Evaluation Practices for Generated Text» (2022), *https://arxiv.org/abs/2202.06935*.

- La puntuación BERT, una métrica de evaluación basada en un modelo de lenguaje grande: Tianyi Zhang *et al.*, «BERTScore: Evaluating Text Generation with BERT» (2019), *https://arxiv.org/abs/1904.09675*.

- Estudio exhaustivo de las métricas de evaluación de modelos de lenguaje grandes: Asli Celikyilmaz, Elizabeth Clark y Jianfeng Gao, «Evaluation of Text Generation: A Survey» (2021), *https://arxiv.org/abs/ 2006,14799*.

- METEOR es una métrica de traducción automática que mejora el BLEU utilizando técnicas avanzadas de concordancia y buscando una mejor correlación con el juicio humano a nivel de oración: Satanjeev Banerjee y Alon Lavie, «METEOR: An Automatic Metric for MT Evaluation with Improved Correlation with Human Judgments» (2005), *https://aclanthology.org/W05-0909/*.

- COMET es un entorno neuronal en que se establecen nuevos estándares para correlacionar la calidad de la traducción automática con los juicios humanos, utilizando modelos preformados translingües y varios tipos de evaluación: Ricardo Rei *et al.*, «COMET: A Neural Framework for MT Evaluation» (2020), *https://arxiv.org/abs/2009.09025*.

- El documento InstructGPT: Long Ouyang *et al.*, «Training Language Models to Follow Instructions with Human Feedback» (2022), *https://arxiv.org/abs/2203.02155*.

PARTE IV

PRODUCCIÓN E INSTALACIÓN

20

FORMACIÓN SIN ESTADO Y CON ESTADO

 ¿Cuál es la diferencia entre los flujos de trabajo de formación con estado y sin estado en el contexto de los sistemas de producción e instalación?

La formación con estado y la formación sin estado se refieren a modos diferentes de formar a un modelo de producción.

(Re)formación sin estado

En la formación sin estado, el método más convencional, primero formamos un modelo inicial con el conjunto de formación original y luego lo volvemos a formar a medida que llegan datos nuevos.

Por lo tanto, la formación sin estado también se conoce comúnmente como reformación sin estado.

Como se muestra en la figura 20-1 , podemos pensar en la reformación sin estado como un método de ventana deslizante en el que reformamos el modelo inicial con partes diferentes de los datos de un flujo de datos dado.

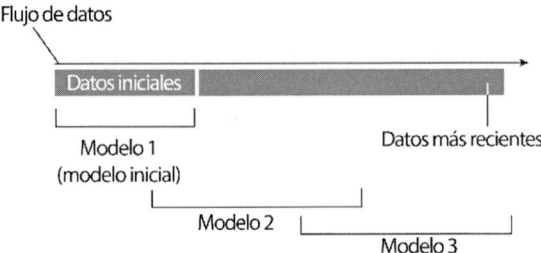

Figura 20-1: *La formación sin estado sustituye al modelo periódicamente.*

Por ejemplo, para actualizar el modelo inicial en la figura 20-1 (Modelo 1) a un modelo más nuevo (Modelo 2), formamos el modelo con el 30 por ciento de los datos iniciales y el 70 por ciento de los más recientes en un momento dado.

La reformación sin estado es un método sencillo que permite adaptar el modelo a los cambios más recientes en los datos y las relaciones de atributo y objetivo mediante la reformación del modelo desde cero con intervalos de puntos de control definidos por el usuario. Este método prevalece en los sistemas convencionales de aprendizaje automático que no se pueden ajustar como parte de un flujo de trabajo de aprendizaje autosupervisado o de transferencia (ver capítulo 2). Por ejemplo, las implementaciones estándar de modelos basados en árboles, como bosques aleatorios y refuerzo de gradientes (XGBoost, CatBoost y LightGBM), entran en esta categoría.

Formación con estado

En la formación con estado, formamos al modelo con un lote inicial de datos y luego lo actualizamos periódicamente (en lugar de volver a formarlo) cuando llegan datos nuevos.

Como se ilustra en la figura 20-2, no volvemos a formar al modelo inicial (modelo 1.0) desde cero; en su lugar, lo actualizamos o afinamos a medida que llegan datos nuevos. Este método es particularmente atractivo para modelos compatibles con el aprendizaje por transferencia o el aprendizaje autosupervisado.

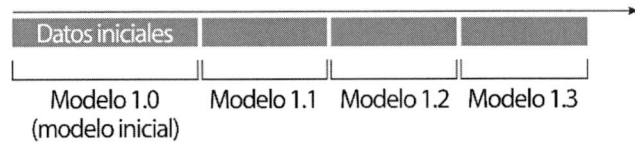

Figura 20-2: *En la formación con estado se actualizan los modelos periódicamente.*

El método con estado imita un flujo de trabajo de transferencia o aprendizaje autosupervisado en el que adoptamos un modelo preformado para el ajuste fino. Sin embargo, la formación con estado difiere fundamentalmente del aprendizaje por transferencia y el autosupervisado porque actualiza al modelo para adaptarse a los cambios de concepto, atributo y etiqueta. Por el contrario, el aprendizaje por transferencia y el autosupervisado tienen como objetivo adoptar el modelo para una tarea de clasificación diferente. Por ejemplo, en el aprendizaje por transferencia, las etiquetas de destino a menudo difieren. En el aprendizaje autosupervisado, obtenemos las etiquetas de destino de los atributos del conjunto de datos.

Una ventaja significativa de la formación con estado es que no necesitamos almacenar datos para la reformación; en cambio, podemos usarlos para actualizar el modelo tan pronto como llegue. Esto es particularmente atractivo cuando el almacenamiento de datos es una preocupación debido a la privacidad o limitaciones de recursos.

Ejercicios

20-1. Supongamos que formamos a un clasificador para recomendaciones de compraventa de acciones utilizando un modelo de bosque aleatorio, incluyendo la media móvil del precio de las acciones como un atributo. Dado que los datos nuevos del mercado de valores llegan a diario, examinamos cómo actualizar el clasificador a diario para mantenerlo vigente. ¿Deberíamos adoptar un método de formación sin estado o reformación sin estado para actualizar el clasificador?

20-2. Supongamos que implementamos un modelo de lenguaje grande (transformador) como ChatGPT que puede responder a las consultas de los usuarios. La interfaz de diálogo incluye botones de aceptación y rechazo para que los usuarios puedan dar una opinión directa sobre las consultas generadas. Al recopilar los comentarios de los usuarios, no actualizamos el modelo enseguida a medida que llegan nuevos comentarios. Sin embargo, planeamos lanzar un modelo nuevo o actualizado al menos una vez al mes. ¿Deberíamos utilizar la reformación, con o sin estado, para este modelo?

21

IA CENTRADA EN LOS DATOS

¿Qué es la IA centrada en los datos, cómo se compara con el paradigma de modelado convencional y cómo decidimos si es la adecuada para un proyecto?

La IA centrada en los datos es un paradigma o flujo de trabajo en el que mantenemos el procedimiento de formación del modelo fijo e iterado sobre el conjunto de datos para mejorar el rendimiento predictivo de un modelo. En las siguientes secciones se define lo que significa la IA centrada en los datos con más detalle y se compara con los métodos centrados en modelos convencionales.

IA centrada en los datos frente a IA centrada en los modelos

En el contexto de la IA centrada en los datos, podemos pensar en el flujo de trabajo convencional, que a menudo es parte de la publicación académica, como la IA centrada en los modelos. Sin embargo, en un entorno de investigación académica, típicamente nos interesa desarrollar métodos nuevos (por ejemplo, arquitecturas de redes neuronales o funciones de pérdida). Aquí, consideramos los conjuntos de datos de referencia existentes para comparar el método nuevo con los métodos anteriores y determinar si se trata de una mejora sobre el *statu quo*.

En la figura 21-1 se resume la diferencia entre los flujos de trabajo centrados en datos y los centrados en modelos.

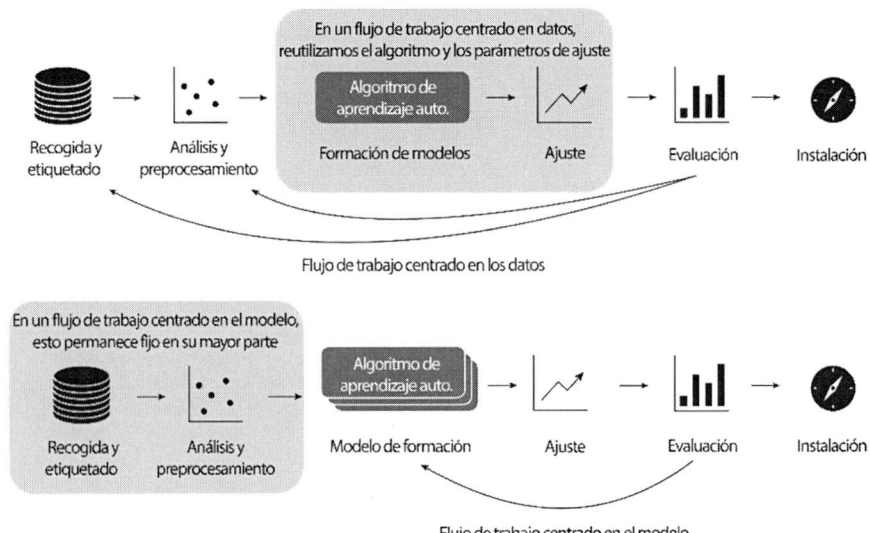

Figura 21-1: *Flujo de trabajo de aprendizaje automático centrado en datos frente al centrado en modelos.*

Si bien *la IA centrada en los datos* es un término relativamente nuevo, la idea detrás de él no lo es. Muchas personas con las que he hablado afirman que utilizaban un método centrado en los datos en sus proyectos antes de que se acuñara el término. En mi opinión, la IA centrada en los datos se creó para que «preocuparse por la calidad de los datos» volviera a ser atractivo, ya que la recopilación y la curación de datos a menudo se consideran tediosas o ingratas. Esto es análogo a cómo el término *aprendizaje profundo* hizo que las redes neuronales volvieran a ser interesantes al comenzar la década de 2010.

¿Necesitamos elegir entre la IA centrada en datos y la centrada en modelos o podemos confiar en ambos? En resumen, la IA centrada en los datos consiste en cambiar los datos para mejorar el rendimiento, mientras que los métodos centrados en los modelos se ocupan de modificar el modelo para mejorar el rendimiento. Idealmente, deberíamos usar ambos en un entorno aplicado donde queremos obtener el mejor rendimiento predictivo posible. Sin embargo, en un entorno de investigación o una etapa exploratoria de un proyecto aplicado, trabajar con demasiadas variables simultáneamente es complicado. Si cambiamos tanto el modelo como los datos a la vez, es difícil determinar qué cambio es responsable de la mejora.

Es importante enfatizar que la IA centrada en los datos es un paradigma y flujo de trabajo, no una técnica particular. Por lo tanto, en la IA centrada en los datos se incluye implícitamente lo siguiente:

- Análisis y modificaciones de los datos de formación, desde la eliminación de atípicos hasta la imputación de datos faltantes.
- Síntesis de datos y técnicas de aumento de datos.
- Etiquetado de datos y métodos de limpieza de etiquetas.
- El entorno clásico de aprendizaje activo en el que un modelo sugiere qué puntos de datos etiquetar.

Consideramos un método *centrado en los datos* si solo cambiamos los datos (utilizando los métodos enumerados aquí), no los otros aspectos de la tubería del modelado.

En el aprendizaje automático y la IA, a menudo utilizamos la frase «basura entra, basura sale»; es decir, los datos de mala calidad darán lugar a un modelo predictivo deficiente. En otras palabras, no podemos esperar un modelo de buen rendimiento de un conjunto de datos de baja calidad.

He observado un patrón común en proyectos académicos aplicados que intentan usar el aprendizaje automático para reemplazar una metodología existente. A menudo, los investigadores solo tienen un conjunto pequeño de datos de ejemplos (digamos, cientos de ejemplos de formación). Etiquetar los datos suele ser caro o se considera aburrido, por lo que es mejor evitarlo. En estos casos, los investigadores dedican una cantidad de tiempo desmesurada a probar algoritmos de aprendizaje automático y a ajustar los modelos. Para resolver este problema, valdría la pena invertir tiempo o recursos adicionales en el etiquetado de datos adicionales.

La principal ventaja de la IA centrada en los datos es que pone los datos en primer lugar, de modo que, si invertimos recursos para crear un conjunto de datos de mayor calidad, todos los métodos de modelado se beneficiarán de ella en la fase posterior.

Recomendaciones

Adoptar un método centrado en los datos suele ser una buena idea en un proyecto aplicado donde queremos mejorar el rendimiento predictivo para resolver un problema en particular. En este contexto, tiene sentido comenzar con una referencia de modelado y mejorar el conjunto de datos, ya que a menudo es mejor que probar modelos más grandes y costosos.

Si nuestra tarea es desarrollar una metodología nueva o mejor, como una arquitectura de red neuronal o función de pérdida nueva, un método centrado en el modelo podría ser una mejor opción. El uso de un conjunto de datos de referencia establecido, sin hacerle cambios, facilita la comparación del método de modelado nuevo con el trabajo anterior.

Aumentar el tamaño del modelo generalmente mejora el rendimiento, pero también lo hace la adición de ejemplos de formación. Asumiendo conjuntos de formación pequeños (< 2000) para tareas de clasificación, respuesta a preguntas de extracción y elección múltiple, añadir un centenar de ejemplos puede suponer la misma ganancia de rendimiento que añadir miles de millones de parámetros.

En un proyecto del mundo real, alternar entre modos centrados en datos y modelos vale la pena. Invertir en la calidad de los datos desde el principio beneficiará a todos los modelos. Una vez que un buen conjunto de datos está disponible, podemos comenzar a centrarnos en la afinación del modelo para mejorar el rendimiento.

Ejercicios

21-1. Una tendencia reciente es el aumento del uso de análisis predictivo en la atención médica. Por ejemplo, supongamos que un proveedor de atención médica desarrolla un sistema de IA que analiza los registros médicos electrónicos de los pacientes y proporciona recomendaciones para cambios en el estilo de vida o medidas preventivas. Para esto, el proveedor requiere que los pacientes controlen y compartan los datos de salud (como el pulso y la presión arterial) a diario. ¿Es este un ejemplo de IA centrada en los datos?

21-2. Supongamos que formamos una red neuronal convolucional ResNet-34 para clasificar imágenes con los conjuntos de datos CIFAR-10 e ImageNET. Para reducir el sobreajuste y mejorar la exactitud de la clasificación, experimentamos con técnicas de aumento de datos como la rotación de imágenes y el recorte. ¿Se centra en los datos este método?

Referencias

- Un ejemplo de cómo agregar más datos de formación puede beneficiar el rendimiento del modelo más que un aumento en el tamaño del modelo: Yuval Kirstain *et al.*, «A Few More Examples May Be Worth Billions of Parameters» (2021), *https://arxiv.org/abs/2110.04374*.

- Cleanlab es una biblioteca de código abierto que incluye métodos para mejorar los errores de etiquetado y la calidad de los datos en contextos de visión informática y procesamiento del lenguaje natural: *https://github.com/cleanlab/cleanlab*.

22

ACELERACIÓN DE LA INFERENCIA

 ¿Cuáles son las técnicas para acelerar la inferencia del modelo con la optimización sin cambiar la arquitectura del modelo o sacrificar la exactitud?

En el aprendizaje automático y la IA, *la inferencia del modelo* se refiere a hacer predicciones o generar resultados utilizando un modelo formado. Las principales técnicas generales para mejorar el rendimiento del modelo durante la inferencia son la paralelización, la vectorización, el mosaico de bucles, la fusión de operadores y la cuantificación, que se discuten en detalle en las secciones siguientes.

Paralelización

Una forma común de lograr una paralelización mejor durante la inferencia es ejecutar el modelo con un lote de muestras en lugar de con una sola a la vez.

Esto a veces se conoce también como *inferencia por lotes* y se asume que estamos recibiendo muchas muestras de entrada o entradas de usuario simultáneamente o dentro de un período de tiempo corto, como se ilustra en la figura 22-1.

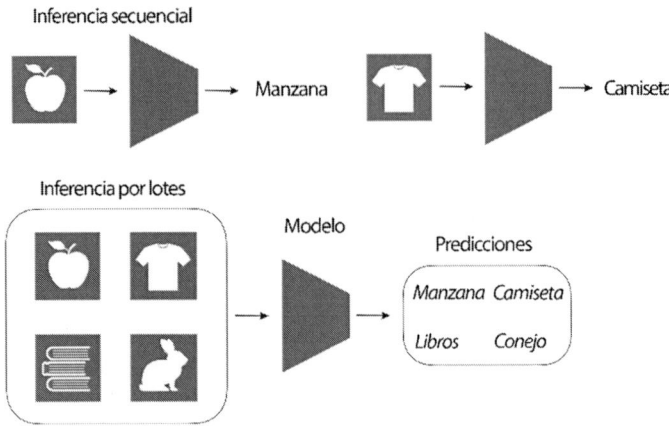

Figura 22-1: *Inferencia secuencial e inferencia por lotes.*

En la figura 22-1 se muestra la inferencia secuencial procesando un elemento a la vez, lo que crea un cuello de botella si hay varias muestras esperando ser clasificadas. En la inferencia por lotes, el modelo procesa las cuatro muestras al mismo tiempo.

Vectorización

La vectorización se refiere a realizar operaciones con estructuras de datos enteras, como arreglos (tensores) o matrices, en un solo paso en lugar de usar construcciones iterativas como ciclos *for*. Mediante la vectorización, se realizan muchas operaciones desde el ciclo simultáneamente utilizando el procesamiento de una sola instrucción y muchos datos (SIMD, sigla en inglés), que está disponible en la mayoría de las CPU modernas.

En este método se aprovechan las optimizaciones de bajo nivel en muchos sistemas informáticos y a menudo da como resultado una aceleración significativa. Por ejemplo, podría depender de BLAS (que es la abreviatura, en inglés, de *subprogramas básicos de álgebra lineal*) y es una especificación que prescribe un conjunto de rutinas de bajo nivel para realizar operaciones comunes de álgebra lineal, tales como adición de vectores, multiplicación escalar, producto punto, multiplicación de matrices y otros.

Muchas bibliotecas de arreglos y aprendizaje profundo como NumPy y PyTorch utilizan BLAS en su interior.

Para ilustrar la vectorización con un ejemplo, supongamos que queremos calcular el producto punto entre dos vectores. La forma no vectorizada de hacer esto sería usar un ciclo *for* , iterando sobre cada elemento del arreglo uno por uno. Sin embargo, esto puede ser bastante lento, especialmente para arreglos grandes. Con la vectorización, se puede realizar la operación del producto punto en todo el arreglo a la vez, como se muestra en la figura 22-2.

Bucle for clásico
```
x = [1.2, 2.2, 3.3, 4.4]
w = [5.5, 6.6, 7.7, 8.8]

output = 0.

for x_j, w_j in zip(x, w):
    output += x_j × w_j

print(output)
```
85.25

Implementación vectorizada
```
import torch

x = torch.tensor([1.2, 2.2, 3.3, 4.4])
w = torch.tensor([5.5, 6.6, 7.7, 8.8])

x.dot(w)
```
tensor(85.2500)

Figura 22-2: *Un caso clásico del bucle frente al cálculo del producto punto con vectores en Python.*

En el contexto de álgebra lineal o entornos de aprendizaje profundo como TensorFlow y PyTorch, la vectorización se realiza normalmente de forma automática. Esto se debe a que estos entornos están diseñados para trabajar con matrices multidimensionales (también conocidas como *tensores*) y sus operaciones son, de modo inherente, vectorizadas. Esto significa que cuando se ejecutan funciones utilizando estos entornos, se aprovecha de modo automático el poder de la vectorización, lo que resulta en cálculos más rápidos y eficientes.

Mosaico de bucles

El mosaico de bucles (también conocido como *optimización de nidos de bucles*) es una técnica de optimización avanzada para mejorar la localización de datos dividiendo el espacio de iteración de un bucle en trozos más pequeños o «teselas». Esto asegura que, una vez que los datos se cargan en la memoria caché, todos los cálculos posibles se realizan en ella antes de que se borre la memoria caché.

En la figura 22-3 se ilustra el concepto de mosaico de bucles para acceder a elementos en un arreglo bidimensional. En un bucle *for* regular iteramos sobre columnas y filas un elemento a la vez, mientras que, en un mosaico de bucles, subdividimos el arreglo en teselas más pequeñas.

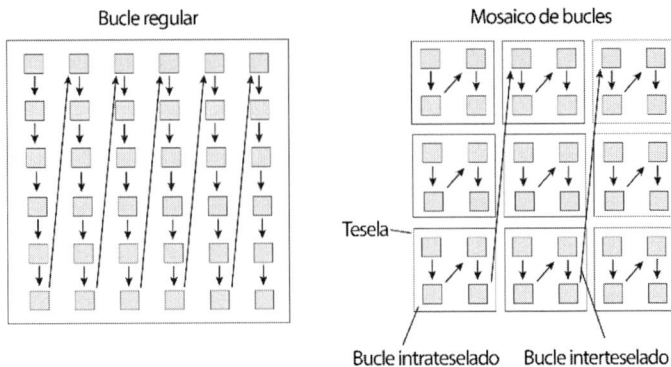

Figura 22-3: *Mosaico de bucles en un arreglo bidimensional.*

Nótese que en lenguajes como Python no solemos realizar mosaicos de bucles porque Python y muchos otros lenguajes de alto nivel no permiten controlar la memoria caché como sí hacen los lenguajes de bajo nivel, como C y C++. Este tipo de optimizaciones suelen ser manejadas por librerías subyacentes como NumPy y PyTorch cuando se realizan operaciones sobre arreglos grandes.

Fusión de operadores

La *fusión de operadores*, a veces llamada *fusión de bucles*, es una técnica de optimización que combina muchos bucles en uno solo. Esto se ilustra en la figura 22-4, donde dos bucles separados para calcular la suma y el producto de una matriz de números se fusionan en un solo bucle.

```
numbers = [1, 2, 3, 4, 5]

# Primer bucle para calcular la suma
total_sum = 0
for num in numbers:
    total_sum += num

# Segundo bucle para calcular el producto
product = 1
for num in numbers:
    product *= num

print("Suma:", total_sum)
print("Producto:", product)

Suma: 15
Producto: 120
```

```
numbers = [1, 2, 3, 4, 5]

# Un solo bucle para calcular tanto
# la suma COMO el producto total_sum = 0
total_sum = 0
product = 1
for num in numbers:
    total_sum += num
    product *= num

print("Suma:", total_sum)
print("Producto:", product)

Suma: 15
Producto: 120
```

Figura 22-4: *Fusión de dos bucles for (izquierda) en uno solo (derecha).*

La fusión de operadores puede mejorar el rendimiento de un modelo al reducir la sobrecarga del control de bucle, disminuir el tiempo de acceso a la memoria al mejorar el rendimiento de la caché y posiblemente permitir optimizaciones adicionales con la vectorización.

Se podría pensar que este comportamiento de vectorización sería incompatible con el mosaico de bucles, en el que rompemos un bucle *for* en múltiples bucles. Sin embargo, estas técnicas son en realidad complementarias, utilizadas para optimizaciones diferentes y para uso en situaciones distintas. La fusión de operadores consiste en reducir el número total de iteraciones de ciclos y mejorar la localidad de los datos cuando todos encajan en la caché. Con el mosaico de bucles se busca mejorar la utilización de la caché cuando se trata de matrices multidimensionales más grandes que no caben en la caché.

El concepto de reparametrización está relacionado con la fusión de operadores, que a menudo puede utilizarse también para simplificar muchas operaciones en una sola. Un ejemplo popular es la formación de una red con arquitecturas multirramificadas que se reparametrizan en arquitecturas de flujo único durante la inferencia. Este método de reparametrización difiere de la fusión de operadores tradicionales en el sentido de que no combina operaciones múltiples en una sola operación. En su lugar, reorganiza las operaciones en la red para crear una arquitectura más eficiente para la inferencia. En la arquitectura llamada RepVGG, por ejemplo, durante la formación cada rama consiste en una serie de convoluciones. Una vez completada la formación, el modelo es reparametrizado con una sola secuencia de convoluciones.

Cuantificación

La *cuantificación* reduce los requerimientos informáticos y de almacenamiento de los modelos de aprendizaje automático, en particular de las redes neuronales profundas. Esta técnica consiste en convertir los números de punto flotante (técnicamente discretos pero que representan valores continuos dentro de un intervalo específico) para implementar pesos y sesgos en una red neuronal formada para representaciones más discretas y de menor precisión, como los enteros. El uso de menos precisión reduce el tamaño del modelo y hace que sea más rápido de ejecutar, lo que puede conducir a mejoras significativas en la velocidad y la eficiencia del hardware durante la inferencia.

En el ámbito del aprendizaje profundo, se ha vuelto cada vez más común cuantificar modelos formados hasta enteros de 8 y 4 bits. Estas técnicas prevalecen de modo especial en la instalación de modelos de lenguaje grandes.

Hay dos categorías principales de cuantificación. En la *cuantificación posformación*, el modelo se forma primero normalmente con pesos de precisión total, que se cuantifican después de la formación. Además, en la *formación sensible a la cuantificación* se introduce el paso de cuantificación durante la formación. Esto permite que el modelo aprenda a compensar los efectos de la cuantificación, lo que le puede ayudar a mantener la exactitud.

Sin embargo, es importante tener en cuenta que la cuantificación puede ocasionar una reducción en la exactitud del modelo. Dado que en este capítulo el enfoque está en las técnicas para acelerar la inferencia de modelos *sin* sacrificar la exactitud, la cuantificación no es tan buena para este capítulo como las categorías anteriores.

NOTA *Otras técnicas para mejorar las velocidades de inferencia son la destilación de conocimientos y la poda, discutidas en el capítulo 6. Sin embargo, estas técnicas afectan a la arquitectura del modelo, lo que resulta en modelos más pequeños, por lo que están fuera de alcance para la pregunta de este capítulo.*

Ejercicios

22-1. En el capítulo 7 cubrimos varios paradigmas de la formación multi-GPU para acelerar la formación de modelos. El uso de múltiples GPU puede, en teoría, también acelerar la inferencia del modelo. Sin embargo, en realidad, este método a menudo no es la opción más eficiente ni más práctica. ¿Por qué?

22-2. La vectorización y el mosaico de bucles son dos estrategias para optimizar las operaciones que implican el acceso a elementos de matriz. ¿Cuál sería la situación ideal para utilizar cada uno de ellos?

Referencias

- El sitio web oficial DE BLAS: *https://www.netlib.org/blas/*.

- El documento en que se propuso el mosaico de bucles: Michael Wolfe, «More Iteration Space Tiling» (1989), *https://dl.acm.org/doi/abs/10.1145/76263.76337*.

- Operaciones de fusión de la arquitectura RepVGG CNN en modo de inferencia: Xiaohan Ding *et al.*, «RepVGG: Making VGG-style ConvNets Great Again» (2021), *https://arxiv.org/abs/2101.03697*.

- Un método nuevo para cuantificar los pesos en los modelos de lenguaje grandes hasta representaciones enteras de 8 bits: Edward Hu *et al.*, « LLM.int8() 8-bit Matrix Multiplication for Transformers at Scale» (2022), *https://arxiv.org/abs/2208.07339*.

- Un método nuevo para cuantificar los pesos en los LLM hasta enteros de 4 bits: Elias Frantar *et al.*, «GPTQ: Accurate Post-Training Quantization for Generative Pre-Trained Transformers» (2022), *https://arxiv.org/abs/2210.17323*.

23

CAMBIOS EN LA DISTRIBUCIÓN DE LOS DATOS

¿Cuáles son los principales tipos de cambios en la de distribución de los datos que podemos encontrar después de la implementación del modelo?

Los cambios en la distribución de datos son uno de los problemas más comunes a la hora de poner en producción modelos de aprendizaje automático e IA. En resumen, se refieren a las diferencias entre la distribución de los datos con los que se formó un modelo y la distribución de los datos del mundo real. A menudo, estos cambios pueden conducir a caídas significativas en el rendimiento del modelo porque las predicciones ya no son exactas.

Hay varios tipos de cambios de distribución, algunos de los cuales son más problemáticos que otros. Los más comunes son el cambio de covariable, la deriva de concepto, el cambio de etiqueta y el cambio de dominio; todos se discuten con más detalle en las secciones siguientes.

Cambio de covariable

Supongamos *que* $p(x)$ describe la distribución de los datos de entrada (por ejemplo, los atributos), $p(y)$ se refiere a la distribución de la variable de destino (o distribución de etiquetas de clase) y $p(y|x)$ es la distribución de los objetivos y dadas las entradas x.

El cambio de covariable ocurre cuando la distribución de los datos de entrada, $p(x)$, cambia, pero la distribución condicional de la salida dada la entrada, $p(y|x)$, sigue siendo la misma.

En la figura 23-1 se ilustra el cambio de covariables donde tanto los valores de los atributos de los datos de formación como los datos nuevos encontrados durante la producción siguen una distribución normal. Sin embargo, la media de los datos nuevos ha cambiado con respecto a los datos de formación.

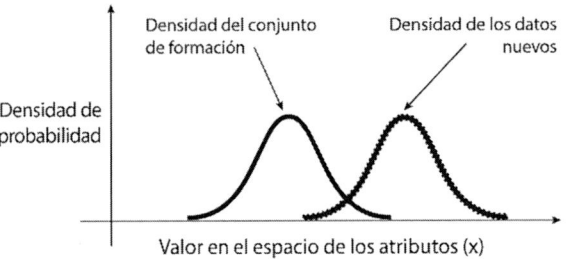

Figura 23-1: *Los datos de formación y las distribuciones de datos nuevas difieren bajo el cambio de covariable.*

Por ejemplo, supongamos que hemos formado un modelo para predecir si un correo electrónico es basura basado en atributos específicos. Ahora, después de incrustar el filtro de correo basura en un cliente de correo electrónico, los mensajes que reciben los clientes tienen atributos drásticamente diferentes. Por ejemplo, los mensajes son mucho más largos y los envía alguien en una zona horaria diferente. Sin embargo, si la forma en que esos atributos se relacionan con que un correo electrónico, sea basura o no, no cambia, entonces tenemos un cambio de covariable.

El cambio de covariable es un desafío muy común cuando se implementan modelos de aprendizaje automático. Significa que los datos que recibe el modelo en un entorno vivo o de producción son diferentes de los datos con los que se formó. Sin embargo, debido a que la relación entre entradas y salidas, $p(y|x)$, sigue siendo la misma bajo cambio de covariable, hay técnicas disponibles para ajustarse a ello.

Una técnica común para detectar el cambio de covariable es la *validación contradictoria*, que se aborda con más detalle en el capítulo 29. Una vez detectado el cambio de covariable, un método común para lidiar con él es *la ponderación de importancia*, que asigna pesos diferentes al ejemplo de formación para enfatizar o no ciertas instancias durante la formación.

Esencialmente, los casos que son más propensos a aparecer en la distribución de la prueba reciben más peso, mientras que los casos que son menos propensos reciben menos peso. Este método permite que el modelo se centre más en las instancias representativas de los datos de prueba durante la formación, lo que lo hace más robusto para el cambio de covariable.

Cambio de etiqueta

El cambio de etiqueta, a veces conocido como *cambio de probabilidad previo*, ocurre cuando la distribución de etiquetas de clase $p(y)$ cambia, pero la distribución condicional de clase $p(y|x)$ permanece sin cambios. En otras palabras, hay un cambio significativo en la distribución de etiquetas o la variable de destino.

Como ejemplo de tal escenario, supongamos que se forma a un clasificador de correo basura con un conjunto de datos de formación equilibrado con un 50 por ciento de basura y otro de correo electrónico no basura. En contraste, en el mundo real, solo el 10 por ciento de los mensajes de correo electrónico son basura.

Una forma común de abordar los cambios de etiqueta es actualizar el modelo utilizando la función de pérdida ponderada, especialmente cuando tenemos una idea de la nueva distribución de las etiquetas. Esta es esencialmente una forma de ponderación de importancia. Al ajustar los pesos con la función de pérdida de acuerdo con la nueva distribución de etiquetas incentivamos al modelo a prestar más atención a ciertas clases que se han vuelto más (o menos) comunes con los datos nuevos. Esto ayuda a alinear las predicciones del modelo más estrechamente con la realidad actual, mejorando el rendimiento con los datos nuevos.

Deriva del concepto

La deriva del concepto se refiere al cambio en el mapeo entre los atributos de entrada y la variable de destino. En otras palabras, la deriva del concepto se asocia típicamente con cambios en la distribución condicional $p(y|x)$, como la relación entre las entradas x y la salida y.

Al usar el ejemplo del clasificador de correo no deseado de la sección anterior, los atributos de los mensajes pueden seguir siendo los mismos, pero la relación entre esos atributos y el hecho de que un correo sea basura puede cambiar. Esto podría deberse a una estrategia de correo basura nueva, no presente en los datos de formación. La deriva de conceptos puede ser mucho más difícil de tratar que los otros cambios de distribución discutidos hasta ahora, ya que requiere un monitoreo continuo y una reformación potencial del modelo.

Cambio de dominio

Los términos *cambio de dominio* y *deriva del concepto* se utilizan de manera algo inconsistente en toda la literatura y a veces se consideran intercambiables. En realidad, los dos son fenómenos relacionados, pero ligeramente diferentes. La *deriva del concepto* se refiere a un cambio en la función que mapea desde las entradas hasta las salidas, específicamente a situaciones en las que la relación entre los atributos y las variables de destino cambia a medida que se recopilan más datos con el tiempo.

En el *cambio de dominio*, la distribución de entradas, $p(x)$, y la distribución condicional de salidas dadas las entradas, $p(y|x)$, cambian. Esto a veces también se llama *desplazamiento de la distribución conjunta* debido a la distribución conjunta $p(x\ y\ y) = p(y|x) \cdot p(x)$. Por lo tanto, podemos pensar en el cambio de dominio como una combinación de cambio de covariable y deriva de concepto.

Además, ya que podemos obtener la distribución marginal $p(y)$ integrando sobre la distribución conjunta $p(x, y)$ sobre la variable x (expresada matemáticamente como $p(y) = \int p(x, y)\ dx$), el cambio de covariable y la deriva de concepto también implican cambio de etiqueta. (Sin embargo, pueden existir excepciones cuando el cambio en $p(x)$ compensa el cambio en $p(y|x)$, de tal manera que $p(y)$ no puede cambiar). Por el contrario, el cambio de etiqueta y la deriva de concepto generalmente implican también un cambio de covariable.

Para volver una vez más al ejemplo de clasificación de correo electrónico basura, el cambio de dominio significaría que los atributos (contenido y estructura del correo electrónico) *y* la relación entre los atributos y el objetivo cambian con el tiempo. Por ejemplo, el correo electrónico basura en 2023 puede tener atributos diferentes (tipos de esquemas de estafa nuevos, idioma nuevo, etc.), y la definición de lo que constituye correo basura puede haber cambiado también. Este tipo de cambio sería el escenario más desafiante para un filtro de correo basura formado con datos de 2020, ya que tendría que ajustarse a los cambios tanto en los datos de entrada como en el concepto de destino.

El cambio de dominio es quizá el tipo de cambio más difícil de llevar, pero monitorear el rendimiento del modelo y las estadísticas de los datos a lo largo del tiempo puede ayudar a detectar cambios de dominio temprano. Una vez detectados, las estrategias de mitigación incluyen recopilar más datos etiquetados del dominio objetivo y volver a formar o adaptar el modelo.

Tipos de cambios en la distribución de los datos

En la figura 23-2 se proporciona un resumen visual de los distintos tipos de cambios de datos en el contexto de un problema de clasificación binaria (2 clases), donde los círculos negros se refieren a ejemplos de una clase y los rombos se refieren a ejemplos de otra clase.

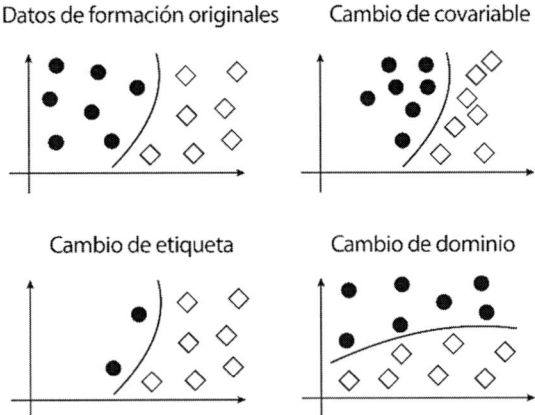

Figura 23-2: *Diferentes tipos de cambios de datos
en un contexto de clasificación binaria.*

Como se señaló en las secciones anteriores, algunos tipos de cambio de distribución son más problemáticos que otros. El menos problemático entre ellos es típicamente el cambio de covariable. Aquí, la distribución de los atributos de entrada, $p(x)$, cambia entre los datos de formación y los de prueba, pero la distribución condicional de la salida dada las entradas, $p(y|x)$, permanece constante. Dado que la relación subyacente entre los insumos y los productos sigue siendo la misma, el modelo formado con los datos de formación todavía puede utilizarse, en principio, con los datos de prueba y los nuevos.

El tipo de cambio de distribución más problemático es normalmente el de distribución conjunta, donde cambian tanto la distribución de entrada $p(x)$ como la de salida condicional $p(y|x)$. Esto hace que sea particularmente difícil para un modelo ajustarse, ya que la relación aprendida de los datos de formación puede ya no mantenerse. El modelo tiene que hacer frente tanto a patrones de entrada nuevos como a reglas nuevas para hacer predicciones basadas en esos patrones.

Sin embargo, la «severidad» de un cambio puede variar ampliamente dependiendo del contexto del mundo real. Por ejemplo, incluso un cambio de covariable puede ser extremadamente problemático si el cambio es severo o si el modelo no puede adaptarse a la distribución de entrada nueva. Por otro lado, un cambio de distribución conjunta podría gestionarse si el cambio es relativamente menor o si tenemos acceso a una cantidad suficiente de datos etiquetados de la nueva distribución para volver a formar al modelo.

En general, es crucial monitorear el rendimiento de los modelos y ser conscientes de los cambios posibles en la distribución de los datos para poder tomar las medidas adecuadas si es necesario.

Ejercicios

23-1. ¿Cuál es el gran problema con la ponderación de importancia como técnica para mitigar el cambio de covariables?

23-2. ¿Cómo podemos detectar este tipo de cambios en escenarios del mundo real, especialmente cuando no tenemos acceso a etiquetas para los datos nuevos?

Referencias

- Recomendaciones y sugerencias para técnicas avanzadas de mitigación para evitar el cambio de dominio: Abolfazl Farahani *et al.*, «A Brief Review of Domain Adaptation» (2020), *https://arxiv.org/abs/2010.03978*.

PARTE V

DESEMPEÑO PREDICTIVO Y EVALUACIÓN DE LOS MODELOS

24

REGRESIÓN DE POISSON
Y ORDINAL

¿Cuándo es preferible usar la regresión de Poisson en vez de la regresión ordinal y viceversa?

Normalmente usamos la regresión de Poisson cuando la variable de destino representa datos de conteo (enteros positivos). Como ejemplo de datos de recuento, considere el número de resfriados contraídos en un avión o el número de comensales que visitan un restaurante en un día determinado. Además de la variable objetivo que representa el recuento, los datos también deben tener una distribución de Poisson, lo que significa que la media y la varianza son aproximadamente iguales. (Para medias grandes, podemos utilizar una distribución normal para aproximarnos a una de Poisson).

Los *datos ordinales* son una subcategoría de datos categóricos donde las categorías tienen un orden natural, 1 < 2 < 3, como se ilustra en la figura 24-1. Los datos ordinales a menudo se representan como enteros positivos y pueden parecer similares a los de recuento. Por ejemplo, considere la clasificación con estrellas de Amazon (1 estrella, 2 estrellas, 3 estrellas, etc.). Sin embargo, la regresión ordinal no hace suposición alguna sobre la distancia entre las categorías ordenadas. Considere la medida siguiente de gravedad de la enfermedad: *grave > moderada > leve > ninguna*. Si bien típicamente asignaríamos la variable de gravedad de la enfermedad a una representación entera (4 > 3 > 2 > 1), no se supone que la distancia entre 4 y 3 (grave y moderada) sea la misma que la distancia entre 2 y 1 (leve y ninguna).

Contar datos con distancias iguales   Datos ordinales con distancias arbitrarias

Figura 24-1: *La distancia entre categorías ordinales es arbitraria.*

En resumen, utilizamos la regresión de Poisson para los datos de conteo. Usamos la regresión ordinal cuando sabemos que ciertos resultados son «más altos» o «más bajos» que otros, pero no estamos seguros de cuánto o si importa.

Ejercicios

24-1. Supongamos que queremos predecir el número de goles que un jugador de fútbol marcará en una temporada en particular. ¿Deberíamos resolver este problema usando la regresión ordinal o la de Poisson?

24-2. Supongamos que le pedimos a alguien que ordene las últimas tres películas que ha visto en función del orden de preferencia. Ignorando el hecho de que este conjunto de datos es demasiado pequeño para el aprendizaje automático, ¿qué método sería el más adecuado para este tipo de datos?

25

INTERVALOS DE CONFIANZA

¿Cuáles son las distintas maneras de construir intervalos de confianza para los clasificadores de aprendizaje automático?

Hay varias maneras de construir intervalos de confianza para los modelos de aprendizaje automático, dependiendo del tipo de modelo y la naturaleza de los datos. Por ejemplo, algunos métodos son costosos en informática cuando se trabaja con redes neuronales profundas y, por lo tanto, son más adecuados para modelos de aprendizaje automático menos intensivos en recursos. Otros requieren conjuntos de datos más grandes para ser confiables.

Los siguientes son los métodos más comunes para construir intervalos de confianza:

- Construir intervalos de aproximación normales basados en un conjunto de pruebas.

- Conjuntos de formación con pruebas de arranque.

- Arranque de las predicciones del conjunto de pruebas.

- Intervalos de confianza de modelos de reformación con semillas aleatorias diferentes.

Antes de revisar estos en mayor profundidad, vamos a revisar brevemente la definición e interpretación de los intervalos de confianza.

Definición de los intervalos de confianza

Un *intervalo de confianza* es un tipo de método para estimar un parámetro de población desconocido. Un *parámetro de población* es una medida específica de una población estadística, por ejemplo, un valor medio (promedio) o proporción. Con medida «específica» quiero decir que hay un valor único y exacto de ese parámetro para toda la población. Aunque este valor puede no ser conocido y a menudo necesita ser estimado a partir de una muestra, es una característica fija y definida de la población. Una *población estadística*, a su vez, es el conjunto completo de ítems o individuos que estudiamos.

En un contexto de aprendizaje automático, la población podría considerarse todo el conjunto posible de instancias o puntos de datos que el modelo puede encontrar, y el parámetro que más nos interesa es la verdadera exactitud de generalización de nuestro modelo con esta población.

Con la exactitud que medimos en el conjunto de pruebas se estima la verdadera exactitud de la generalización. Sin embargo, está sujeta a un error aleatorio debido a la muestra específica de instancias de prueba que utilizamos. Aquí es donde entra en juego el concepto del intervalo de confianza. Un intervalo de confianza del 95 por ciento para la exactitud de la generalización nos da un intervalo en el que podemos razonablemente estar seguros de que se encuentra la exactitud real de la generalización.

Por ejemplo, si tomamos 100 muestras de datos diferentes y calculamos un intervalo de confianza del 95 por ciento para cada muestra, aproximadamente 95 de los 100 intervalos de confianza contendrán el valor real de la población (como la exactitud de la generalización), que se ilustra en la figura 25-1.

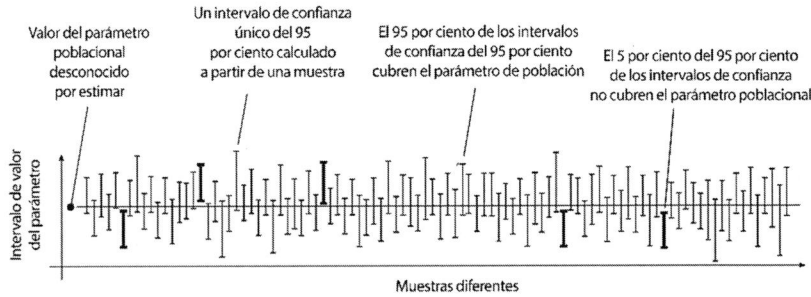

Figura 25-1: *El concepto de intervalos de confianza del 95 por ciento.*

Más en concreto, si dibujáramos 100 conjuntos de pruebas representativas diferentes de la población (por ejemplo, todo el conjunto posible de instancias que el modelo puede encontrar) y calculáramos el intervalo de confianza del 95 por ciento para la exactitud de generalización de cada conjunto de pruebas, esperaríamos que alrededor del 95 de estos intervalos contengan la exactitud verdadera de la generalización.

Podemos mostrar intervalos de confianza de varias maneras. Es habitual utilizar un diagrama de barras en el que la parte superior de la barra representa el valor del parámetro (por ejemplo, la exactitud del modelo) y los listones denotan los niveles superior e inferior del intervalo de confianza (gráfico de la izquierda de la figura 25-2). Alternativamente, los intervalos de confianza se pueden mostrar sin barras, como en el gráfico derecho de la figura 25-2.

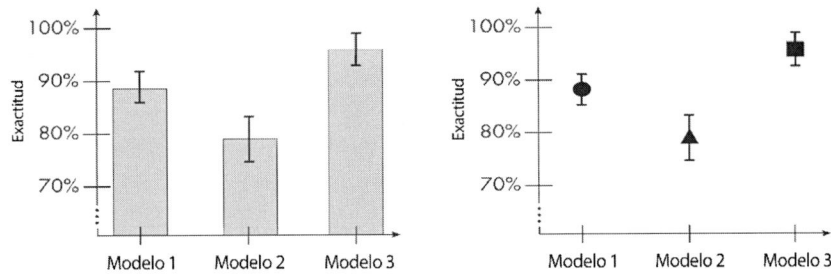

Figura 25-2: *Dos variantes de trazado habituales para ilustrar los intervalos de confianza.*

Esta visualización es funcionalmente útil de varias maneras. Por ejemplo, cuando los intervalos de confianza para dos modelos no se *superponen*, es un indicador visual claro de que los rendimientos son significativamente diferentes. Tomemos el ejemplo de las pruebas de significación estadística, como las pruebas t: si dos intervalos de confianza del 95 por ciento no se superponen, esto sugiere claramente que la diferencia entre las dos mediciones es estadísticamente significativa en el nivel 0.05.

Por otro lado, si dos intervalos de confianza del 95 por ciento se superponen, no podemos concluir automáticamente que no haya diferencia significativa entre las dos mediciones. Incluso cuando los intervalos de confianza se superponen, todavía puede haber una diferencia estadísticamente significativa.

Alternativamente, para proporcionar información más detallada sobre las cantidades exactas, podemos utilizar la visualización de una tabla para expresar los intervalos de confianza. Las dos notaciones comunes se resumen en la tabla 25-1.

Tabla 25-1: *Intervalos de confianza.*

Modelo	Conjunto de datos A	Conjunto de datos B	Conjunto de datos C
1	89.1% ± 1.7%	. . .	. . .
2	79.5% ± 2.2%	. . .	. . .
3	95.2% ± 1.6%	. . .	. . .
Modelo	**Conjunto de datos A**	**Conjunto de datos B**	**Conjunto de datos C**
1	89.1% (87.4%, 90.8%)	. . .	. . .
2	79.5% (77.3%, 81.7%)	. . .	. . .
3	95.2% (93.6%, 96.8%)	. . .	. . .

La notación ± se prefiere a menudo si el intervalo de confianza es *simétrico*, lo que significa que los puntos finales superiores e inferiores son equidistantes del parámetro estimado. Alternativamente, los intervalos de confianza inferior y superior se pueden escribir explícitamente.

Los métodos

En las siguientes secciones se describen los cuatro métodos más comunes para construir intervalos de confianza.

Método 1: Intervalos de aproximación normal

El intervalo de aproximación normal implica generar el intervalo de confianza a partir de un segmento único de prueba y formación. A menudo se considera el método más simple y tradicional para calcular los intervalos de confianza. Este método es atractivo especialmente en el ámbito del aprendizaje profundo, donde los modelos de formación son costosos. También es deseable cuando estamos interesados en evaluar un modelo específico, en lugar de modelos formados con varias particiones de datos como en la validación cruzada de k iteraciones. ¿Cómo funciona? En resumen, la fórmula del intervalo de confianza para un parámetro predicho (por ejemplo, la media muestral, denotada como $\bar{x}$), asumiendo una distribución normal, se expresa como $\bar{x} \pm z \times SE$.

En esta fórmula, z representa la puntuación z, que indica el número de desviaciones estándar de un valor particular de la media en una distribución normal estándar. SE representa el error estándar del parámetro predicho (en este caso, la media de la muestra).

NOTA *La mayoría de los lectores estarán familiarizados con las tablas de puntuación z que se encuentran generalmente en la parte posterior de los libros de texto de estadística introductoria. Sin embargo, una forma más conveniente y preferida de obtener puntuaciones z es usar funciones como stats.zscore de SciPy, que calcula las puntuaciones z para niveles de confianza dados.*

Para nuestro escenario, la media de la muestra, denotada como $\bar{x}$, corresponde a la exactitud del conjunto de pruebas, ACC_{test}, una medida de predicciones exitosas en el contexto de un intervalo de confianza de proporción binomial.

El error estándar se puede calcular, bajo una aproximación normal, así:

$$SE = \sqrt{\frac{1}{n} ACC_{test}(1 - ACC_{test})}$$

En esta ecuación, n significa el tamaño del conjunto de pruebas. Sustituyendo el error estándar de nuevo en la fórmula anterior, obtenemos lo siguiente:

$$ACC_{test} \pm z \sqrt{\frac{1}{n} ACC_{test}(1 - ACC_{test})}$$

Puede encontrar ejemplos de código adicionales para implementar este método en la subcarpeta *supplementary/q25_confidence-Intervals* en el repositorio de código suplementario en *https://github.com/rasbt/ MachineLearning-QandAI-book*.

Aunque el método de intervalo de aproximación normal es muy popular debido a la simplicidad, tiene algunas desventajas. En primer lugar, la aproximación normal puede no ser siempre exacta, especialmente para tamaños de muestra pequeños o para datos que no se distribuyen normalmente. En tales casos, otros métodos informáticos de intervalos de confianza pueden ser más exactos. En segundo lugar, el uso de un segmento único de prueba y formación no proporciona información sobre la variabilidad del rendimiento del modelo en segmentos de datos diferentes. Esto puede ser un problema si el rendimiento depende en gran medida del segmento específico utilizado, que puede ser el caso si el conjunto de datos es pequeño o si hay un grado de variabilidad alto en los datos.

Método 2: Conjuntos de formación con pruebas de arranque

Los intervalos de confianza sirven como una herramienta para aproximar parámetros desconocidos. Sin embargo, cuando estamos restringidos a una sola estimación, como la exactitud derivada de un único conjunto de pruebas, debemos hacer ciertas suposiciones para que esto funcione. Por ejemplo, cuando usamos el intervalo de aproximación normal descrito en la sección anterior, asumimos que los datos son normalmente distribuidos, lo que puede o no cumplirse.

En un escenario perfecto, tendríamos más información sobre la distribución muestral del conjunto de pruebas. Pero esto requeriría el acceso a muchos conjuntos de datos de prueba independientes, lo que normalmente no es factible. Una solución alternativa es el método de arranque, que vuelve a muestrear los datos existentes para estimar la distribución muestral.

> **NOTA** *En la práctica, cuando el conjunto de pruebas es lo suficientemente grande, la aproximación de distribución normal se mantendrá, gracias al teorema del límite central. Este teorema establece que la suma (o promedio) de un gran número de variables aleatorias independientes e idénticamente distribuidas se aproximará a una distribución normal, independiente de la distribución subyacente de las variables individuales. Es difícil especificar qué constituye un conjunto de pruebas suficientemente grande. Sin embargo, bajo supuestos más fuertes que los del teorema del límite central, podemos al menos estimar la tasa de convergencia a la distribución normal utilizando el teorema Berry-Esseen, que nos da una estimación más cuantitativa de la rapidez con que se produce la convergencia en el teorema del límite central.*

En un contexto de aprendizaje automático, podemos tomar el conjunto de datos original y dibujar una muestra aleatoria *con reemplazo*. Si el conjunto de datos tiene tamaño *n* y dibujamos una muestra aleatoria con reemplazo del tamaño *n*, esto implica que algunos puntos de datos probablemente se duplicarán en esta muestra nueva, mientras que otros no se muestrean en absoluto. Luego podemos repetir este procedimiento para varias rondas para obtener muchos conjuntos de formación y pruebas. A este proceso se le conoce como muestreo de arranque fuera de la bolsa (*out-of-bag bootstrapping*), ilustrado en la figura 25-3.

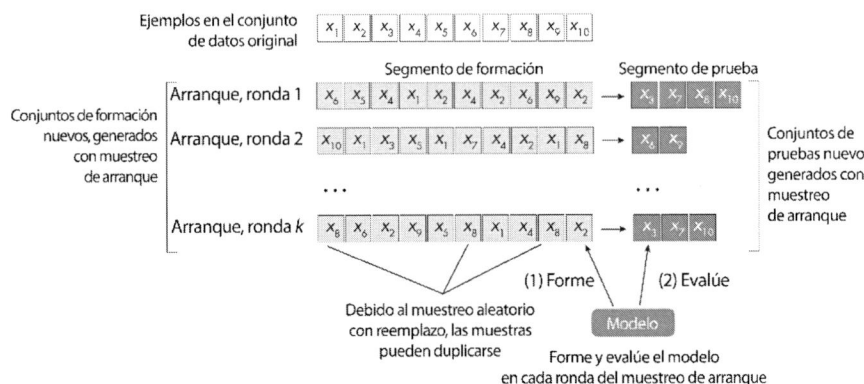

Figura 25-3: *El muestreo de arranque fuera de la bolsa evalúa modelos en conjuntos de formación remuestreados.*

Supongamos que construimos *k* conjuntos de formación y pruebas. Ahora podemos tomar cada una de estas divisiones para formar y evaluar el modelo para obtener *k* estimaciones de exactitud del conjunto de pruebas. Teniendo en cuenta esta distribución de las estimaciones de exactitud del conjunto de pruebas, podemos tomar el intervalo entre los percentiles 2.5 y 97.5 para obtener el intervalo de confianza del 95 por ciento, como se ilustra en la figura 25-4.

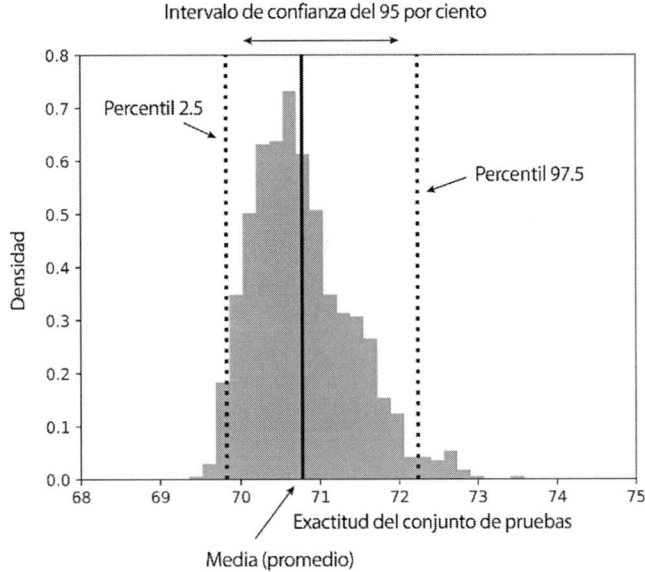

Figura 25-4: *La distribución de las exactitudes de prueba de 1000 muestras de arranque, incluyendo un intervalo de confianza del 95 por ciento.*

A diferencia del método de intervalo de aproximación normal, podemos considerar que este método de arranque fuera de la bolsa es más agnóstico a la distribución específica. Idealmente, si se cumplen los supuestos para la aproximación normal, ambas metodologías producirían resultados idénticos.

Dado que el muestreo de arranque se basa en la remuestreo de los datos de prueba existentes, la desventaja es que no trae información nueva que pueda estar disponible en una población más amplia o en datos ocultos. Por lo tanto, puede que no siempre pueda generalizar el rendimiento del modelo a datos ocultos nuevos.

Tenga en cuenta que estamos utilizando el método de muestreo de arranque (*bootstrap*) en este capítulo en lugar de obtener los segmentos de prueba y formación con la validación cruzada de *k* iteraciones, debido a la base teórica del muestreo de arranque con el teorema del límite central discutido anteriormente. También hay métodos de arranque fuera de la bolsa más avanzados, como las estimaciones .632 y .632+, que vuelven a ponderar las estimaciones de exactitud.

Método 3: Predicciones con conjunto de pruebas de arranque

Un método alternativo a los conjuntos de formación con pruebas de arranque es el arranque de conjuntos de prueba. La idea es formar al modelo con el conjunto de formación existente como de costumbre y luego evaluarlo con los conjuntos de prueba de arranque, como se ilustra en la figura 25-5. Después de obtener las estimaciones de rendimiento del conjunto de pruebas, podemos utilizar el método de percentil descrito en la sección anterior.

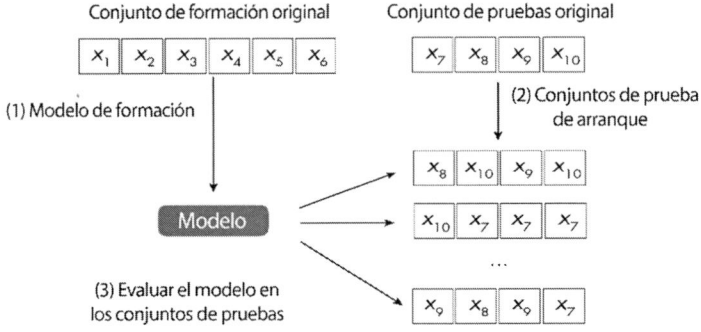

Figura 25-5: *Arranque del conjunto de pruebas.*

Al contrario de la técnica de arranque anterior, en este método se utiliza un modelo formado y simplemente se remuestrea el conjunto de pruebas (en lugar de los de formación). Este método es especialmente atractivo para evaluar redes neuronales profundas, ya que no requiere volver a formar al modelo con los segmentos de datos nuevos. Sin embargo, una desventaja de este método es que no se evalúa la variabilidad del modelo hacia cambios pequeños en los datos de formación.

Método 4: Reformación de modelos con semillas aleatorias diferentes

En el aprendizaje profundo, los modelos son comúnmente reformados usando varias semillas aleatorias, ya que algunas inicializaciones aleatorias de pesos pueden dar lugar a modelos mucho mejores que otros. ¿Cómo podemos construir un intervalo de confianza a partir de estos experimentos? Si asumimos que las medias de la muestra siguen una distribución normal, podemos emplear un método discutido previamente en el que calculamos el intervalo de confianza en torno a una media muestral, denotada como $\bar{x}$, de la siguiente manera:

$$\bar{x} \pm z \times SE$$

Dado que en este contexto a menudo trabajamos con un número relativamente modesto de muestras (por ejemplo, modelos de 5 a 10 semillas aleatorias), asumiendo que una distribución t se considera más adecuada que una normal. Por lo tanto, sustituimos el *valor z* por un *valor t* en la fórmula anterior. (A medida que aumenta el tamaño de la muestra, la distribución *t* tiende a parecerse más a la normal estándar y los valores críticos [*z* y *t*] son cada vez más similares).

Además, si estamos interesados en la exactitud media, denotada como $\overline{ACC_{test}}$, consideramos $ACC_{test,j}$ correspondiente a una semilla única aleatoria *j* como muestra.

El número de semillas aleatorias que evaluamos constituiría entonces el tamaño de la muestra *n*. Como tal, calcularíamos:

$$\overline{ACC_{test}} \pm t \times SE$$

Aquí, SE es el error estándar, calculado como SE = SD/$\sqrt{n}$, mientras que

$$\overline{ACC_{test}} = \frac{1}{r} \sum_{j=1}^{r} ACC_{test,j}$$

es la exactitud media, que calculamos sobre las semillas aleatorias *r*. La desviación estándar SD se calcula de la siguiente manera:

$$SD = \sqrt{\frac{\sum_j (ACC_{test,j} - \overline{ACC_{test}})^2}{r-1}}$$

En resumen, calcular los intervalos de confianza usando varias semillas aleatorias es otra alternativa efectiva. Sin embargo, es principalmente beneficioso para los modelos de aprendizaje profundo. Resulta ser más costoso que la aproximación normal (método 1) y que el método de arranque del conjunto de pruebas (método 3), ya que requiere volver a formar al modelo. Lo bueno es que los resultados derivados de semillas aleatorias dispares nos proporcionan una comprensión sólida de la estabilidad del modelo.

Recomendaciones

Cada método posible para construir intervalos de confianza tiene ventajas y desventajas únicas. El intervalo de aproximación normal es económico de calcular, pero se basa en el supuesto de normalidad sobre la distribución. El arranque fuera de bolsa es agnóstico a estas suposiciones, pero es sustancialmente más costoso de calcular. Una alternativa más barata es solo arrancar la prueba, pero esto implica arrancar un conjunto de datos más pequeño y puede ser engañoso para los conjuntos de pruebas pequeños o no representativos. Por último, construir intervalos de confianza a partir de semillas aleatorias diferentes es costoso, pero puede darnos información adicional sobre la estabilidad del modelo.

Ejercicios

25-1. Como se mencionó anteriormente, la elección más común del nivel de confianza es el 95 por ciento de los intervalos de confianza. Sin embargo, el 90 por ciento y el 99 por ciento también son comunes. ¿Son los intervalos de confianza del 90 por ciento más pequeños o más anchos que los intervalos de confianza del 95 por ciento, y por qué es este el caso?

25-2. En el «Método 3: predicciones con conjunto de pruebas de arranque», creamos conjuntos de pruebas mediante el arranque y luego utilizamos el modelo ya formado para calcular la exactitud del conjunto de pruebas en cada uno de estos conjuntos de datos. ¿Puede pensar en un método o modificación para obtener estas exactitudes de prueba de manera más eficiente?

Referencias

- Una discusión detallada de las trampas de la conclusión de la significación estadística de los intervalos de confianza no superpuestos: Martin Krzywinski y Naomi Altman, «Error Bars» (2013), *https://www.nature.com/ artículos/nmeth.2659.*

- Una explicación más detallada del intervalo de confianza de la proporción binomial: *https://en.wikipedia.org/wiki/Binomial_ proportion_confidence_interval.*

- Para una explicación detallada de los intervalos normales de aproximación, véase la sección 1.7 de mi artículo: «Model Evaluation, Model Selection, and Algorithm Selection in Machine Learning» (2018), *https://arxiv.org/abs/1811,12808.*

- Información adicional sobre el teorema del límite central para variables aleatorias independientes e idénticamente distribuidas: *https://en.wikipedia.org/wiki/Central_limit_theorem.*

- El arranque .632 aborda un sesgo pesimista del método regular de arranque fuera de bolsa: Bradley Efron, «Estimating the Error Rate of a Prediction Rule: Improvement on Cross-Validation» (1983), *https://www.jstor.org/stable/2288636.*

- El arranque .632+ corrige un sesgo optimista introducido en el

- Un documento de investigación sobre el aprendizaje profundo que discute el arranque de las predicciones del conjunto de pruebas: Benjamin Sánchez-Lengeling *et al.*, «Machine Learning for Scent: Learning Generalizable Perceptual Representations of Small Molecules» (2019), *https://arxiv.org/abs/1910.10685.*

26

INTERVALOS DE CONFIANZA Y PREDICCIONES CONFORMES

 ¿Cuáles son las diferencias entre los intervalos de confianza y las predicciones conformes, y cuándo usamos uno sobre el otro?

Los intervalos de confianza y las predicciones conformes son métodos estadísticos para estimar el intervalo de valores plausibles para un parámetro de población desconocido. Como se discutió en el capítulo 25, un intervalo de confianza cuantifica el nivel de confianza de que un parámetro de población se encuentre dentro de un intervalo. Por ejemplo, un intervalo de confianza del 95 por ciento para la media de una población significa que, si tomáramos muchas muestras de la población y calculáramos el intervalo de confianza del 95 por ciento para cada una, esperaríamos que la media real de la población (promedio) se encuentre dentro de estos intervalos el 95 por ciento de las veces. En el capítulo 25 se cubrieron varias técnicas para aplicar este método y estimar el rendimiento de predicción de los modelos de aprendizaje automático. Las predicciones conformes, por otro lado, se utilizan comúnmente para crear intervalos de predicción, que están diseñados para cubrir un resultado verdadero con una cierta probabilidad.

En este capítulo se explica brevemente qué es un intervalo de predicción y cómo difiere de los de confianza, y luego se explica cómo las predicciones conformes son, en términos generales, un método para construir intervalos de predicción.

Intervalos de confianza e intervalos de predicción

Mientras que un intervalo de confianza se centra en parámetros que caracterizan a una población como un todo, un *intervalo de predicción* proporciona un segmento de valores para un único valor objetivo predicho. Por ejemplo, considere el problema de predecir la estatura de la gente. Dada una muestra de 10 000 personas, podríamos concluir que la estatura media (promedio) es de 1.70 m. También podríamos calcular un intervalo de confianza del 95 por ciento para esta media, que va de 1.68 m a 1.72 m.

Un *intervalo de predicción*, sin embargo, se refiere a estimar no la estatura de la población, sino la de una sola persona. Por ejemplo, dado un peso de 84 kilogramos, el intervalo de predicción de una persona determinada puede estar entre 1.72 y 1.83 m.

En un contexto de modelo de aprendizaje automático, podemos utilizar intervalos de confianza para estimar un parámetro de población, como la exactitud de un modelo (que se refiere al rendimiento en todos los escenarios de predicción posibles). Por el contrario, con un intervalo de predicción se estima el segmento de valores de salida para un solo ejemplo de entrada dado.

Intervalos de predicción y predicciones conformes

Tanto las predicciones conformes como los intervalos de predicción son técnicas estadísticas para estimar la incertidumbre de las predicciones de modelos individuales, pero lo hacen de maneras distintas y bajo supuestos diferentes.

Mientras que en los intervalos de predicción a menudo se asume una distribución de datos particular y están vinculados a un tipo específico de modelo, los métodos de predicción conformes son libres de distribución y se pueden utilizar en cualquier algoritmo de aprendizaje automático.

En resumen, podemos pensar en las predicciones conformes como una forma más flexible y generalizable de intervalos de predicción. Sin embargo, las predicciones conformes a menudo requieren más recursos de procesamiento que los métodos tradicionales para construir intervalos de predicción, que implican técnicas de remuestreo o permutación.

Regiones, intervalos y conjuntos de predicción

En el contexto de la predicción conforme, los términos *intervalo de predicción, conjunto de predicción* y *región de predicción* se utilizan para denotar los resultados plausibles para una instancia dada. El tipo de término utilizado depende de la naturaleza de la tarea.

En tareas de regresión donde la salida es una variable continua, un *intervalo de predicción* proporciona un segmento dentro del cual se espera que esté el valor verdadero con un cierto nivel de confianza. Por ejemplo, un modelo podría predecir que el precio de una casa está entre 200 000 € y 250 000 €.

En las tareas de clasificación, donde la salida es una variable discreta (las etiquetas de clase), un *conjunto de predicciones* incluye todas las etiquetas de clase que se consideran predicciones plausibles para una instancia dada. Por ejemplo, un modelo podría predecir que una imagen representa un gato, un perro o un pájaro.

Región de predicción es un término más general que puede referirse a un intervalo o un conjunto de predicción. Describe el conjunto de productos considerados plausibles por el modelo.

Cálculo de predicciones conformes

Ahora que hemos mostrado la diferencia entre los intervalos de confianza y las regiones de predicción y hemos aprendido cómo los métodos de predicción conformes se relacionan con los intervalos de predicción, ¿cómo funcionan exactamente las predicciones conformes?

En resumen, los métodos de predicción conformes proporcionan un entorno para crear regiones de predicción, conjuntos de resultados potenciales para una tarea de predicción. Dados los supuestos y métodos utilizados para construirlos, estas regiones están diseñadas para contener el resultado verdadero con una cierta probabilidad.

Para los clasificadores, una región de predicción para una entrada dada es un conjunto de etiquetas de tal manera que el conjunto contiene la etiqueta verdadera con una confianza dada (típicamente 95 por ciento), como se ilustra en la figura 26-1.

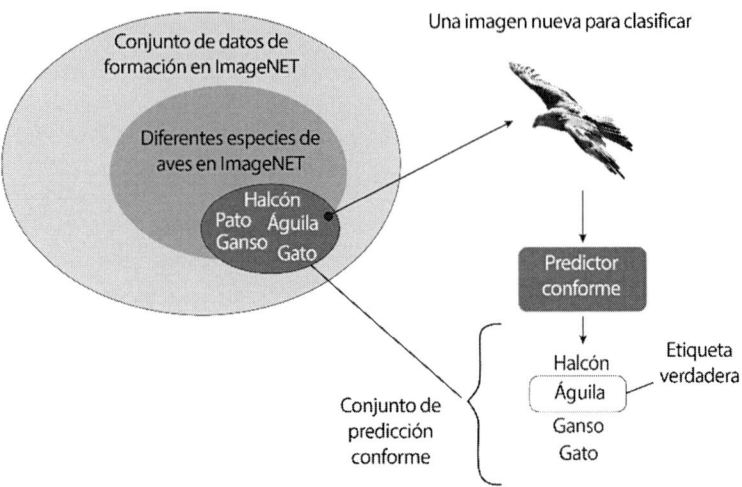

Figura 26-1: *Regiones de predicción para una tarea de clasificación.*

Como se muestra en la figura 26-1, el conjunto de datos ImageNET consta de un subconjunto de especies de aves. Algunas especies de aves en ImageNET pertenecen a una de las siguientes clases: *halcón, pato, águila* o *ganso*. ImageNET también contiene otros animales, por ejemplo, gatos. Para que una imagen nueva clasifique (aquí, un águila), el conjunto de predicción conforme consiste en clases tales que la etiqueta verdadera, *águila*, esté contenida dentro de este conjunto con una probabilidad del 95 por ciento. A menudo, esto incluye clases estrechamente relacionadas, como *halcón* y *ganso* en este caso. Sin embargo, el conjunto de predicciones también puede incluir etiquetas de clases no tan estrechamente relacionadas, como *gato*.

Para esbozar el concepto de cálculo de regiones de predicción paso a paso, supongamos que formamos un clasificador de aprendizaje automático para imágenes. Antes de formar al modelo, el conjunto de datos se divide normalmente en tres partes: un conjunto de formación, uno de calibración y otro de pruebas. Utilizamos el de formación para formar al modelo y el de calibración para obtener los parámetros para las regiones de predicción conformes. Luego podemos usar el conjunto de pruebas para evaluar el rendimiento del predictor conforme. Una proporción de división típica podría ser 60 por ciento de datos de formación, 20 de datos de calibración y 20 de datos de prueba.

El primer paso después de formar al modelo con el conjunto de formación es definir una *medida de no conformidad*, una función que asigna una puntuación numérica a cada instancia del conjunto de calibración en función de lo «inusual» que es. Esto podría basarse en la distancia al límite de decisión del clasificador o, más comúnmente, 1 menos la probabilidad prevista de una etiqueta de clase. Cuanto más alta sea la puntuación, más inusual es la instancia.

Antes de usar predicciones conformes para puntos de datos nuevos, utilizamos las puntuaciones de no conformidad del conjunto de calibración para calcular un umbral cuantil. Este umbral es un nivel de probabilidad tal que, por ejemplo, el 95 por ciento de las instancias del conjunto de calibración (si elegimos un nivel de confianza del 95 por ciento) tienen puntuaciones de no conformidad por debajo de este umbral. Este umbral se utiliza entonces para determinar las regiones de predicción para instancias nuevas, asegurando que las predicciones se calibran al nivel de confianza deseado.

Una vez que tengamos el valor del umbral, podemos calcular las regiones de predicción para datos nuevos. Aquí, para cada etiqueta de clase posible (cada salida posible del clasificador) para una instancia dada, comprobamos si la puntuación de no conformidad está por debajo del umbral. Si es así, lo incluimos en el conjunto de predicciones para esa instancia.

Un ejemplo de predicción conforme

Vamos a ilustrar este proceso de hacer predicciones conformes con un ejemplo usando un método de predicción conforme simple conocido como el *método de puntuación*. Supongamos que formamos a un clasificador con un conjunto de formación para distinguir entre tres especies de aves: gorriones, petirrojos y halcones. Supongamos que las probabilidades previstas para un conjunto de datos de calibración son las siguientes:

Gorrión [0.95, 0.9, 0.85, 0.8, 0.75]

Petirrojo [0.7, 0.65, 0.6, 0.55, 0.5]

Halcón [0.4, 0.35, 0.3, 0.25, 0.2]

Como se muestra aquí, tenemos un conjunto de calibración que consta de 15 ejemplos, cinco para cada una de las tres clases. Tenga en cuenta que un clasificador devuelve tres puntuaciones de probabilidad para cada ejemplo de formación: una probabilidad correspondiente a cada una de las tres clases (gorrión, petirrojo y halcón). Aquí, sin embargo, hemos seleccionado solo la probabilidad de la etiqueta de clase verdadera. Por ejemplo, podemos obtener los valores [0.95, 0.02, 0.03] para el primer ejemplo de calibración con la etiqueta verdadera *gorrión*. En este caso, solo nos queda 0.95.

A continuación, después de obtener los puntajes de probabilidad anteriores, podemos calcular el puntaje de no conformidad como 1 menos la probabilidad, de la manera siguiente:

Gorrión [0.05, 0.1, 0.15, 0.2, 0.25]

Petirrojo [0.3, 0.35, 0.4, 0.45, 0.5]

Halcón [0.6, 0.65, 0.7, 0.75, 0.8]

Considerando un nivel de confianza del 0.95, seleccionamos ahora un umbral tal que el 95 % de estas puntuaciones de no conformidad queden por debajo de ese umbral. Con base en las puntuaciones de no conformidad en este ejemplo, este umbral es de 0.8. Luego podemos usarlo para construir los conjuntos de predicción para las instancias nuevas que queremos clasificar.

Ahora supongamos que tenemos una instancia nueva (una imagen nueva de un pájaro) que queremos clasificar. Calculamos la puntuación de no conformidad de esta nueva imagen de ave, asumiendo que pertenece a cada especie de ave (etiqueta de clase) en el conjunto de formación:

Gorrión 0.26

Petirrojo 0.45

Halcón 0.9

En este caso, las puntuaciones de no conformidad de *Gorrión* y *Petirrojo* están por debajo del umbral de 0.8. Por lo tanto, la predicción establecida para esta entrada es [*Gorrión, Petirrojo*]. En otras palabras, esto nos dice que, en promedio, la etiqueta de clase verdadera se incluye en el conjunto de predicción el 95 por ciento de veces.

Los beneficios de las predicciones conformes

En contraste con el uso de las probabilidades de pertenencia a clases devueltas de los clasificadores, los beneficios principales de la predicción conforme son las garantías teóricas y la generalidad.

Los métodos de predicción conformes no hacen suposiciones sólidas sobre la distribución de los datos o el modelo que se utiliza y se pueden utilizar en conjunto con cualquier algoritmo de aprendizaje automático existente para proporcionar medidas de confianza para las predicciones.

Los intervalos de confianza tienen garantías de cobertura asintóticas, lo que significa que la garantía de cobertura se mantiene en el límite a medida que el tamaño de la muestra (conjunto de pruebas) tiende al infinito. Esto no significa necesariamente que los intervalos de confianza funcionen solo para muestras muy grandes, sino que sus propiedades están más firmemente garantizadas a medida que aumenta el tamaño de la muestra. Por lo tanto, los intervalos de confianza dependen de propiedades asintóticas, lo que significa que las garantías se vuelven más robustas a medida que crece la muestra.

Por el contrario, las predicciones conformes proporcionan garantías de muestra finita, asegurando que la probabilidad de cobertura se alcance para muestras de cualquier tamaño. Por ejemplo, si especificamos un nivel de confianza del 95 por ciento para un método de predicción conforme y generamos 100 conjuntos de calibración con los conjuntos de predicción correspondientes, el método incluirá la etiqueta de clase verdadera para 95 de los 100 puntos de prueba. Esto se mantiene independientemente del tamaño de los conjuntos de calibración.

Si bien la predicción conforme tiene muchas ventajas, no siempre proporciona los intervalos de predicción más estrechos posibles. A veces, si se cumplen los supuestos subyacentes de un clasificador específico, las propias estimaciones de probabilidad de ese clasificador pueden ofrecer intervalos más ajustados e informativos.

Recomendaciones

Un intervalo hace referencia al nivel de incertidumbre sobre las propiedades del modelo, como la exactitud de predicción de un clasificador. Un intervalo de predicción o salida de predicción conforme hace referencia al nivel de incertidumbre en una predicción específica del modelo. Ambos son muy importantes para entender la fiabilidad y el rendimiento del modelo, pero proporcionan tipos de información diferentes.

Por ejemplo, un intervalo de confianza para la exactitud de predicción de un modelo puede ser útil para comparar y evaluar modelos y para decidir cuál implementar. Por otro lado, un intervalo de predicción puede ser útil para usar un modelo en la práctica y entender las predicciones. Por ejemplo, puede ayudar a identificar casos en los que el modelo no está seguro y puede necesitar datos adicionales, supervisión humana o un método diferente.

Ejercicios

26-1. Los tamaños de los conjuntos de predicción pueden variar entre instancias. Por ejemplo, podemos encontrar un tamaño de conjunto de predicción de 1 para una instancia dada y para otra, uno de 3. ¿Qué nos dice el tamaño del conjunto de predicción?

26-2. En los capítulos 25 y 26 nos centramos en los métodos de clasificación. ¿Podríamos utilizar la predicción conforme y los intervalos de confianza para la regresión también?

Referencias

- MAPIE es una biblioteca popular para predicciones conformes en Python: *https://mapie.readthedocs.io/*.

- Para más información sobre el método de puntuación utilizado en este capítulo: Christoph Molnar, «Introduction to Conformal Prediction with Python» (2023), *https://christophmolnar.com/books/conformal-prediction/*.

- Además del método de puntuación, existe un número de otras variantes de métodos de predicción conformes. Para obtener una colección completa de literatura y recursos de predicción conforme, véase la página de Awesome Conformal Prediction: *https://github.com/valeman/awesome-conformal-predicción*.

27

MÉTRICAS ADECUADAS

¿Cuáles son las tres propiedades de una función de distancia que la convierten en una métrica *adecuada*?

Las métricas son fundamentales para la matemática, la informática y otros cuantos dominios científicos. Es importante comprender las propiedades fundamentales que definen una buena función de distancia para medir distancias o diferencias entre puntos o conjuntos de datos. Por ejemplo, cuando se trata de funciones como las de pérdida en redes neuronales, entender si se comportan como métricas adecuadas puede ser fundamental para saber cómo convergirán a una solución los algoritmos de optimización.

En este capítulo se analizan dos funciones de pérdida comúnmente utilizadas, el error cuadrático medio y la pérdida de entropía cruzada, para mostrar si cumplen con los criterios de métricas adecuados.

Los criterios

Para ilustrar los criterios de una métrica adecuada, considere dos vectores o puntos **v** y **w** y la distancia entre ellos, $d(\mathbf{v}, \mathbf{w})$, como se muestra en la figura 27-1.

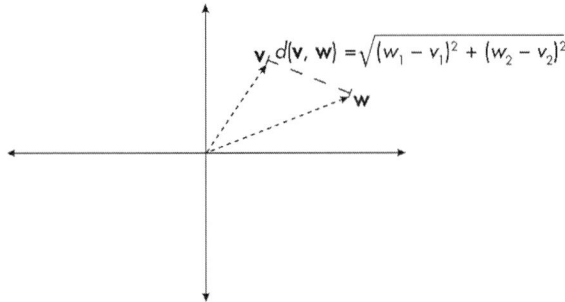

Figura 27-1: *La distancia euclidiana entre dos vectores 2D.*

Los criterios de una métrica adecuada son los siguientes:

- La distancia entre dos puntos es siempre no negativa, $d(\mathbf{v}, \mathbf{w}) \geq 0$ y puede ser 0 solo si los dos puntos son idénticos, es decir, $\mathbf{v} = \mathbf{w}$.

- La distancia es simétrica; por ejemplo, $d(\mathbf{v}, \mathbf{w}) = d(\mathbf{w}, \mathbf{v})$.

- La función de distancia satisface la *desigualdad triangular* para tres puntos cualesquiera: $\mathbf{v}, \mathbf{w}, \mathbf{x}$, que significa $d(\mathbf{v}, \mathbf{w}) \leq d(\mathbf{v}, \mathbf{x}) + d(\mathbf{x}, \mathbf{w})$.

Para entender mejor la desigualdad triangular, piense en los puntos como vértices de un triángulo. Si consideramos cualquier triángulo, la suma de dos de los lados es siempre más grande que el tercer lado, como se ilustra en la figura 27-2.

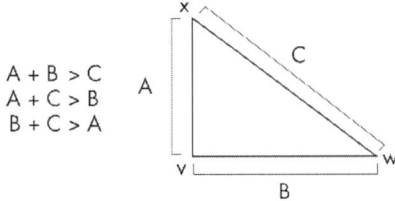

Figura 27-2: *Desigualdad triangular.*

Considere lo que pasaría si la desigualdad triangular que se representa en la figura 27-2 no fuera cierta. Si la suma de las longitudes de los lados AB y BC fuera más corta que AC, entonces los lados AB y BC no se encontrarían para formar un triángulo; en cambio, se quedarían cortos entre sí. Por lo tanto, el hecho de que se encuentran y forman un triángulo demuestra la desigualdad triangular.

El error cuadrático medio

Con el *error cuadrático medio (ECM)* se calcula la distancia euclídea cuadrada entre una variable objetivo y y un valor objetivo predicho $\hat{y}$.

$$ECM = \frac{1}{n}\sum_{i=1}^{n}(y^{(i)} - \hat{y}^{(i)})^2$$

Con el índice i se denota el *iésimo punto* en el conjunto de datos o muestra. ¿Es esta función de pérdida una métrica adecuada?

Por razones de simplicidad, consideraremos la pérdida del *error cuadrado (EC)* entre dos puntos de datos (aunque también son válidas las siguientes ideas para el ECM). Como se muestra en la siguiente ecuación, la pérdida de EC cuantifica la diferencia cuadrada entre los valores previstos y reales para un solo punto de datos, mientras que la pérdida de ECM promedia estas diferencias cuadradas sobre todos los puntos un conjunto de datos:

$$EC(y, \hat{y}) = (y - \hat{y})^2$$

En este caso, el EC cumple la primera parte del primer criterio: la distancia entre dos puntos es siempre no negativa. No puede ser negativo, pues estamos elevando al cuadrado la diferencia.

¿Qué tal el segundo criterio, que la distancia puede ser 0 solo si los dos puntos son idénticos? Debido a la resta en el EC, es intuitivo ver que solo puede ser 0 si la predicción coincide con la variable objetivo, $y = \hat{y}$. Al igual que con el primer criterio, podemos utilizar el cuadrado para confirmar que EC cumple con el segundo criterio: tenemos $(y - \hat{y})^2 = (\hat{y} - y)^2$.

A primera vista, parece que la pérdida de error cuadrado también satisface el tercero, la desigualdad triangular. Intuitivamente, puede comprobar esto eligiendo tres números arbitrarios, aquí 1, 2, 3:

- $(1 - 2)^2 \leq (1 - 3)^2 + (2 - 3)^2$

- $(1 - 3)^2 \leq (1 - 2)^2 + (2 - 3)^2$

- $(2 - 3)^2 \leq (1 - 2)^2 + (1 - 3)^2$

Sin embargo, hay valores para los que esto no es cierto. Por ejemplo, considere los valores $a = 0$, $b = 2$ y $c = 1$. Esto nos da $d(a, b) = 4$, $d(a, c) = 1$, y $d(b, c) = 1$, de tal manera que tenemos el siguiente escenario, que viola la desigualdad triangular:

- $(0 - 2)^2 \nleq (0 - 1)^2 + (2 - 1)^2$

- $(2 - 1)^2 \leq (0 - 1)^2 + (0 - 2)^2$

- $(0 - 1)^2 \leq (0 - 2)^2 + (1 - 2)^2$

Dado que no satisface la desigualdad triangular con el ejemplo anterior, concluimos que la pérdida del error cuadrático (medio) no es una métrica adecuada.

Sin embargo, si cambiamos el error cuadrático por la *raíz cuadrada del error*

$$\sqrt{(y - \hat{y})^2}$$

la desigualdad triangular se satisface:

$$\sqrt{(0 - 2)^2} \leq \sqrt{(0 - 1)^2} + \sqrt{(2 - 1)^2}$$

NOTA *Puede que esté familiarizado con la* distancia L_2 *o euclidiana, que se sabe que satisface la desigualdad triangular. Estas dos métricas de distancia son equivalentes al error de la raíz cuadrada al considerar dos valores escalares.*

La pérdida de entropía cruzada

La entropía cruzada se utiliza para medir la distancia entre dos distribuciones de probabilidad. En contextos de aprendizaje automático, utilizamos la pérdida discreta de entropía cruzada (EC) entre la etiqueta de clase *y* y la probabilidad prevista *p* cuando formamos regresión logística o clasificadores de redes neuronales con un conjunto de datos que consta de *n* ejemplos de formación:

$$EC(y, p) = -\frac{1}{n} \sum_{i=1}^{n} y^{(i)} \times \log (p^{(i)})$$

¿Es esta función de pérdida una métrica adecuada? Una vez más, por simplicidad, veremos la función de entropía cruzada (*H*) entre solo dos puntos de datos:

$$H(y, p) = -y \times \log(p)$$

La pérdida de entropía cruzada satisface una parte del primer criterio: la distancia es siempre no negativa porque la puntuación de probabilidad es un número en el intervalo [0, 1]. Por lo tanto, $\log(p)$ oscila entre $-\infty$ y 0. La parte importante es que la *función H* incluye un signo negativo. Por lo tanto, la entropía cruzada oscila entre ∞ y 0 por lo tanto satisface un aspecto del primer criterio mostrado anteriormente.

Sin embargo, la pérdida de entropía cruzada no es 0 para dos puntos idénticos. Por ejemplo, $H(0.9, 0.9) = -0.9 \times \log(0.9) = 0.095$.

El segundo criterio mostrado anteriormente también se viola por la pérdida de entropía cruzada, ya que la pérdida no es simétrica: $-y \times \log(p) \neq -p \times \log(y)$. Vamos a ilustrar esto con un ejemplo numérico concreto:

- Si $y = 1$ y $p = 0.5$, entonces $-1 \times \log(0.5) = 0.693$.

- Si $y = 0.5$ y $p = 1$, entonces $-0.5 \times \log(1) = 0$.

Finalmente, la pérdida de entropía cruzada no satisface la desigualdad triangular, $H(r, p) \geq H(r, q) + H(q, p)$. Ilustrémoslo también con un ejemplo. Supongamos que elegimos $r = 0.9$, $p = 0.5$ y $q = 0.4$. Tenemos:

- $H(0.9, 0.5) = 0.624$

- $H(0.9, 0.4) = 0.825$

- $H(0.4, 0.5) = 0.277$

Como puede ver, $0.624 \geq 0.825 + 0.277$ no se cumple en este caso.

En conclusión, mientras que la pérdida de entropía cruzada es una función de pérdida útil para formar redes neuronales con descenso de gradiente (estocástico), no es una métrica de distancia adecuada, ya que no cumple ninguno de los tres criterios.

Ejercicios

27-1. Supongamos que consideramos el uso del error absoluto medio (EAM) como una alternativa a la raíz del error cuadrático medio (RECM) para medir el rendimiento de un modelo de aprendizaje automático, donde

$$EAM = \frac{1}{n}\sum_{i=1}^{n}|y^{(i)} - \hat{y}^{(i)}| \text{ y } RECM = \sqrt{\frac{1}{n}\sum_{i=1}^{n}(y^{(i)} - \hat{y}^{(i)})^2}$$

Sin embargo, un colega argumenta que el EAM no es una métrica de distancia adecuada en el espacio métrico porque implica un valor absoluto, por lo que deberíamos usar la RECM en su lugar. ¿Es correcto este argumento?

27-2. Basándose en su respuesta a la pregunta anterior, ¿diría que el EAM es mejor o peor que la RECM?

28

LA *K* EN LA VALIDACIÓN CRUZADA DE *K* ITERACIONES

La validación cruzada de k iteraciones es una opción común para evaluar clasificadores de aprendizaje automático porque nos permite usar todos los datos de formación para simular qué tan bien funcionaría un algoritmo de aprendizaje automático con datos nuevos. ¿Cuáles son las ventajas y desventajas de elegir una *k* grande?

Podemos pensar en la validación cruzada de *k* iteraciones como una solución alternativa para la evaluación del modelo cuando tenemos datos limitados. En la evaluación de modelos de aprendizaje automático, nos preocupamos por el rendimiento de generalización del modelo; es decir, qué tan bien se desempeña en los datos nuevos. En la validación cruzada de *k* iteraciones, utilizamos los datos de formación para la selección y evaluación del modelo segmentándolos en *k* rondas e iteraciones de validación. Si tenemos *k* pliegues, tenemos *k* iteraciones, llevando a *k* diferentes modelos, como se ilustra en la figura 28-1.

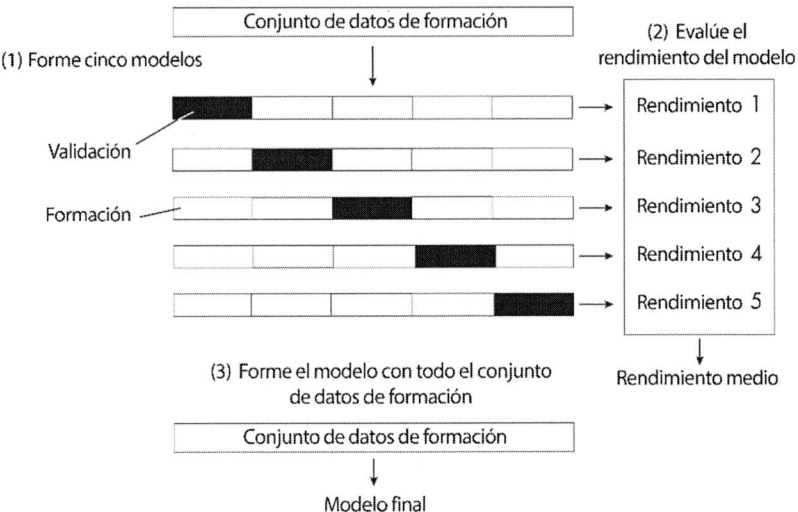

Figura 28-1: *Un ejemplo de la validación cruzada de* k *iteraciones para la evaluación del modelo cuando* k = 5.

Usando la validación cruzada de *k* iteraciones, generalmente evaluamos el rendimiento de una configuración de hiperparámetros en particular mediante el cálculo del rendimiento promedio sobre los *k* modelos. Este rendimiento refleja o se aproxima al de un modelo formado con el conjunto de datos de formación completo después de la evaluación.

En las siguientes secciones se tratan las ventajas y desventajas de seleccionar valores para *k* en la validación cruzada de *k* iteraciones y se abordan los retos de los valores de *k* grandes y sus demandas de procesamiento, especialmente en contextos de aprendizaje profundo. Luego discutiremos los propósitos centrales de *k* y cómo elegir un valor apropiado basado en necesidades específicas de modelado.

Compensaciones en la selección de valores para *k*

Si *k* es demasiado grande, los conjuntos de formación son demasiado similares entre las diferentes rondas de validación cruzada. Los *k* modelos son, por lo tanto, muy similares al modelo que obtenemos mediante la formación con todo el conjunto de formación. En este caso, todavía podemos aprovechar la ventaja de la validación cruzada de *k* iteraciones: evaluar el rendimiento de todo el conjunto de formación con la iteración de validación retenida en cada ronda. (Aquí, obtenemos el conjunto de formación concatenando todas las (k – 1) iteraciones de formación en una iteración dada). Sin embargo, una desventaja de una *k* grande es que es más difícil analizar cómo se comporta el algoritmo de aprendizaje automático con la elección particular de la configuración de hiperparámetros con conjuntos de datos de formación diferentes.

Además de la cuestión de conjuntos de datos demasiado similares, ejecutar la validación cruzada de *k* iteraciones con un valor de *k* grande también es más exigente en procesamiento. Una *k* más grande es más costosa, ya que aumenta tanto el número de iteraciones como el tamaño del conjunto de formación en cada iteración. Esto es especialmente problemático si trabajamos con modelos relativamente grandes que son costosos de formar, como las redes neuronales profundas contemporáneas.

Una opción común para *k* es típicamente 5 o 10, por razones prácticas e históricas. En un estudio, Ron Kohavi (ver «Referencias» al final de este capítulo) encontró que *k* = 10 ofrece una buena compensación de sesgo y varianza para los algoritmos clásicos de aprendizaje automático, como árboles de decisión y clasificadores bayesianos ingenuos, con un puñado de conjuntos de datos pequeños.

Por ejemplo, en la validación cruzada de 10 iteraciones, usamos 9/10 (90 por ciento) de los datos para la formación en cada ronda, mientras que, en la validación cruzada de 5 iteraciones, usamos solo 4/5 (80 por ciento) de los datos, como se muestra en la figura 28-2.

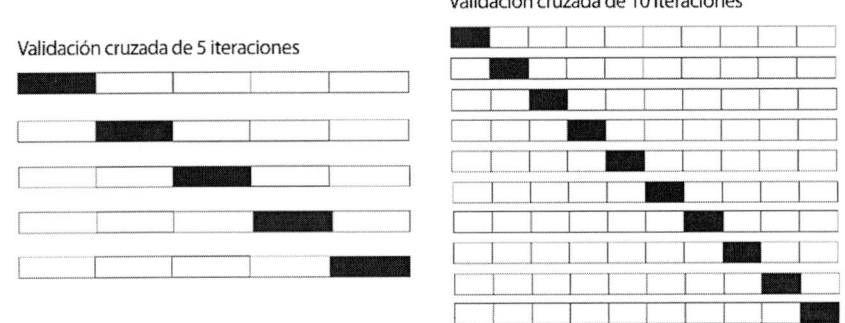

Figura 28-2: *Una comparación de validación cruzada de 5 y 10 iteraciones.*

Sin embargo, esto no significa que los conjuntos de formación grandes sean malos, ya que pueden reducir el sesgo pesimista de la estimación de rendimiento (en su mayor parte algo bueno) si asumimos que la formación del modelo puede beneficiarse de más datos de formación. (Consulte la figura 5-1 para ver un ejemplo de una curva de aprendizaje).

En la práctica, tanto una *k* muy pequeña como una muy grande pueden aumentar la varianza. Por ejemplo, una *k* más grande hace que las iteraciones de formación sean más similares entre sí, ya que una proporción menor se deja para los conjuntos de validación retenidos. Dado que las iteraciones de formación son más similares, los modelos en cada ronda serán más similares. En la práctica, podemos observar que la varianza de las puntuaciones de iteración de validación retenida es más similar para valores más grandes de k. Por otro lado, cuando k es grande, los conjuntos de validación son pequeños, por lo que pueden contener más ruido aleatorio o ser más susceptibles a las peculiaridades de los datos, lo que lleva a una variación mayor en las puntuaciones de validación a través de las distintas iteraciones. Aunque los modelos en sí son más similares (ya que los conjuntos de formación son más similares), las puntuaciones de validación pueden ser más sensibles a las particularidades de los conjuntos de validación pequeños, lo que conduce a una mayor varianza en la puntuación general de validación cruzada.

Determinación de los valores apropiados para k

Al decidir sobre un valor apropiado de k, a menudo nos guiamos por el rendimiento al procesar y las convenciones. Sin embargo, vale la pena definir el propósito y el contexto del uso de la validación cruzada de k iteraciones. Por ejemplo, si nos preocupamos principalmente por aproximar el rendimiento predictivo del modelo final, usar una k grande tiene sentido. De esta manera, las iteraciones de formación son muy similares al conjunto de datos de formación combinado; sin embargo, todavía podemos evaluar el modelo en todos los puntos de datos con las iteraciones de validación.

Por otro lado, si nos preocupamos por evaluar qué tan sensible es una configuración de hiperparámetros dada y una canalización de formación para conjuntos diferentes de datos de formación, elegir un número más pequeño para k tiene más sentido.

Dado que la mayoría de los escenarios prácticos consisten en dos pasos: ajustar hiperparámetros y evaluar el rendimiento de un modelo, también podemos considerar un procedimiento de dos pasos. Por ejemplo, podemos usar una k más pequeña durante el ajuste de hiperparámetros. Esto ayudará a acelerar la búsqueda de hiperparámetros y a sondear la robustez de las configuraciones de hiperparámetros (además del rendimiento promedio, también podemos considerar la varianza como criterio de selección). Luego, después de la afinación y selección de hiperparámetros, podemos aumentar el valor de k para evaluar el modelo.

Sin embargo, la reutilización del mismo conjunto de datos para la selección y evaluación del modelo introduce sesgos y, por lo general, es mejor utilizar un conjunto de pruebas separado para la evaluación del modelo. Además, la validación cruzada anidada puede ser preferible como alternativa a la validación cruzada de k iteraciones.

Ejercicios

28-1. Supongamos que queremos proporcionar un modelo con tantos datos de formación como sea posible. Consideramos el uso de la *validación cruzada dejando uno fuera (LOOCV,* sigla en inglés*)*, un caso especial de la validación cruzada de *k* iteraciones, donde *k* es igual al número de ejemplos de formación, de manera que las iteraciones de validación contienen un único punto de datos. Un colega menciona que LOOCV es defectuoso para las funciones de pérdida discontinua y las medidas de rendimiento, como la exactitud de la clasificación. Por ejemplo, para una iteración de validación que consiste en un solo ejemplo, la exactitud es siempre 0 (0 por ciento) o 1 (99 por ciento). ¿Es esto realmente un problema?

28-2. En este capítulo se discutieron la selección y evaluación del modelo como dos casos de uso de la validación cruzada de *k* iteraciones. ¿Se le ocurren otros casos de uso?

Referencias

- Para ver una explicación más larga y detallada de por qué y cómo usar la validación cruzada de *k* iteraciones, véase mi artículo: «Model Evaluation, Model Selection, and Algorithm Selection in Machine Learning» (2018), *https://arxiv.org/abs/1811.12808*.

- El documento que popularizó la recomendación de elegir *k* = 5 y *k* = 10: Ron Kohavi, «A Study of Cross-Validation and Bootstrap for Accuracy Estimation and Model Selection» (1995), *https://dl.acm.org/doi/10.5555/1643031,1643047*.

29

DISCORDANCIA ENTRE LOS CONJUNTOS DE FORMACIÓN Y LOS DE PRUEBA

Supongamos que formamos un modelo que funciona mucho mejor con el conjunto de datos de prueba que con el de formación. Dado que una configuración de modelo similar anteriormente funcionaba bien con un conjunto de datos similar, sospechamos que puede haber algo inusual con los datos. ¿Cuáles son algunos métodos para analizar las discrepancias en la formación y los conjuntos de pruebas y qué estrategias podemos usar para mitigar estos problemas?

Antes de investigar los conjuntos de datos con más detalle, debemos comprobar si hay problemas técnicos en el código de carga y evaluación de datos. Por ejemplo, una comprobación sencilla consiste en sustituir temporalmente el conjunto de pruebas por el de formación y volver a evaluar el modelo. En este caso, la formación y el rendimiento de los conjuntos de pruebas deben ser idénticos (ya que estos conjuntos de datos son idénticos ahora). Si notamos una discrepancia, es probable que tengamos un error en el código; en mi experiencia, estos errores se relacionan con frecuencia con un cambio incorrecto o una normalización de datos inconsistente (a menudo inexistente).

Si el rendimiento del conjunto de pruebas es mucho mejor que el del conjunto de formación, podemos descartar el sobreajuste. Lo más probable es que haya diferencias sustanciales en la distribución de los datos de formación y los de prueba. Estas diferencias distributivas pueden afectar tanto a los atributos como a los objetivos. Aquí, trazar las distribuciones de destino o etiquetas de los datos de formación y de prueba es una buena idea. Por ejemplo, un problema común es que al conjunto de pruebas le faltan ciertas etiquetas de clase si el conjunto de datos no se barajó correctamente antes de dividirlo en datos de formación y pruebas. Para conjuntos pequeños de datos tabulares, también es factible comparar distribuciones de atributos en los conjuntos de formación y de pruebas, utilizando histogramas.

Mirar las distribuciones de atributos es un buen método para los datos tabulares, pero esto es más complicado para los datos de imagen y texto. Un método relativamente fácil y más general para comprobar si hay discrepancias entre los conjuntos de formación y de prueba es la validación contradictoria.

La validación contradictoria, ilustrada en la figura 29-1, es una técnica para identificar el grado de similitud entre los datos de formación y los de prueba. Primero combinamos los conjuntos de formación y de prueba en un único conjunto de datos y luego creamos una variable de destino binaria que distingue entre datos de formación y de prueba. Por ejemplo, podemos usar una etiqueta nueva, *¿es prueba?*, en la que asignamos la etiqueta 0 a los datos de formación y la etiqueta 1 a los de prueba. Luego usamos la validación cruzada de k iteraciones o repartimos el conjunto de datos en un conjunto de formación y un conjunto de pruebas y formamos un modelo de aprendizaje automático, como de costumbre. Idealmente, esperamos que el modelo funcione mal, lo que indica que las distribuciones de datos de formación y de prueba son similares. Por otra parte, si el modelo funciona bien en la predicción de la etiqueta *¿es prueba?*, esto sugiere una discrepancia entre los datos de formación y los de prueba que necesitamos investigar más a fondo.

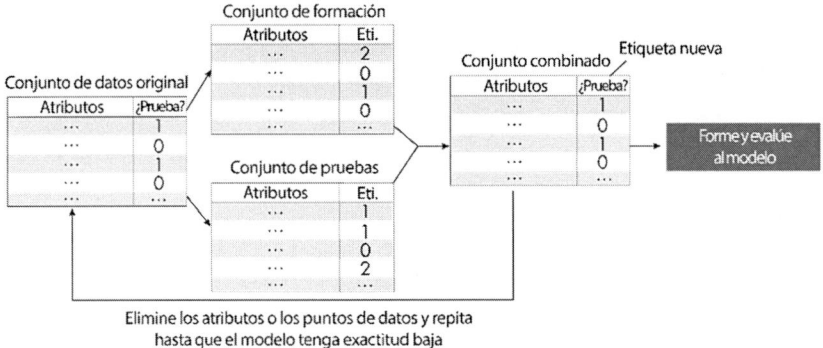

Figura 29-1: *El flujo de trabajo de validación contradictoria para detectar discrepancias entre los conjuntos de formación y de prueba.*

¿Qué técnicas de mitigación debemos utilizar si detectamos una discrepancia entre el conjunto de formación y el de pruebas utilizando la validación contradictoria? Si estamos trabajando con un conjunto de datos tabular, podemos eliminar atributos, uno a la vez, para ver si esto ayuda a abordar el problema, ya que los atributos fraudulentos pueden a veces estar altamente correlacionados con la variable de destino. Para implementar esta estrategia, podemos utilizar algoritmos de selección de atributos secuenciales con un objetivo actualizado. Por ejemplo, en lugar de maximizar la exactitud de la clasificación, podemos minimizarla. En los casos en que la eliminación de atributos no es tan trivial (como con datos de imagen y texto), también podemos investigar si la eliminación de instancias de formación individuales que son diferentes del conjunto de pruebas resuelve la discrepancia.

Ejercicios

29-1. ¿Cuál es un buen punto de referencia para la tarea de predicción adversaria?

29-2. Dado que los conjuntos de datos de formación son a menudo más grandes que los de prueba, la validación contradictoria a menudo resulta en un problema de predicción desequilibrado (con la mayoría de ejemplos etiquetados *¿es de prueba?* como falsos en lugar de verdaderos). ¿Es esto un problema y, si es así, cómo podemos mitigarlo?

30

DATOS ETIQUETADOS LIMITADOS

Supongamos que trazamos una curva de aprendizaje y vemos sobreajuste en el modelo de aprendizaje automático y podría beneficiarse de más datos de formación. ¿Cuáles son algunos de los métodos para tratar con datos etiquetados limitados en entornos de aprendizaje automático supervisados?

En lugar de recopilar más datos, hay varios métodos relacionados con el aprendizaje supervisado regular que podemos utilizar para mejorar el rendimiento del modelo en regímenes de datos con etiquetas limitadas.

Mejora del rendimiento del modelo con datos etiquetados limitados

En las siguientes secciones se exploran varios paradigmas del aprendizaje automático que ayudan en escenarios donde los datos de formación son limitados.

Etiquetado de más datos

La recopilación de ejemplos de formación adicionales es a menudo la mejor manera de mejorar el rendimiento de un modelo (una curva de aprendizaje es un buen diagnóstico para esto). Sin embargo, esto muchas veces no es factible en la práctica, porque adquirir una calidad alta en los datos puede ser costoso, los recursos informáticos y el almacenamiento pueden ser insuficientes y los datos pueden ser de difícil acceso.

Arranque de los datos

De forma similar a las técnicas para reducir el sobreajuste analizadas en el capítulo 5, puede ser útil realizar un «arranque» de los datos mediante la generación de datos modificados (mejorados) o artificiales (sintéticos) para aumentar el rendimiento del modelo predictivo. La mejora de la calidad de los datos también puede, por supuesto, conducir a un mejor rendimiento predictivo del modelo, como se discute en el capítulo 21.

Aprendizaje por transferencia

Con el aprendizaje por transferencia se describe la formación de un modelo con un conjunto de datos general (como ImageNET) con afinación posterior del conjunto de datos objetivo preformado (como un conjunto de datos con especies de aves diferentes), como se describe en la figura 30-1.

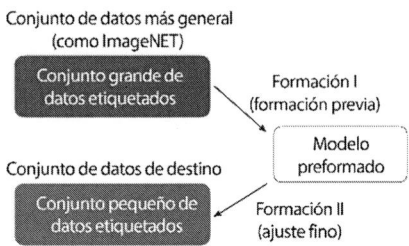

Figura 30-1: *El proceso de aprendizaje por transferencia.*

El aprendizaje por transferencia se realiza generalmente en el contexto del aprendizaje profundo, donde se pueden actualizar los pesos del modelo. Esto contrasta con los métodos basados en árboles, ya que la mayoría de los algoritmos de árbol de decisión son modelos no paramétricos que no admiten formación iterativa o actualizaciones de parámetros.

Aprendizaje autosupervisado

Al igual que en el aprendizaje por transferencia, en el aprendizaje autosupervisado el modelo se forma con una tarea diferente antes de ser ajustado a una tarea objetivo para la que solo existen datos limitados. Sin embargo, el aprendizaje autosupervisado generalmente se basa en la información de la etiqueta que se puede extraer directa y automáticamente de los datos sin etiqueta. Por lo tanto, el aprendizaje autosupervisado también se llama a menudo *preformación no supervisada*.

Algunos ejemplos comunes de aprendizaje autosupervisado son la *palabra siguiente* (utilizada en GPT, por ejemplo) o tareas de preformación con *palabra enmascarada* (utilizada en BERT, por ejemplo) en modelado del lenguaje, que se tratan con más detalle en el capítulo 17. Otro ejemplo intuitivo de la visión informática es el *rellenado*: predecir la parte que falta de una imagen que fue removida aleatoriamente, ilustrada en la figura 30-2.

Figura 30-2: *Rellenado para el aprendizaje autosupervisado.*

Para más detalles sobre el aprendizaje autosupervisado, véase el capítulo 2.

Aprendizaje activo

En el aprendizaje activo, ilustrado en la figura 30-3, generalmente involucramos etiquetadores manuales o usuarios para recibir comentarios durante el proceso de aprendizaje. Sin embargo, en lugar de etiquetar todo el conjunto de datos por adelantado, el aprendizaje activo incluye un esquema de priorización para sugerir puntos de datos sin etiquetar para el etiquetado, a fin de maximizar el rendimiento del modelo de aprendizaje automático.

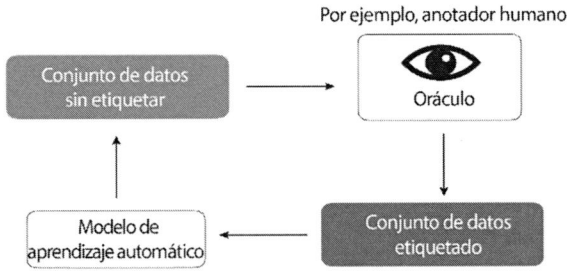

Figura 30-3: *En el aprendizaje activo, un modelo consulta un oráculo para obtener etiquetas.*

El término *aprendizaje activo* se refiere al hecho de que el modelo selecciona activamente los datos para el etiquetado. Por ejemplo, en la forma más simple de aprendizaje activo se seleccionan puntos de datos con incertidumbre de predicción alta para ser etiquetados por un anotador humano (*oráculo*).

Aprendizaje con pocos golpes

En un escenario de aprendizaje con pocos golpes, a menudo tratamos con conjuntos de datos extremadamente pequeños que incluyen solo un puñado de ejemplos por clase. En contextos de investigación, los escenarios de aprendizaje de un golpe (un ejemplo por clase) y cinco golpes (cinco ejemplos por clase) son muy comunes. Un caso extremo de aprendizaje con pocos golpes es el aprendizaje con cero golpes, donde no se proporcionan etiquetas. Algunos ejemplos populares de aprendizaje con cero golpes son el GPT-3 y modelos de lenguaje relacionados, donde el usuario tiene que proporcionar toda la información necesaria a través de la indicación de entrada, como se ilustra en la figura 30-4.

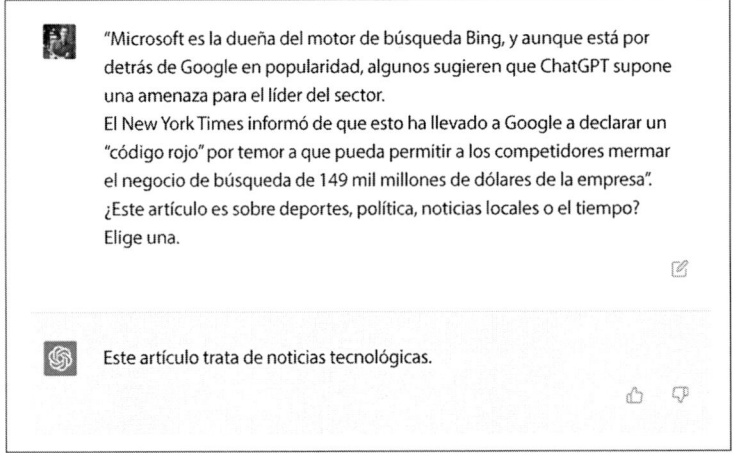

Figura 30-4: *Clasificación de cero golpes con ChatGPT.*

Para más detalles sobre el aprendizaje con pocos golpes, véase el capítulo 3.

Metaprendizaje

El metaprendizaje implica el desarrollo de métodos que determinan cómo los algoritmos de aprendizaje automático pueden aprender mejor de los datos. Por lo tanto, podemos pensar en el metaprendizaje como «aprender a aprender». La comunidad de aprendizaje automático ha desarrollado varios métodos para el metaprendizaje. Dentro de la comunidad de aprendizaje automático, el término *metaprendizaje* no solo representa subcategorías y métodos múltiples; también se emplea ocasionalmente para describir procesos relacionados pero distintos, lo que lleva a matices en su interpretación y aplicación.

El metaprendizaje es una de las subcategorías principales del aprendizaje con pocos golpes. Aquí, el método consiste en aprender un buen módulo de extracción de atributos, que convierte imágenes de soporte y consulta en representaciones vectoriales, optimizadas para determinar la clase prevista del ejemplo de consulta con comparaciones de los ejemplos de formación en el conjunto de soporte.

Otra rama del metaprendizaje que no está relacionada con el método de aprendizaje con pocos golpes se centra en extraer metadatos (también llamados meta-atributos) de conjuntos de datos para tareas de aprendizaje supervisado, como se ilustra en la figura 30-5. Los meta-atributos son descripciones del conjunto de datos en sí. Por ejemplo, estos pueden incluir el número de atributos y estadísticas de los distintos atributos (curtosis, intervalo, media, etc.).

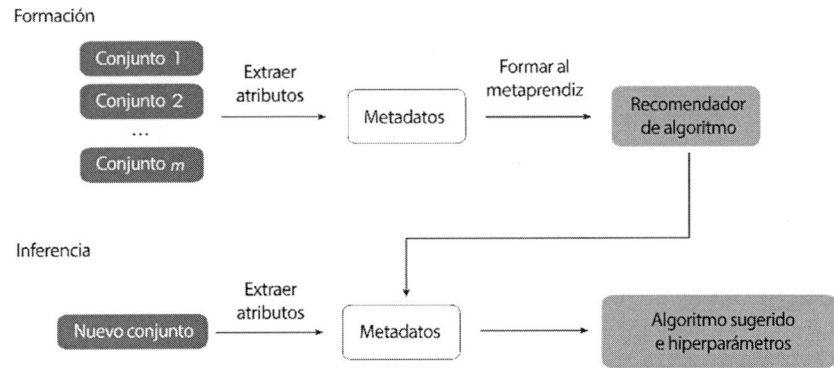

Figura 30-5: *El proceso de metaprendizaje que implica la extracción de metadatos.*

Los meta-atributos extraídos proporcionan información para seleccionar un algoritmo de aprendizaje automático para el conjunto de datos en cuestión. Usando este método, podemos reducir el algoritmo y los espacios de búsqueda de hiperparámetros, lo que ayuda a reducir el sobreajuste cuando el conjunto de datos es pequeño.

Aprendizaje con supervisión débil

El aprendizaje con supervisión débil ilustrado en la figura 30-6, implica el uso de una fuente externa para generar etiquetas para un conjunto de datos sin ellas. A menudo, las etiquetas creadas por una función de etiquetado con supervisión débil son más ruidosas o inexactas que las producidas por un experto humano o de dominio, de ahí el término supervisión *débil*. Podemos desarrollar o adoptar un clasificador basado en reglas para crear las etiquetas en el aprendizaje con supervisión débil; estas reglas generalmente cubren solo un subconjunto del conjunto de datos sin etiqueta.

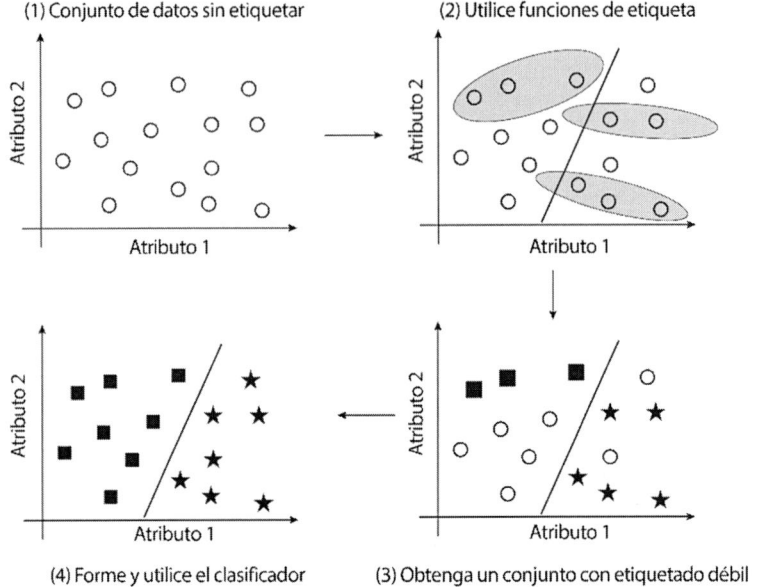

Figura 30-6: *El aprendizaje con supervisión débil utiliza funciones de etiquetado externas para formar modelos de aprendizaje automático.*

Volvamos al ejemplo de la clasificación de correo basura del capítulo 23 para ilustrar un método basado en reglas para el etiquetado de datos. En la supervisión débil podríamos diseñar un clasificador basado en reglas a partir de la palabra clave VENTA en la línea de encabezado del asunto del correo electrónico para identificar un subconjunto de correos basura.

Tenga en cuenta que, si bien podemos usar esta regla para etiquetar ciertos correos electrónicos como positivos por basura, no debemos utilizar esta regla para etiquetar correos electrónicos sin *VENTA* como no basura. En su lugar, deberíamos dejarlos sin etiquetar o utilizar una regla diferente.

Existe una subcategoría de aprendizaje con supervisión débil, denominada en inglés *PU-learning*. Esta expresión hace referencia al *aprendizaje positivo sin etiqueta*, en que se etiqueta y aprende solo de ejemplos positivos.

Aprendizaje semisupervisado

El aprendizaje semisupervisado está estrechamente relacionado con el aprendizaje con supervisión débil: también implica la creación de etiquetas para instancias sin ellas en el conjunto de datos. La diferencia principal entre estos dos métodos radica en *cómo* creamos las etiquetas.

En la supervisión débil, creamos etiquetas utilizando una función de etiquetado externa que a menudo es ruidosa, inexacta o cubre solo un subconjunto de los datos. En la semisupervisión, no utilizamos una función de etiqueta externa, sino la estructura de los datos en sí. Podemos, por ejemplo, etiquetar puntos de datos adicionales basados en la densidad de puntos de datos vecinos etiquetados, como se ilustra en la figura 30-7.

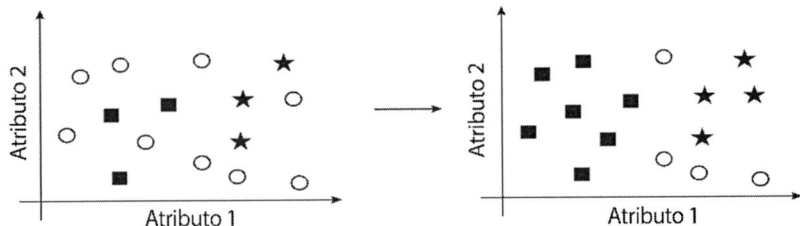

Figura 30-7: *Aprendizaje semisupervisado.*

Si bien podemos utilizar una supervisión débil con un conjunto de datos totalmente sin etiquetar, el aprendizaje semisupervisado requiere al menos una parte de los datos que deben etiquetarse. En la práctica, es posible utilizar primero una supervisión débil para etiquetar un subconjunto de los datos y luego el aprendizaje semisupervisado para etiquetar instancias que no fueron capturadas por las funciones de etiquetado.

Gracias a su estrecha relación, el aprendizaje semisupervisado a veces se conoce como una subcategoría de aprendizaje con supervisión débil y viceversa.

Autoformación

La autoformación se sitúa entre el aprendizaje semisupervisado y el de supervisión débil. Con esta técnica, formamos un modelo para etiquetar el conjunto de datos o adoptamos uno existente para hacer lo mismo. Este modelo también se conoce como un *pseudoetiquetador*.

La autoformación no garantiza etiquetas exactas y, por lo tanto, está relacionada con el aprendizaje con supervisión débil. Además, si bien utilizamos o adoptamos un modelo de aprendizaje automático para este pseudoetiquetado, la autoformación también está relacionada con el aprendizaje semisupervisado.

Un ejemplo de autoformación es la destilación de conocimiento, discutida en el capítulo 6.

Aprendizaje multitarea

En el aprendizaje multitarea se forman las redes neuronales con varias tareas, idealmente relacionadas. Por ejemplo, si formamos a un clasificador para detectar correos basura, la clasificación de basura es la tarea principal. En el aprendizaje multitarea, podemos agregar una o más tareas relacionadas para que el modelo las resuelva, denominadas *tareas auxiliares*. Para el ejemplo de correo no deseado, una tarea auxiliar podría ser clasificar el tema o el idioma del correo electrónico.

Por lo general, el aprendizaje multitarea se implementa a través de muchas funciones de pérdida que deben optimizarse simultáneamente, con una función de pérdida para cada tarea. Las tareas auxiliares sirven como un sesgo inductivo, guiando al modelo para priorizar hipótesis que puedan explicar varias tareas. Este método resulta a menudo en modelos que funcionan mejor con datos ocultos.

Hay dos subcategorías de aprendizaje multitarea: multitarea con uso compartido de parámetros duros y multitarea con uso compartido de parámetros suaves. En la figura 30-8 se ilustra la diferencia entre estos dos métodos.

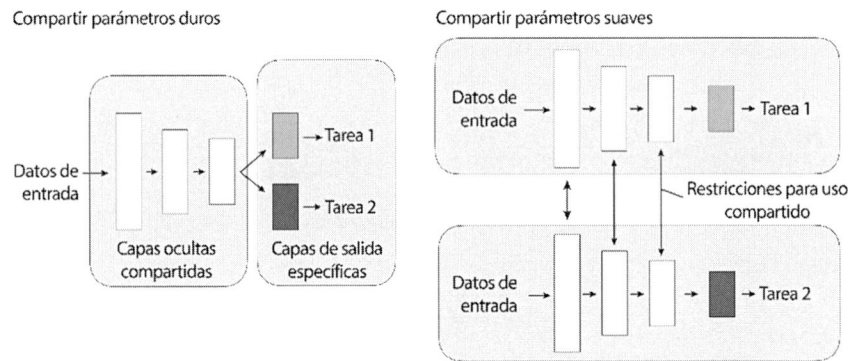

Figura 30-8: *Los dos tipos principales de aprendizaje multitarea.*

En el *uso compartido de parámetros duros*, como se muestra en la figura 30-8, solo las capas de salida son específicas de la tarea, mientras que todas las tareas comparten las mismas capas ocultas y arquitectura troncal de red neuronal. Por el contrario, en *el uso compartido de parámetros suaves* se utilizan redes neuronales separadas para cada tarea, pero con técnicas de regularización como la minimización de distancias entre capas de parámetros para fomentar la similitud entre las redes.

Aprendizaje multimodal

Mientras que el aprendizaje multitarea implica la formación de un modelo con muchas tareas y funciones de pérdida, el multimodal se centra en la incorporación de muchos tipos de datos de entrada.

Algunos ejemplos habituales de aprendizaje multimodal son las arquitecturas que toman como entrada datos de imágenes y de texto (aunque este aprendizaje no se limita a solo dos modalidades y puede utilizarse para cualquier número de modalidades de entrada). Dependiendo de la tarea, podemos emplear una pérdida de concordancia que obligue a que los vectores de incrustación entre imágenes y texto relacionados sean similares, como se muestra en la figura 30-9. (Véase el capítulo 1 para más información sobre los vectores de incrustación).

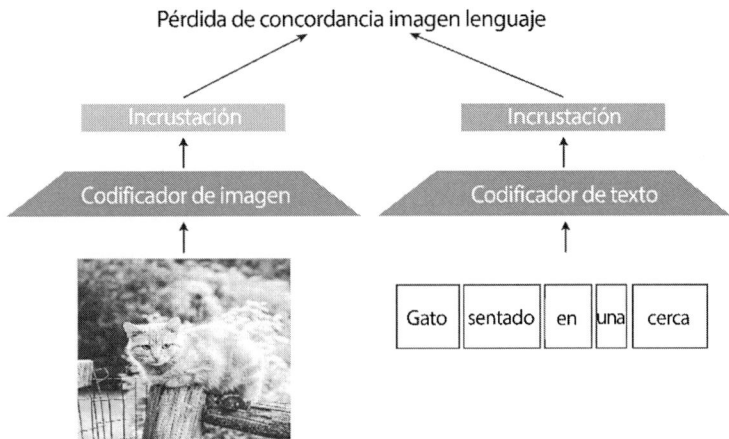

Figura 30-9: *Aprendizaje multimodal con una pérdida de concordancia.*

En la figura 30-9 se muestran codificadores de imagen y texto como componentes separados. El codificador de imagen puede ser una columna vertebral convolucional o un transformador de visión, y el codificador de lenguaje puede ser una red neuronal recurrente o un transformador de lenguaje. Sin embargo, es común hoy en día utilizar un solo módulo basado en transformador que puede procesar simultáneamente datos de imagen y texto. Por ejemplo, el modelo VideoBERT tiene un módulo conjunto que procesa tanto el vídeo como el texto para la clasificación de acciones y subtítulos de vídeo.

La optimización de una pérdida de concordancia, como se muestra en la figura 30-9, puede ser útil para aprender incrustaciones que se pueden utilizar con varias tareas, como la clasificación de imágenes o el resumen. Sin embargo, también es posible optimizar directamente la pérdida de objetivo, como la clasificación o regresión, que se ilustra en la figura 30-10.

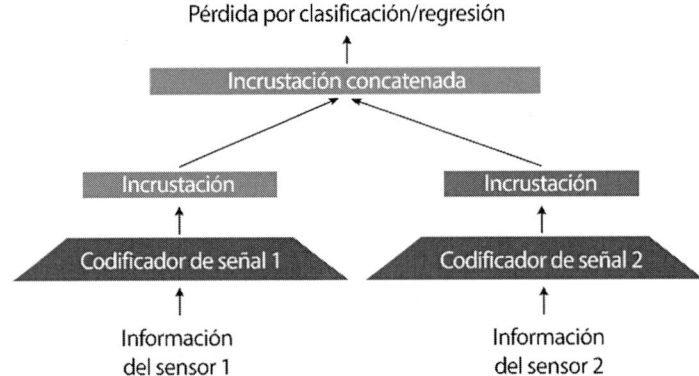

Figura 30-10: *Aprendizaje multimodal para optimizar un objetivo de aprendizaje supervisado.*

En la figura 30-10 se muestran los datos recibidos de dos sensores diferentes. Uno podría ser un termómetro y el otro una cámara de vídeo. Los codificadores de señal convierten la información en incrustaciones (compartiendo el mismo número de dimensiones), que luego se concatenan para formar la representación de entrada para el modelo.

Intuitivamente, los modelos que combinan datos de modalidades diferentes tienen un mejor rendimiento general que los unimodales porque pueden aprovechar más información. Además, investigaciones recientes sugieren que la clave del éxito del aprendizaje multimodal es la mejora en la calidad de la representación del espacio latente.

Sesgos inductivos

La elección de modelos con sesgos inductivos más fuertes puede ayudar a reducir la necesidad de datos al hacer suposiciones sobre la estructura de los datos. Por ejemplo, debido a los sesgos inductivos, las redes convolucionales requieren menos datos que los transformadores de visión, como se discute en el capítulo 13.

Recomendaciones

De todas estas técnicas para reducir la necesidad de datos, ¿cómo debemos decidir cuáles utilizar en una situación dada?

Las técnicas como la recopilación de más datos, el aumento de datos y la creación de atributos son compatibles con todos los métodos discutidos en este capítulo. El aprendizaje multitarea y las entradas multimodales también se pueden utilizar con las estrategias de aprendizaje descritas aquí. Si el modelo sufre de sobreajuste, también debemos incluir las técnicas discutidas en los capítulos 5 y 6.

Pero ¿cómo podemos elegir entre el aprendizaje activo, con pocos golpes, por transferencia, autosupervisado, semisupervisado o con supervisión débil? Decidir qué técnica(s) de aprendizaje supervisado probar depende en gran medida del contexto. Puede utilizar el diagrama de la figura 30-11 como una guía para elegir el mejor método para su proyecto en particular.

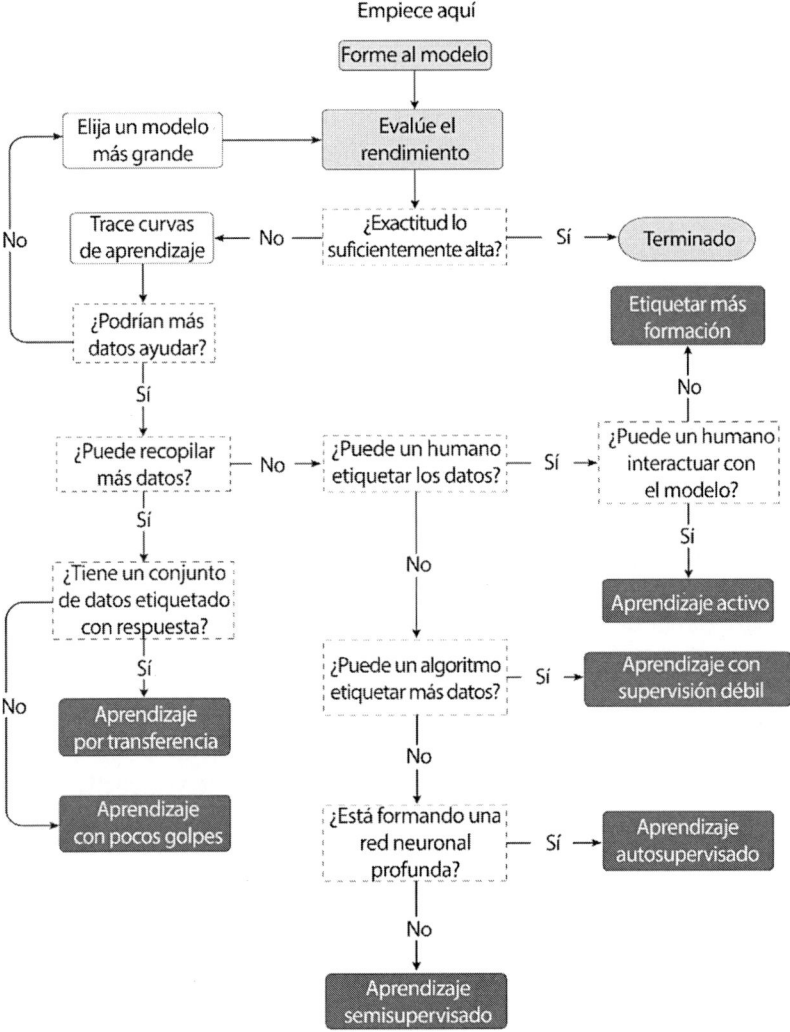

Figura 30-11: *Recomendaciones para elegir una técnica de aprendizaje supervisado.*

Tenga en cuenta que las casillas oscuras de la figura 30-11 no son nodos terminales, sino que remiten a la segunda casilla, «Evaluar el rendimiento del modelo»; se han omitido las flechas adicionales para evitar el desorden visual.

Ejercicios

30-1. Supongamos que se nos da la tarea de construir un modelo de aprendizaje automático que utiliza imágenes para detectar defectos de fabricación en la carcasa exterior de tabletas como las iPads. Tenemos acceso a millones de imágenes de varios dispositivos informáticos, incluidos teléfonos inteligentes, tabletas y ordenadores, que no están etiquetados; miles de imágenes etiquetadas de teléfonos inteligentes que muestran varios tipos de daños y cientos de imágenes etiquetadas relacionadas específicamente con la tarea objetivo de detectar defectos de fabricación en tabletas. ¿Cómo podríamos abordar este problema utilizando el aprendizaje autosupervisado o el aprendizaje por transferencia?

30-2. En el aprendizaje activo, la selección de ejemplos difíciles para la inspección humana y el etiquetado a menudo se basa en las puntuaciones de confianza. Las redes neuronales pueden proporcionar tales puntuaciones utilizando el sigmoideo logístico o la función softmax en la capa de salida para calcular las probabilidades de pertenencia a clase. Sin embargo, se reconoce ampliamente que las redes neuronales profundas muestran una confianza excesiva en los datos, fuera de distribución, lo que hace que su uso en el aprendizaje activo sea ineficaz. ¿Cuáles son algunos otros métodos para obtener puntajes de confianza utilizando redes neuronales profundas para el aprendizaje activo?

Referencias

- Aunque los árboles de decisión para el aprendizaje incremental no se implementan comúnmente, existen algoritmos para formar árboles de decisión de una manera iterativa: *https://en.wikipedia.org/wiki/Incremental_decision_tree*.

- Los modelos formados con el aprendizaje multitarea a menudo superan a los formados con una sola tarea: Rich Caruana, «Multitask Learning» (1997), *https://doi.org/10.1023%2FA%3A1007379606734*.

- Un único módulo basado en el transformador que puede procesar simultáneamente datos de imagen y texto: Chen Sun *et al.*, «VideoBERT: A Joint Model for Video and Language Representation Learning» (2019), *https://arxiv.org/abs/1904.01766*.

- La investigación antes mencionada sugiere que la clave del éxito del aprendizaje multimodal es la mejora en la calidad de la representación del espacio latente: Yu Huang *et al.*, «What Make Multi-Modal Learning Better than Single (Provably)» (2021), *https://arxiv.org/abs/2106.04538*.

- Para más información sobre el aprendizaje activo: Zhen *et al.*, «A Comparative Survey of Deep Active Learning» (2022), *https://arxiv.org/abs/ 2203,13450*.

- Para una discusión más detallada sobre cómo los datos fuera de distribución pueden conducir a una confianza excesiva en redes neuronales profundas: Anh Nguyen, Jason Yosinski y Jeff Clune, «Deep Neural Networks Are Easily Fooled: High Confidence Predictions for Unrecognizable Images» (2014), *https://arxiv.org/abs/1412.1897*.

EPÍLOGO

Con este libro ha realizado un viaje que comenzó con los conceptos básicos del aprendizaje automático, como incrustaciones, espacios latentes y representaciones, y técnicas y arquitecturas avanzadas, incluyendo el aprendizaje autosupervisado, el aprendizaje con pocos golpes y los transformadores. También ha cubierto muchas técnicas prácticas, como la instalación de modelos, la formación multi-GPU y la IA centrada en los datos, y se ha sumergido en dominios especializados como la visión informática y el procesamiento del lenguaje natural.

Cada capítulo de este libro le ha proporcionado no solo conocimientos conceptuales, sino que también le ha ofrecido ideas prácticas, lo que hace que este libro sea útil tanto para aplicaciones académicas como del mundo real. Tanto si es un aspirante a científico de datos, un ingeniero de aprendizaje automático o simplemente está intrigado por el campo de la IA en rápida evolución, espero que este libro le haya sido útil.

Si este libro le ha parecido valioso, le agradecería que pudiera compartir su experiencia y difundir la palabra a otros que pueden encontrarlo útil también. También me gustaría escuchar cualquier comentario y sugerencia. Por favor, siéntase libre de abrir y participar en la discusión en el foro oficial de este libro (en inglés) *https://github.com/rasbt/MachineLearning-QandAI-book/discussions*. También puede ver *https://sebastianraschka.com/contact/* para conocer las mejores formas de ponerse en contacto.

Gracias por leer, y le deseo la mejor de las suertes en sus esfuerzos en el fascinante mundo del aprendizaje automático y la IA.

RESPUESTAS A LOS EJERCICIOS

Capítulo 1

1-1. La capa final antes de la capa de salida (la segunda capa completamente conectada en este caso) puede ser más útil para las incrustaciones. Sin embargo, también podríamos utilizar todas las demás capas intermedias para crear incrustaciones. Dado que las capas posteriores tienden a aprender atributos de nivel superior, suelen ser semánticamente más significativas y adecuadas para tipos de tareas diferentes, incluidas las relacionadas con clasificación.

1-2. Uno de los métodos tradicionales de representación de entrada que es diferente de las incrustaciones es la codificación de un bit alto, como se discute en el capítulo 1. En este método, cada variable categórica se representa usando un vector binario donde solo un valor es «alto» o activo (por ejemplo, con valor de 1), mientras que todas las demás posiciones permanecen inactivas (por ejemplo, en 0).

Otra representación que no es una incrustación son los histogramas. Un ejemplo típico de esto son los histogramas de imagen (ver *https://en.wikipedia.org/wiki/Image_histogram* para ejemplos). Estos histogramas proporcionan una representación gráfica de la distribución tonal en una imagen digital, capturando la distribución de intensidad de los píxeles.

Además, el modelo de bolsa de palabras ofrece otro método distinto a las incrustaciones. En este modelo, una oración de entrada se representa como una colección o «bolsa» desordenada de las palabras, sin tener en cuenta la gramática e incluso el orden de las palabras. Para más detalles sobre el modelo de la bolsa de palabras, véase *https://en.wikipedia.org/wiki/Bag-of-words_model*.

Capítulo 2

2-1. Una forma de utilizar el aprendizaje autosupervisado con los datos de vídeo es predecir el fotograma siguiente. Esto es análogo a la predicción de la palabra siguiente en modelos de lenguaje grandes como GPT. En este método se desafía al modelo para anticipar eventos o movimientos posteriores en una secuencia, dándole una comprensión temporal del contenido.

Otro método es predecir entornos faltantes o enmascarados. Esta idea se inspira en modelos de lenguaje grandes como BERT, donde ciertas palabras se enmascaran y el modelo se encarga de predecirlas. En el caso del vídeo, los fotogramas enteros pueden enmascararse, y el modelo aprende a interpolar y predecir el fotograma enmascarado en función del contexto proporcionado por los fotogramas circundantes.

El rellenado es otra vía para el aprendizaje autosupervisado en vídeos. Aquí, en lugar de enmascarar entornos enteros, se enmascaran áreas de píxeles específicas dentro de ellos. A continuación, el modelo se forma para predecir las partes que faltan o que están enmascaradas, lo que puede ayudarle a captar detalles visuales precisos y relaciones espaciales en el contenido del vídeo.

Por último, se puede usar una técnica de coloración donde el vídeo se convierte a escala de grises y el modelo se encarga de predecir el color. Esto no solo enseña al modelo sobre los colores originales de los objetos, sino que también proporciona información sobre la iluminación, las sombras y el ambiente general de las escenas.

2-2. Podemos eliminar (enmascarar) los valores de los atributos y formar un modelo para predecirlos, de manera análoga a la imputación de datos clásica. Por ejemplo, un método que utiliza este enfoque es TabNet (ver Sercan O. Arik y Tomas Pfister, «TabNet: Attentive Interpretable Tabular Learning» (2019), *https:// arxiv.org/abs/1908.07442*).

También es posible utilizar el aprendizaje contrastivo mediante la generación de versiones aumentadas de los ejemplos de formación en el espacio original del atributo en bruto o en el espacio de incrustación. Por ejemplo, los métodos SAINT y SCARF emplean este método. Para el primero, véase Gowthami Somepalli *et al.*, «SAINT: Improved Neural Networks for Tabular Data via Row Attention and Contrastive Pre-Training» (2021), *https://arxiv.org/ abs/2106,01342*. Para el segundo, véase Dara Bahri *et al.*, «SCARF: SelfSupervised Contrastive Learning Using Random Feature Corruption» (2021), *https://arxiv.org/abs/2106.15147*.

Capítulo 3

3-1. Similar a un método de aprendizaje supervisado, primero dividimos el conjunto de datos en uno de formación y otro de pruebas. Luego dividimos los conjuntos de formación y prueba en subconjuntos, con una imagen de cada clase. Para diseñar la tarea de formación, consideramos solo un subconjunto de clases, como las clases (dígitos) 0, 1, 2, 5, 6, 8, 9. A continuación, para las pruebas, utilizamos las clases restantes 3, 4, 7. Para cada tarea de clasificación, la red neuronal recibe solo un ejemplo por imagen.

3-2. Considere un escenario de imágenes médicas para enfermedades raras. El conjunto de datos de formación puede consistir en solo unos pocos ejemplos correspondientes a tipos de enfermedades diferentes y un sistema de pocas inyecciones puede tener solo uno o un puñado de casos de una enfermedad rara nueva (no contenida en el conjunto de formación). La tarea consiste entonces en identificar una enfermedad rara nueva, a partir de este número limitado de ejemplos.

Otro ejemplo de un sistema con pocos golpes es un recomendador que solo tiene un número limitado de elementos que un usuario calificó. En base a este número limitado de ejemplos, el modelo tiene que predecir productos futuros que puedan gustar al usuario. Imagine un robot de almacén que tiene que aprender a reconocer objetos nuevos a medida que una empresa aumenta el inventario. El robot tiene que aprender a reconocer y adaptarse a estos objetos nuevos basándose en solo unos pocos ejemplos.

Capítulo 4

4-1. Puede intentar aumentar el tamaño de la red neuronal inicial. Es posible que la red elegida sea demasiado pequeña para contener una subred adecuada.

Otra opción es probar una inicialización aleatoria diferente (por ejemplo, cambiando la semilla aleatoria). La hipótesis de la lotería asume que *algunas* redes inicializadas aleatoriamente contienen subredes de exactitud alta que se pueden obtener mediante la poda, pero no todas las redes pueden tener tales subredes.

4-2. Al formar una red neuronal con funciones de activación de ReLU, las activaciones específicas se fijarán en 0 si la entrada de función es menor que 0. Esto hace que ciertos nodos en las capas ocultas no contribuyan a los cálculos; estos nodos a veces se llaman *neuronas muertas*. Si bien las activaciones de ReLU no causan directamente pesos escasos, las salidas de activación cero a veces conducen a pesos cero que no son recuperables. Esta observación apoya la hipótesis de la lotería, que sugiere que las redes bien formadas pueden contener subredes con pesos escasos y que pueden formarse y podarse sin pérdida de exactitud.

Capítulo 5

5-1. XGBoost es una herramienta de potenciación por gradiente basada en árboles que, en el momento de escribir estas líneas, no es compatible con el aprendizaje por transferencia. A diferencia de las redes neuronales artificiales, XGBoost es un modelo no paramétrico que no podemos actualizar fácilmente a medida que llegan datos nuevos; por lo tanto, el aprendizaje por transferencia regular no funcionaría aquí.

Sin embargo, es posible utilizar los resultados de un modelo XGBoost formado con una tarea como atributos para otro modelo XGBoost. Considere un conjunto de atributos superpuestos para ambos conjuntos de datos. Por ejemplo, podríamos diseñar una tarea de clasificación de forma autosupervisada para el conjunto de datos combinado. Luego podríamos formar un segundo modelo XGBoost con el conjunto de datos objetivo que toma el conjunto de atributos original como entrada, junto con la salida del primer modelo XGBoost.

5-2. Al utilizar aumento de datos, generalmente tenemos que aumentar también el tiempo de formación; es posible que necesitemos formar al modelo por un periodo más largo.

Alternativamente, podemos haber aplicado demasiado aumento de datos. Aumentar demasiado los datos puede dar lugar a variaciones excesivas que no reflejan las variaciones naturales de los datos, lo que lleva a un ajuste excesivo o una mala generalización de los datos nuevos. En el caso de MNIST, esto también puede incluir traducir o recortar la imagen de tal manera que los dígitos se hagan irreconocibles debido a la falta de partes.

Otra posibilidad es que hayamos utilizado un aumento ingenuo e inconsistente con el dominio. Por ejemplo, supongamos que estamos reflejando o invirtiendo imágenes vertical u horizontalmente. Para MNIST, esto no tiene sentido, porque invertir los dígitos escritos a mano vertical u horizontalmente crearía números que no existen en el mundo real.

Capítulo 6

6-1. Ajustar el número de periodos de formación es un método más simple y universal. Esto es especialmente cierto para los entornos más antiguos que no admiten el modelo de verificación. Por lo tanto, cambiar el número de periodos de formación puede ser una solución más fácil y es particularmente atractivo para conjuntos de datos pequeños y modelos donde cada configuración de hiperparámetros tiene costes de ejecución y evaluación bajos. Con este método también se elimina la necesidad de monitorear el rendimiento en un conjunto de validación durante la formación, lo que lo hace sencillo y fácil de usar.

El método de parada temprana y puntos de control es especialmente útil cuando se trabaja con modelos de formación costosa. En general, también es un método más flexible y robusto para evitar el sobreajuste. Sin embargo, una desventaja es que, en regímenes de formación ruidosos, podemos terminar priorizando un periodo temprano, aunque la exactitud del conjunto de validación no es una buena estimación de la exactitud de la generalización.

6-2. Una desventaja obvia de los métodos de ensamble es el aumento del coste informático. Por ejemplo, si construimos un ensamble de cinco redes neuronales, este ensamble puede ser cinco veces más costoso que cada modelo.

Si bien a menudo consideramos los costes de deducción mencionados anteriormente, el aumento del coste de almacenamiento es otra limitación significativa. Hoy en día, la mayoría de los modelos de visión informática y lenguaje tienen millones o incluso miles de millones de parámetros que deben almacenarse en un entorno distribuido. El ensamblaje de modelos complica esto aún más.

La menor interpretabilidad es otro coste en el que incurrimos al usar ensambles de modelos. Entender y analizar las predicciones de un solo modelo ya puede ser un desafío. Dependiendo del método de ensamblaje, agregamos otra capa de complejidad que reduce la interpretabilidad.

Capítulo 7

7-1. El optimizador Adam implementa un método adaptativo que viene con parámetros de peso internos. Tiene dos parámetros de optimización (media y varianza) por parámetro de modelo, por lo que, en lugar de dividir solo los tensores de peso del modelo, también tenemos que dividir los estados del optimizador para trabajar en torno a las limitaciones de memoria. (Tenga en cuenta que esto ya está implementado en la mayoría de las técnicas de paralelización *DeepSpeed*).

7-2. El paralelismo de datos podría funcionar teóricamente en una CPU, pero los beneficios serían limitados. Por ejemplo, en lugar de duplicar el modelo en la memoria de la CPU para formar a varios modelos con lotes diferentes del conjunto de datos en paralelo, podría tener más sentido aumentar el rendimiento de los datos.

Capítulo 8

8-1. La autoatención tiene complejidad cuadrática de procesamiento y memoria debido a las *comparaciones n-a-n* (donde *n* es la longitud de la secuencia de entrada), lo que hace que los transformadores sean costosos en procesamiento comparados con otras arquitecturas de red neuronal. Además, los transformadores de estilo decodificador, como GPT, generan salidas de un componente léxico a la vez, que no se pueden poner en paralelo durante la inferencia (aunque la generación de cada componente léxico es todavía altamente susceptible de serlo, como se discute en el capítulo 8).

8-2. Sí, podemos pensar en la autoatención como una forma de selección de atributos, aunque hay diferencias entre este y otros tipos de selección de atributos. Es importante diferenciar entre la atención dura y la suave en este contexto. La atención suave calcula los pesos de importancia para todas las entradas, mientras que la dura selecciona un subconjunto de las entradas. La atención dura es más como el enmascaramiento, donde ciertas entradas se fijan en 0 o 1, mientras que la atención suave permite un intervalo continuo de puntuaciones de importancia. La principal diferencia entre la atención y la selección de atributos es que la selección suele ser una operación fija, mientras que los pesos de atención se calculan dinámicamente en función de la entrada. Con los algoritmos de selección, los atributos seleccionados son siempre los mismos, mientras que, con atención, los pesos pueden cambiar en función de la entrada.

Capítulo 9

9-1. Automatizar esta evaluación es intrínsecamente difícil, y el criterio de referencia se basa actualmente en la evaluación y el juicio humanos. Sin embargo, existen algunas métricas como medidas cuantitativas.

Para evaluar la diversidad de las imágenes generadas, se puede comparar la distribución condicional de clases y la distribución marginal de clases de las muestras generadas, utilizando, por ejemplo, un término de regularización de la divergencia de Kullback-Leibler (divergencia KL). Esta medida también se utiliza en el VAE para hacer que los vectores de espacio latente sean similares a una gaussiana estándar.

Cuanto mayor sea el término divergencia KL, más diversas serán las imágenes generadas.

También se pueden comparar las estadísticas de las imágenes generadas con las imágenes reales en el espacio de atributos de un modelo preformado, como una red convolucional formada como clasificador de imágenes. Una similitud alta (o una distancia baja) indica que las dos distribuciones están próximas, lo que suele ser un signo de mejor calidad de imagen. Este método también se conoce como *método de distancia de incepción de Fréchet*.

9-2. Al igual que los generadores de las GAN, los VAE o los modelos de difusión, un modelo de consistencia toma como entrada un tensor de ruido muestreado a partir de una distribución simple (como una gaussiana estándar) y genera una imagen nueva.

Capítulo 10

10-1. Sí, podemos hacer determinístico el muestreo de los primeros k, haciendo $k = 1$ para que el modelo siempre seleccione la palabra con la puntuación de probabilidad más alta como la palabra siguiente al generar el texto de salida.

También podemos hacer que el muestreo de núcleos sea determinístico, por ejemplo, haciendo que el umbral de masa de probabilidad p incluya solo un ítem, que cumpla exactamente o exceda este umbral. Esto haría que el modelo siempre eligiera el componente léxico con la mayor probabilidad.

10-2. En algunos casos, el comportamiento aleatorio del abandono durante la inferencia puede ser deseable, como cuando se construyen ensambles de modelos con un solo modelo. (Sin el comportamiento aleatorio del abandono, el modelo produciría exactamente los mismos resultados para una entrada dada, lo que haría redundante un ensamble).

Además, el comportamiento de inferencia aleatoria en el abandono puede ser útil para las pruebas de robustez. Para usos críticos, como el cuidado de la salud o la conducción autónoma, es esencial entender cómo las variaciones ligeras en el modelo pueden afectar las predicciones. Utilizando patrones de abandono determinísticos, podemos simular estas variaciones ligeras y probar la solidez del modelo.

Capítulo 11

11-1. SGD solo tiene la tasa de aprendizaje como hiperparámetro, pero no tiene parámetros. Por lo tanto, no agrega parámetro alguno adicional que deba almacenarse además de los gradientes calculados para cada parámetro de peso durante la retropropagación (incluidas las activaciones de capa necesarias para calcular los gradientes).

El optimizador Adam es más complejo y requiere más almacenamiento. Específicamente, Adam mantiene un promedio de descenso exponencial de los gradientes (primer momento) y de sus cuadrados (segundo momento crudo) anteriores para cada parámetro. Por lo tanto, para cada parámetro en la red, Adam necesita almacenar dos valores adicionales. Si tenemos n parámetros en la red, Adam requiere almacenamiento para $2n$ parámetros adicionales.

Si la red tiene n parámetros para formar, Adam agrega $2n$ parámetros para rastrear. Por ejemplo, en el caso de AlexNet, que consta de 26 926 parámetros, como se calcula en el ejercicio 1-1, Adam requiere 53 852 valores adicionales en total ($2 \times 26\,926$).

11-2. Cada capa de BatchNorm aprende dos conjuntos de parámetros durante la formación: un conjunto de coeficientes de escala (gamma) y otro de coeficientes de cambio (beta). Estos se aprenden para que el modelo pueda deshacer la normalización cuando se encuentra que es perjudicial para el aprendizaje. Cada uno de estos conjuntos de parámetros (gamma y beta) tiene el mismo tamaño que el número de canales (o neuronas) en la capa que normalizan porque estos parámetros se aprenden por separado para cada canal (o neurona).

Para la primera capa BatchNorm, que sigue la primera capa convolucional con cinco canales de salida, esto agrega 10 parámetros adicionales. Para la segunda capa BatchNorm, que sigue la segunda capa convolucional con 12 canales de salida, esto agrega 24 parámetros adicionales.

La primera capa completamente conectada tiene 128 canales de salida, lo que significa 256 parámetros adicionales de BatchNorm. La segunda capa completamente conectada no está acompañada de una capa BatchNorm, ya que es la capa de salida.

Por lo tanto, BatchNorm añade 10 + 24 + 256 = 290 parámetros adicionales a la red.

Capítulo 12

12-1. El simple hecho de aumentar el intervalo de 1 a 2 (o valores superiores) no debe afectar a la equivalencia, ya que el tamaño del núcleo es igual al de la entrada en ambos casos, por lo que no hay mecanismo alguno de ventana deslizante en juego.

12-2. Aumentar el relleno a valores > 0 afectará a los resultados.

Debido a las entradas rellenadas con píxeles, tendremos la operación convolucional de ventana deslizante donde la equivalencia con capas totalmente conectadas ya no se mantiene. En otras palabras, el relleno alteraría las dimensiones espaciales de la entrada, lo que ya no coincidiría con el tamaño del núcleo y daría lugar a más de un valor de salida por mapa de atributos.

Capítulo 13

13-1. El uso de parches más pequeños aumenta el número de parches para una imagen de entrada dada, lo que lleva a que un número mayor de componentes léxicos se incluyan en el transformador. Esto resulta en una complejidad informática mayor, ya que el mecanismo de autoatención en los transformadores tiene complejidad cuadrática con respecto al número de componentes léxicos de entrada. En consecuencia, los parches de entrada más pequeños hacen que el modelo sea más costoso en informática.

13-2. El uso de parches de entrada más grandes puede resultar en la pérdida de detalles más finos y estructuras locales en la imagen de entrada, lo que puede afectar negativamente al rendimiento predictivo del modelo. Los lectores interesados podrán disfrutar del artículo de FlexiViT que estudia las compensaciones entre rendimiento informático y predictivo como consecuencia del tamaño y el número de parches (Lucas Beyer *et al.*, «FlexiViT: One Model for All Patch Sizes» [2022], *https://arxiv.org/abs/2212.08013*).

Capítulo 14

14-1. Debido a que los homófonos tienen significados diferentes, esperamos que aparezcan en otros contextos, como *tubo* y *tuvo,* en «El tubo es de PVC» y «Él tuvo que irse».

Dado que en la hipótesis distribucional se dice que las palabras con significados similares deben aparecer en contextos similares, los homófonos no contradicen la hipótesis distribucional.

14-2. La idea subyacente de la hipótesis distribucional puede extenderse a otros ámbitos, como la visión informática. En el caso de las imágenes, es probable que los objetos que aparecen en contextos visuales similares estén relacionados semánticamente. A menor escala, es probable que los píxeles vecinos estén semánticamente relacionados, ya que forman parte del mismo objeto; esta idea se utiliza en la autocodificación enmascarada para el aprendizaje autosupervisado de datos de imagen. (Ya tratamos los autocodificadores enmascarados en el capítulo 2).

Otro ejemplo es el modelado de proteínas. Por ejemplo, los investigadores demostraron que los transformadores del lenguaje formados con secuencias de proteínas (una representación de cadenas en la que cada letra representa un aminoácido, como MNGTEGPNFYVPFSNKTGVV . . .) aprenden las incrustaciones donde se agrupan aminoácidos similares (Alexander Rives *et al.*, «Biological Structure and Function Emerge from Scaling Unsupervised Learning to 250 Million Protein Sequences» [2019], *https://www.biorxiv.org/content/ 10.1101/622803v1.full*). Los aminoácidos hidrofóbicos como V, I, L y M aparecen en un grupo, y los aromáticos como F, W y Y, en otro. En este contexto, podemos pensar en un aminoácido como el equivalente a una palabra en una oración.

Capítulo 15

15-1. Suponiendo que los datos existentes no presenten problemas de privacidad, el aumento de datos ayuda a generar variaciones de los datos existentes sin necesidad de recopilar datos adicionales, lo que puede ayudar con los problemas de privacidad.

Sin embargo, si los datos originales tienen información de identificación personal, incluso los datos aumentados o sintéticos podrían vincularse de nuevo a individuos, especialmente si el proceso de aumento no oscurece o altera lo suficiente los datos originales.

15-2. El aumento de datos podría ser menos beneficioso si el conjunto de datos original ya es lo suficientemente grande y diverso como para que el modelo no se ajuste en exceso o tenga un rendimiento inferior debido a la falta de datos. Este es, por ejemplo, a menudo el caso cuando se da formación previa a los LLM. El rendimiento de modelos altamente específicos en dominio (por ejemplo, en los dominios médico, jurídico y financiero) podría también verse afectado negativamente por técnicas como la sustitución de sinónimos y la traducción inversa debido a la sustitución de términos específicos de dominio con un cierto significado. En general, en contextos de tareas altamente sensibles a las opciones de redacción, el aumento de datos debe aplicarse con cuidado especial.

Capítulo 16

16-1. El mecanismo de autoatención tiene tiempo cuadrático y complejidad de memoria. Más precisamente, podemos expresar el tiempo y la complejidad de la memoria de la autoatención como $O(N^2 \times d)$, donde N es la longitud de la secuencia y d es la dimensionalidad de la incrustación de cada elemento en la secuencia.

Esto se debe a que la autoatención implica calcular una puntuación de similitud entre cada par de elementos en la secuencia. Por ejemplo, tenemos una matriz de entrada X con N componentes léxicos (filas) donde cada una es una *incrustación d-dimensional* (columnas).

Cuando calculamos el producto punto de cada incrustación de componente léxico entre sí, multiplicamos XX^T, lo que resulta en una *matriz de similitud N x N.* Esta multiplicación implica d multiplicaciones para un par único de componentes léxicos y tenemos N^2 de tales pares. Por lo tanto, tenemos *una complejidad $O(N^2$ x $d)$.* La *matriz de* similitud N x N se utiliza entonces para calcular promedios ponderados de los elementos de la secuencia, lo que resulta en una *representación de salida N x d.* Esto puede hacer que el procesamiento de la autoatención sea costoso e intensivo en memoria, particularmente para secuencias largas o valores grandes de d.

16-2. Sí. Curiosamente, la autoatención puede estar parcialmente inspirada por los mecanismos de atención espacial utilizados en las redes neuronales convolucionales para el procesamiento de imágenes (Kelvin Xu *et al.*, «Show, Attend and Tell: Neural Image Caption Generation with Visual Attention» [2015], *https://arxiv.org/abs/1502.03044*). La atención espacial es un mecanismo que permite a una red neuronal centrarse en regiones específicas de una imagen que son relevantes para una tarea dada. Funciona con ponderación selectiva de la importancia de ubicaciones espaciales diferentes en la imagen, lo que permite a la red «prestar más atención» a ciertas áreas e ignorar otras.

Capítulo 17

17-1. Para adaptar un modelo BERT preformado para la clasificación, debe agregar una capa de salida para la clasificación, a menudo conocida como *cabezal de clasificación.*

Como discutimos, BERT utiliza un componente léxico [CLS] para la tarea de predicción de la siguiente oración durante la preformación. En lugar de formarlo para la predicción de la oración siguiente, podemos afinar una capa de salida nueva para la tarea de predicción de destino, como la clasificación de reacciones.

El vector de salida incrustado [CLS] sirve como un resumen de toda la secuencia de entrada. Podemos considerarlo como un vector de atributos y formar una red neuronal pequeña sobre él, típicamente una capa totalmente conectada, seguida de una función de activación softmax para predecir las probabilidades de clase. El tamaño de salida de la capa totalmente conectada debe coincidir con el número de clases en nuestra tarea de clasificación. Podemos luego formarlo utilizando retropropagación como de costumbre. Se pueden usar estrategias diferentes de ajuste (actualizando todas las capas, en vez de solo la última) para formar al modelo con un conjunto de datos supervisado, por ejemplo.

17-2. Sí, podemos afinar un modelo de solo decodificador, como GPT, para tareas de clasificación, aunque puede que no sea tan efectivo como usar modelos basados en codificadores como BERT. A diferencia de BERT, no necesitamos usar un [CLS] especial, pero el concepto fundamental es similar a ajustar un modelo de tipo codificador para la clasificación. Añadimos un cabezal de clasificación (una capa completamente conectada y una activación softmax) y lo formamos con la incrustación (el estado oculto final) del primer componente léxico de salida generado. (Esto es análogo al uso de la incrustación de componente léxico [CLS]).

Capítulo 18

18-1. El aprendizaje en contexto es útil si no tenemos acceso al modelo o si queremos adaptarlo a tareas similares para las que no fue formado.

Por el contrario, el ajuste fino es útil para adaptar el modelo a un nuevo dominio de destino. Por ejemplo, supongamos que el modelo se preformó con un corpus general y queremos utilizarlo con datos o documentos financieros. Aquí, tendría sentido afinar el modelo con los datos de ese dominio objetivo.

Tenga en cuenta que el aprendizaje en contexto también se puede utilizar con un modelo afinado. Por ejemplo, cuando un modelo de lenguaje preformado se afina con una tarea o dominio específico, el aprendizaje en contexto aprovecha la capacidad del modelo para generar respuestas basadas en el contexto proporcionado dentro de la entrada que pueden ser más exactas dado el dominio objetivo en comparación con el aprendizaje en contexto sin ajuste.

18-2. Esto se hace de modo implícito. En la afinación de prefijos, adaptadores y LoRA, el conocimiento original del modelo de lenguaje preformado se conserva manteniendo fijos los parámetros del modelo central mientras se introducen parámetros adicionales por aprender que se adaptan a la tarea nueva.

Capítulo 19

19-1. Si usáramos una técnica de incrustación como Word2Vec que procesa cada palabra de forma independiente, esperaríamos que la similitud entre las incrustaciones de «gato» fuera 1.0. Sin embargo, en este caso, utilizamos un modelo de transformador para producir las incrustaciones. Los transformadores utilizan mecanismos de autoatención que tienen en cuenta todo el contexto (por ejemplo, el texto de entrada) a la hora de producir los vectores de incrustación. (Para más información sobre la autoatención, véase el capítulo 16). Dado que la palabra *gato* se utiliza en dos oraciones diferentes, el modelo BERT produce una incrustación diferente para estas dos instancias de «gato».

19-2. Cambiar los textos candidatos y de referencia tiene el mismo efecto que calcular las puntuaciones máximas de similitud de coseno entre las columnas (como se muestra en el paso 5 de la figura 19-3) y las filas, lo que puede significar puntuaciones BERT diferentes para textos específicos. Es por eso por lo que la puntuación BERT a menudo se calcula como una puntuación de F1 similar a ROUGE en la práctica. Por ejemplo, calculamos la puntuación BERT de una manera (recuperación), luego de otra (precisión) y luego calculamos la media armónica (puntuación F1).

Capítulo 20

20-1. Los bosques aleatorios, normalmente basados en árboles de decisión CART, no se pueden actualizar fácilmente a medida que llegan datos nuevos. Por lo tanto, la única opción viable sería un método de formación sin estado. Por otro lado, supongamos que pasamos a utilizar modelos de redes neuronales como las redes neuronales recurrentes. En ese caso, un método con estado podría tener más sentido, ya que la red neuronal podría actualizarse fácilmente con datos nuevos. (Sin embargo, al principio, comparar sistemas con y sin estado es siempre una buena idea antes de decidir qué método funciona mejor).

20-2. Un método de reformación con estado tiene más sentido aquí. En lugar de formar a un modelo nuevo con una combinación de datos existentes, incluidos los comentarios de los usuarios, tiene más sentido actualizarlo en función de los comentarios de los usuarios. Los modelos de lenguaje grandes normalmente se preforman de modo autosupervisado y luego se afinan mediante el aprendizaje supervisado. Formar modelos de lenguaje grandes es muy costoso, por lo que actualizar el modelo a través de una reformación con estado tiene más sentido que formarlo de nuevo desde cero.

Capítulo 21

21-1. De la información proporcionada, no está claro si se trata de un método basado en datos. El sistema de IA depende en gran medida de las entradas de datos para hacer predicciones y recomendaciones, pero eso es cierto para cualquier método de aprendizaje automático para IA. Para determinar si este método es un ejemplo de IA centrada en los datos, necesitamos saber cómo se desarrolló el sistema de IA. Si se desarrolló utilizando un modelo fijo y refinando los datos de formación, podría calificarse como un método centrado en los datos; de lo contrario, solo se trata de aprendizaje automático regular y modelado predictivo.

21-2. Si mantenemos el modelo fijo, es decir, reutilizando la misma arquitectura ResNet-34, y cambiamos solo el método de aumento de datos para investigar la influencia en el rendimiento del modelo, podríamos considerar este método como centrado en los datos. Sin embargo, el aumento de datos también se realiza rutinariamente como parte de cualquier canalización moderna de aprendizaje automático, y el uso del aumento de datos por sí solo no nos dice si un método se centra en los datos. Bajo la definición moderna, un método centrado en los datos implica estudiar activamente la diferencia entre varias técnicas de mejora de conjuntos de datos, manteniendo el flujo de modelado y formación restante fijo.

Capítulo 22

22-1. Una desventaja del uso de estrategias multi-GPU para la inferencia es la sobrecarga de comunicación adicional entre las GPU. Sin embargo, para las tareas de inferencia, que son relativamente pequeñas en comparación con la formación, ya que no requieren cálculos de gradiente y actualizaciones, el tiempo que tarda en comunicarse entre las GPU podría superar el tiempo ahorrado por la paralelización.

La gestión de muchas GPU también significa costes mayores en equipos y energía. En la práctica, suele merecer más la pena optimizar los modelos para el rendimiento de una sola GPU o CPU. Si hay varias GPU disponibles, procesar varias muestras en paralelo en GPU separadas a menudo tiene más sentido que procesar la misma muestra con varias GPU.

22-2. El mosaico de bucles a menudo se combina con la vectorización. Por ejemplo, después de utilizar el mosaico de bucles, cada tesela se puede procesar utilizando operaciones de vectores. Esto nos permite utilizar instrucciones SIMD sobre datos que ya están en la caché, aumentando la efectividad de ambas técnicas.

Capítulo 23

23-1. El problema es que la ponderación de importancia asume que la distribución del conjunto de pruebas coincide con la de la instalación. Sin embargo, a menudo este no es el caso por varias razones, como cambiar el comportamiento del usuario, los atributos del producto en evolución o los entornos dinámicos.

23-2. Es común monitorear métricas como la exactitud de la clasificación, donde una caída en el rendimiento puede indicar un cambio en los datos. Sin embargo, esto no es práctico si no tenemos acceso a las etiquetas de los datos entrantes.

En los casos en que no sea factible etiquetar datos entrantes nuevos, podemos utilizar pruebas estadísticas de dos muestras para determinar si los ejemplos provienen de la misma distribución. También podemos utilizar la validación contradictoria, discutida en el capítulo 29. Sin embargo, estos métodos no ayudarán a detectar cambios de concepto, ya que comparan solo las distribuciones de entrada, no la relación entre las entradas y las salidas.

Otros métodos consisten en medir el error de reconstrucción: si tenemos un autocodificador formado con nuestros datos de origen, podemos controlar el error de reconstrucción con datos nuevos. Si el error aumenta significativamente, puede indicar un cambio en la distribución de entrada.

La detección atípica es otra técnica común. Aquí, las tasas inusualmente altas de puntos de datos identificados como valores atípicos podrían sugerir un cambio en la distribución de los datos.

Capítulo 24

24-1. Tratar de predecir el número de goles que un jugador marca (basado en datos de temporadas pasadas, por ejemplo) es un problema de regresión de Poisson. Por otro lado, también podríamos utilizar un modelo de regresión ordinal con los diferentes jugadores para clasificarlos por el número de goles que marquen. Sin embargo, dado que la diferencia de goles es constante y se puede cuantificar (por ejemplo, la diferencia entre 3 y 4 goles es la misma que entre 15 y 16), no es un problema ideal para un modelo de regresión ordinal.

24-2. Este es un problema de clasificación que se asemeja a uno de regresión ordinal, pero hay algunas diferencias. Dado que solo conocemos el orden relativo de las películas, un algoritmo de clasificación por pares podría ser una solución más apropiada que un modelo de regresión ordinal. Sin embargo, si se le pide a la persona que asigne etiquetas numéricas a cada película en una escala como de 1 a 5 (similar al sistema de clasificación de estrellas en Amazon), sería posible formar y utilizar un modelo de regresión ordinal en este tipo de datos.

Capítulo 25

25-1. La elección del nivel de confianza (90 por ciento, 95 por ciento, 99 por ciento, etc.) afecta a la amplitud del intervalo de confianza. Un nivel de confianza más alto producirá un intervalo más amplio porque necesitamos hacer una red más amplia para estar más seguros de que hemos capturado el parámetro verdadero.

Por el contrario, uno más bajo produce un intervalo más estrecho, lo que refleja más incertidumbre sobre dónde se encuentra el parámetro verdadero. Por lo tanto, un intervalo de confianza del 90 por ciento es más estrecho que uno del 95 por ciento, lo que refleja una incertidumbre mayor sobre la ubicación del parámetro de la población real. De modo coloquial, estamos 90 por ciento seguros de que el parámetro verdadero se encuentra dentro de un intervalo de valores pequeño. Para aumentar esta certeza, debemos aumentar la amplitud a 95 o 99 por ciento.

Por ejemplo, digamos que estamos 90 por ciento seguros de que lloverá en las próximas dos semanas en Wisconsin. Si queremos hacer una predicción con un 95 por ciento de confianza sin recopilar datos adicionales, tendríamos que aumentar el intervalo de tiempo. Por ejemplo, podríamos decir que estamos 95 por ciento seguros de que lloverá en las próximas cuatro semanas, o 99 por ciento seguros de que lloverá en los próximos dos meses.

25-2. Dado que el modelo ya se formó y se mantiene igual, utilizarlo con cada conjunto de pruebas sería un desperdicio. Para acelerar el proceso descrito en esta sección, técnicamente necesitamos utilizar el modelo solo una vez, es decir, con el conjunto de pruebas original. Luego podemos dar arranque a las etiquetas reales y previstas directamente (en lugar de las muestras originales) para crear los conjuntos de pruebas de arranque. Después, podemos calcular las exactitudes del conjunto de prueba basadas en las etiquetas con arranque en cada conjunto.

Capítulo 26

26-1. El tamaño del conjunto de predicción puede decirnos mucho sobre la certeza de la predicción. Si el conjunto de predicción es pequeño (por ejemplo, 1 con tareas de clasificación), esto indica un nivel alto de confianza en la predicción. El algoritmo tiene pruebas suficientes para sugerir un resultado específico.

Si el conjunto de predicción es más grande (por ejemplo, 3 en tareas de clasificación), esto indica más incertidumbre. El modelo tiene menos confianza en la predicción y considera que varios resultados son plausibles. En la práctica, podemos usar esta información para asignar más recursos a ejemplos con conjuntos de predicción grandes. Por ejemplo, podemos marcar estos casos para su verificación humana, ya que el modelo de aprendizaje automático es menos seguro.

26-2. Absolutamente. Los intervalos de confianza son tan válidos para los modelos de regresión como para los de clasificación. De hecho, son aún más versátiles en el contexto de la regresión. Por ejemplo, podemos calcular intervalos de confianza para el rendimiento de un modelo, como el error cuadrático medio, utilizando los métodos ilustrados en el capítulo 25. (Pero también podemos calcular intervalos de confianza para predicciones individuales y parámetros del modelo. Si está interesado en intervalos de confianza para los parámetros del modelo, consulte mi artículo «Interpretable Machine Learning—Book Review and Thoughts About Linear and Logistic Regression as Interpretable Models» en *https://sebastianraschka.com/blog/2020/interpretable-ml-1.html*.)

También podemos calcular intervalos de predicción conformes para modelos de regresión. El intervalo es un segmento de valores objetivo posibles en lugar de una estimación de un solo punto. La interpretación de dicho intervalo de predicción es que, bajo el supuesto de que el futuro es estadísticamente similar al pasado (por ejemplo, basado en los datos con los que se formó el modelo), el valor objetivo verdadero para una instancia nueva estará dentro de este intervalo con un cierto nivel de confianza, como el 95 por ciento.

Capítulo 27

27-1. Dado que el EAM se basa en un valor absoluto alrededor de la distancia, naturalmente satisface el primer criterio: no puede ser negativo. Además, el EAM es el mismo si intercambiamos los valores y and $\hat{y}$; por lo tanto, satisface el segundo criterio. Pero ¿qué tal la desigualdad triangular? Similar a como la RECM es igual a la distancia euclidiana o la norma L2, el EAM es similar a la norma L1 entre dos vectores. Dado que todas las normas vectoriales satisfacen la desigualdad triangular (Horn y Johnson, *Matrix Analysis*, Cambridge University Press, 1990), nuestro colega está equivocado.

Además, incluso si el EAM no fuera una métrica adecuada, podría ser un modelo útil de métrica de evaluación; por ejemplo, considere la exactitud de la clasificación.

27-2. El EAM asigna el mismo peso a todos los errores, mientras que la RECM pone más énfasis en los errores con valores absolutos más grandes debido al exponente cuadrático. Como resultado, la RECM siempre es al menos tan grande como el EAM. Sin embargo, ninguna métrica es universalmente mejor que la otra y ambos se han utilizado para evaluar el rendimiento del modelo en estudios innumerables a lo largo de los años.

Si está interesado en comparaciones adicionales entre el EAM y la RECM, puede que le guste el artículo de Cort J. Willmott y Kenji Matsuura, «Advantages of the Mean Absolute Error (MAE) Over the Root Mean Square Error (RMSE) in Assessing Average Model Performance» (2005), *https://www.int-res.com/abstracts/cr/v30/n1/p79-82*.

Capítulo 28

28-1. Si solo nos preocupamos por el rendimiento promedio, esto no es un problema. Por ejemplo, si tenemos un conjunto de datos de 100 ejemplos de formación y el modelo predice correctamente 70 de las 100 iteraciones de validación, estimamos la exactitud del modelo en un 70 por ciento. Sin embargo, supongamos que estamos interesados en analizar la varianza de las estimaciones de las distintas iteraciones. En ese caso, LOOCV no es muy útil: dado que cada iteración consiste en un solo ejemplo de formación, no podemos calcular la varianza de cada una y compararla con otras iteraciones.

28-2. Otro caso de uso de la validación cruzada de k iteraciones es el ensamblaje de modelos. Por ejemplo, en la validación cruzada de 5 iteraciones, formamos cinco modelos diferentes, ya que tenemos cinco conjuntos de formación ligeramente diferentes. Sin embargo, en lugar de formar un modelo final con todo el conjunto de formación, podemos combinar los cinco modelos en un ensamble de modelos (esto es particularmente popular en Kaggle). Consulte la figura 6-3 para ver una ilustración de este proceso.

Capítulo 29

29-1. Como referencia de rendimiento, es una buena idea implementar un clasificador de regla cero, como un clasificador de clase mayoritaria. Ya que normalmente tenemos más datos de formación que de prueba, podemos calcular el rendimiento de un modelo que siempre predice *¿es prueba? False*, que debe resultar en una exactitud del 70 por ciento si hemos dividido el conjunto de datos original en datos de formación del 70 por ciento y de prueba del 30. Si la exactitud del modelo formado con el conjunto de datos de validación contradictoria excede notablemente esta referencia (digamos, 80 por ciento), es posible que tengamos un problema de discrepancia grave que investigar más a fondo.

29-2. En general, esto no es un gran problema, ya que estamos principalmente interesados en si hay una desviación grande de una referencia de predicción de clase mayoritaria. Por ejemplo, si comparamos la exactitud del modelo de validación contradictoria con la referencia (en lugar de 50 por ciento de exactitud), no debe haber problema alguno. Sin embargo, puede ser incluso mejor considerar métricas de evaluación como el coeficiente de correlación de Matthew o los valores ROC o del área de precisión y recuperación bajo la curva en lugar de la exactitud de la clasificación.

Capítulo 30

30-1. Aunque a menudo pensamos en el aprendizaje autosupervisado y el aprendizaje por transferencia como métodos separados, no tienen que ser exclusivos. Por ejemplo, podríamos preformar un modelo con un conjunto más grande de datos de imágenes etiquetadas o sin etiquetar con aprendizaje autosupervisado (en este caso, los millones de imágenes sin etiquetar correspondientes a los distintos dispositivos informáticos).

En lugar de comenzar con pesos aleatorios, podemos usar los pesos de la red neuronal del aprendizaje autosupervisado para hacer un seguimiento con el aprendizaje por transferencia a través de los miles de imágenes etiquetadas de teléfonos inteligentes. Dado que los teléfonos inteligentes están relacionados con las tabletas, el aprendizaje por transferencia es un método muy prometedor en este caso.

Por último, tras la formación previa autosupervisada y el aprendizaje por transferencia, podemos afinar el modelo con los cientos de imágenes etiquetadas de la tarea objetivo, las tabletas.

30-2. Además de las técnicas de mitigación para los puntajes de confianza excesiva de la capa de salida de una red neuronal, también podemos considerar varias formas de ensamblar para obtener puntajes de confianza. Por ejemplo, en lugar de desactivar el abandono durante la inferencia, podemos aprovecharlo para obtener varias predicciones distintas para un solo ejemplo y calcular la incertidumbre de la etiqueta predicha.

Otra opción es construir ensambles de modelos a partir de segmentos diferentes del conjunto de formación usando la validación cruzada de k iteraciones, como se discute en la sección de ensambles en el capítulo 6.

También es posible utilizar métodos de predicción conformes, discutidos en el capítulo 26, al aprendizaje activo.